SELF SERVICE ANALYTICS

셀프서비스분석

김양석 저

박영사

책을 내면서

데이터 분석이란 데이터를 이해하거나 설명하기 위해 자세히 연구하거나 조사하는 과정을 말할 수 있다. 좀 더 넓게 보면 데이터 분석은 데이터에서 문제 해결을 위한 통찰을 얻어 문제 해결을 위한 행동을 하는 것까지 포함한다[1].

최근 많은 조직들이 데이터 분석을 활용하여 그들의 문제를 해결하고자 한다. 이런 노력들을 데이터 중심 경영 또는 비즈니스 중심 경영이라고 말하는데 이미 십여 년 넘게 이에 대한 논의가 있어왔다. 그러나 아직까지도 데이터 중심 경영이 제대로 이루어지고 있는지에 대한 회의적인 시각이 많다.

논의는 무성한데 왜 제대로 된 실적이 없는 것일까? 가장 중요한 원인은 아직까지도 조직 전반에 폭넓게 퍼져 있지 않아서 그렇다. 이 문제를 해결할 수 있는 근본적인 방법은 조직의 모든 구성원이 데이터 분석을 쉽게 활용하여 업무에 사용할 수 있어야 한다.

이런 측면에서 셀프서비스 분석은 조직의 분석 중심 경영이란 문제의 해결을 위한 가장 적합한 접근 방법이다. 셀프서비스 분석은 현장의 근무자가 데이터 공급 사슬에서 데이터를 공급받아 분석 도구를 활용하여 분석을 스스로 실행하고 적용하는 것을 목표로 한다.

셀프서비스 분석에 대한 본격적인 논의는 가트너에서 '시민 데이터 과학자(citizen data scientist)'란 용어를 소개한 2015년경부터이다. 셀프서비스 분석이 많은 데이터 중심 경영의 중요한 역할을 할 것이라는 것에 대해서는 많은 사람들이 동의하고 있으나, 아직까지 체계적으로 어떻게 도입을 할 것인지에 대해서는 일치된 견해가 없었다.

본서는 현재까지 논의된 셀프서비스 분석 관련 논의를 종합하고, 조직 측면에서 어떻게 이를 수행하는 것이 바람직한지에 대한 방안을 제시하고자 하는 것이다.

개략적으로 본 서는 3개 파트로 구성되어 있다. 파트 1에서는 분석과 셀프서비스 분석에 대한 전반적인 배경을 소개하였다. 셀프서비스 분석의 기본 개념,

데이터 공급 사슬에 대한, 셀프서비스 분석 참여자 등에 대해서 살펴보았다.

파트 2에서는 데이터 공급 사슬에서 데이터 파이프라인의 구축과 관련된 내용을 논의하였다. 데이터의 원천과 수집 기술, 데이터 착륙/대기 지원 기술, 데이터 허브 지원 기술에 중점을 두었다.

파트 3에서는 데이터 분석 플랫폼과 관련된 내용에 대해서 논의한다. 셀프서비스비스 분석에서는 모델링만 아니라 데이터 준비와 카탈로그가 함께 논의되어야 한다. 기술에 대한 논의 이후에 실제 사례를 활용하여 셀프서비스 데이터 분석 과정을 볼 수 있도록 하였다.

파트 4에서는 셀프서비스 분석을 도입 시 조직이 가져가야 할 전략적 고려사항에 대해서 살펴보았다. 데이터 분석 수행 방법론, 셀프서비스를 지원하기 위한 전략, 조직 운영, 기술 역량 확보 방안에 대해 논의하고, 셀프서비스 분석의 미래에 논의하였다.

셀프서비스 분석은 아직까지도 개념조차도 정의가 잘 되지 않은 새로운 분야다. 이 책은 어찌 보면 아직 완결되지 않은 주제를 논의하고 있다는 측면에서 위험이 있다. 이제까지의 연구 결과를 종합하여 이 문제에 대한 작은 지침을 제시했으면 하는 마음으로 책으로 저술하였으나 부족한 점이 많다. 동료 학자들과 현장의 실무자들의 많은 조언을 기대한다.

계명대학교

김양석

목차

PART 02

데이터 파이프라인 구축 기술

PART 03
셀프서비스 분석 지원 기술

PART
01

셀프서비스
분석의 기초

데이터가 정말 중요한 시대가 되었다. 데이터를 수집할 수 있는 다양한 도구가 개발되고, 데이터를 처리하는 하드웨어 가격은 폭락 수준으로 떨어지고 있고, 데이터를 분석할 수 있는 다양한 기법과 도구들이 개발되고 있다. 기업들은 직관이나 관찰에 기반해서 의사결정을 내리는 것보다 데이터와 분석의 지원을 받아 의사결정을 내리는 데이터 중심 경영(data-driven management)에 대한 관심을 보이고 있다[2].

이상적인 데이터 중심 경영의 모습은 조직의 구성원 모두가 데이터의 중요성을 인지하고, 데이터 분석을 활용하여 모든 비즈니스 의사결정 상황에서 사용하는 것이다. 조직의 비즈니스 전문가가 분석을 직접 수행한다는 셀프서비스 분석(self-service analytics)은 이런 목적을 달성하기 위해 필수적이다.

파트 1에서는 데이터 분석 및 셀프서비스 분석과 관련된 기초적인 개념에 대해 설명하고자 한다. 제1장에서는 데이터 분석의 일반적인 목적과 데이터 분석의 문제 유형 등에 대해서 데이터 분석이 어떻게 진화해 왔는지 검토한 후에 셀프서비스 분석이 등장하게 된 배경에 대해 설명을 제시할 것이다. 제2장에서는 데이터가 조직 내에서 어떻게 수집이 되고 어떻게 흘러가는지를 이해하기 위해 공급 사슬의 개념을 차용한 데이터 공급 사슬(data supply chain)이란 개념을 소개하고자 한다.

01 데이터 분석과 셀프서비스 분석

서론

데이터는 사람 및 사물의 행위로부터 발생하는 사실을 기록한다. 정보기술의 발전으로 우리가 수행하는 모든 데이터를 기록할 수 있게 되었다. 데이터를 들여다 보면 어떻게 행동이 발생했고, 어떤 결과가 나왔으며, 미래에는 어떤 일이 발생할지 알 수 있다. 즉 데이터로부터 통찰(insight)을 얻을 수 있다. 통찰을 얻게 되면 좀 더 나은 방식으로 일을 할 수 있게 된다.

데이터 분석은 데이터로부터 통찰을 얻는 체계적인 방법을 말한다. 데이터가 더 많아지고, 더 복잡해지고, 더 빠르게 변하기 때문에 데이터를 분석하는 것이 쉽지 않다. 이 쉽지 않은 일을 해결하기 위해 데이터 분석 기술은 끊임 없이 발전해 왔다. 특히, 최근 30여년 간 데이터 분석 기술은 비약적으로 발전했다.

많은 조직이 조직의 목적을 달성하고자 데이터 분석 기술을 활용한다. 그들은 데이터부터 얻은 통찰을 활용하여 의사결정 및 업무 수행을 하고, 더 나아가 의사결정과 업무 수행의 자동화하려 한다. 조직의 모든 의사결정 및 업무 수행에 데이터와 분석을 사용하려는 이런 경향을 **데이터 중심 경영**(data driven management)이라고 한다.

데이터 중심 경영의 목적을 달성하기 위해 필요한 것은 모든 구성원이 데이터와 데이터 분석에 대해 이해하고 적극적으로 활용해야 한다. 어느 일부 부서가 이를 담당하고 다른 구성원들은 관심이 없다면 데이터 중심 경영은 성공할 수 없다. 모든 구성원이 데이터 분석 전문가가 될 수는 없으나 데이터 분석에 문맹이 되어서는 안 될 것이다. 비즈니스 실무자가 데이터 분석 소프트웨어 또는 프로그램을 사용하여 직접 데이터를 분석하는 셀프서비스 분석(self- service analytics; SSA)은 이 문제를 해결하기 위해 제시되었다. 이번 장에서는 데이터 분석의 목적 및 문제 유형, 셀프서비스 분석 등장 배경 및 의의 등에 대해 논의하고자 한다. 데이터 분석의 목적 및 문제 유형은 기존의 데이터 분석에서 논의되었던 내용이지만 셀프서비스 분석에서도 동일하다. 셀프서비스 분석이 다른 것은 어떻게 접근하냐는 것이다. 먼저 데이터 분석의 목적에 대해서 살펴보자.

데이터 분석의 목적

데이터 분석과 관련하여 가장 먼저 하는 질문은 "그래, 왜 데이터 분석을 해야지?"일 것이다. 이에 대해서는 이미 많은 논의가 있어 왔고, 대부분의 사람들이 이에 대해 잘 알고 있고, 데이터 분석이 필요하다는 것도 알고 있다. 그래도 정리한다는 측면에서 다시 한 번 그 의미를 생각해 보자.

가트너(Gartner)는 데이터 분석을 의사결정(decision making)과 행동(action)을 결정하기 위해 활용되는 설명 분석(descriptive analytics), 진단 분석(diagnostic analytics), 예측 분석(predictive analytics), 처방 분석(prescriptive analytics) 등으로 분류하였다[1](그림 1-1). 각각의 분석 유형에 대해서 좀 더 자세히 살펴보도록 하자.

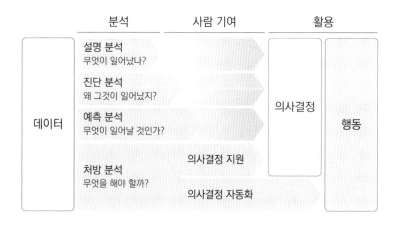

그림 1-1 데이터 분석의 유형

설명 분석: 무엇이 일어났나

설명 분석은 데이터를 통해 '어떤 일이 일어 났는지'에 대한 질문에 답을 찾기 위해 수행된다. 설명 분석은 통찰을 제공하는 과거의 패턴을 찾는 데 사용할수 있다. 예를 들어, 이씨가 소매점을 운영하고 있다고 하자. 아마도 이씨는 상품별로 일간, 주간, 월간 판매량에 대해 알기를 바랄 수 있는데, 이를 위해 수행하는 분석이 바로 설명 분석이다. 설명 분석은 데이터를 사용하여 과거에 대한유용한 통찰을 제공하지만, 통찰의 이유를 설명하지 않고 무언가가 잘못되었거나 옳았다는 결과만을 제시한다. 따라서 조직은 설명 분석만으로 만족하지 않으며 다른 유형의 데이터 분석과 결합하고자 한다.

진단 분석: 왜 그것이 일어났지

진단 분석은 과거 데이터로부터 문제가 발생한 이유를 찾기 위해 수행되는분석을 말한다. 위의 예에서 소매 업체는 설명 분석을 통해 일간, 주간, 월간 판매량 등에 대한 결과를 얻을 수 있는데, 만약 지난주에 판매량이 급격히 증가했다면 왜 증가했는지 알아야 할 필요가 있다. 지난주에 신문에 냈던 광고 때문일까? 갑자기 떨어진 기온 때문일까? 진단 분석은 이런 질문에 답을 제시하고자 한다. 상관 관계 분석, 분산 분석, 회귀 분석 같은 통계적 기법은 진단 분석을 위해사용할 수 있다. 진단 분석의 핵심은 과거의 데이터를 통해 어떤 일이 왜 발생했는지를 설명하는 요인 간의 인과 관계(causal relationship)를 이해하는 것이다.

예측 분석: 무엇이 일어날 것인가

예측 분석은 데이터 분석을 통해 발생할 가능성이 있는 것을 미리 알려주기위한 분석이다. 위의 예에서 소매 업체가 콜라를 판다고 하자. 예측 분석을 통해소매 업체는 내일 또는 향후 일주일간에 얼마나 많은 콜라가 팔릴지 예측할 수있다. 또한 얼마나 많은 고객이 지불을 위해 신용카드 또는 현금을 사용할지 예측할 수도 있다. 장바구니 분석이라는 분석을 통해서는 상품 간의 연관성을 파악해 어떻게 제품을 진열할지 도움을 받을 수도 있다.

예측 분석은 알 수 없는 미래의 일을 알려준다는 점에서 가치가 있다. 미래의 일을 미리 안다면 무언가 대비를 할 수 있다. 내일 콜라가 많이 팔릴 것이라고 예측할 수 있다면 더 많은 콜라 재고를 가져야 하고 공급 업체에 주문을 넣어야 할 것이다.

예전부터 예측은 신비로운 것이었다. 사람은 미래를 알기 원했고 카드나, 점이나, 손금 등 다양한 방법을 사용했다. 그러나 현대는 미래를 예측하기 위해 데이터를 사용한다. 예측 분석이 가져 오는 장점에도 불구하고 틀릴 가능성이 항상 존재한다. 따라서 예측력 개선을 위한 지속적인 노력이 필요하다.

처방 분석: 무엇을 해야 할까

처방 분석의 목적은 미래의 문제를 제거하거나 유망한 추세를 최대한 활용하기 위해 취해야 하는 조치를 처방하는 것이다. 예를 들어, 통신 회사가 가입 기간, 요금, 인터넷 사용량, 나이, 성별 등의 데이터를 수집하고 분석하여 어떤 고객이 힌 달 이내에 서비스를 해지할지 여부를 예측하는 시스템을 개발했다고 하자. 이 시스템을 활용해 기존 고객인 김모씨가 다음 달에 서비스 해지를 요청할 것으로 예측할 수 있었다. 자, 이제 통신 회사는 어떻게 해야 할까? 떠나려는 고객을 잡을 수 있는 방안을 세워야 할 것이다. 처방 분석은 이럴 때 사용된다. 처방 분석은 김모씨의 요금을 내려주거나 인터넷 사용량을 추가로 서비스 제공하라고 제안을 할 것이다. 즉, 통신회사가 실제로 수행할 수 있는 옵션을 제공하는 것이다. 처방 분석은 예측 분석에 의존한다. 그러나 단순히 예측하는 것이 아니라 실제로 취할 수 있는 행위를 알려준다는 점에서 예측 분석과 다르다.

이상에서 일반적으로 논의되는 데이터 분석의 목적을 살펴보았다. 셀프서비스 분석도 위에서 논의한 네 가지 유형의 데이터 분석을 목표로 한다. 이전 분석과의 차이점은 기존에는 데이터 분석 전문가가 이런 분석을 수행하였다면 셀프서비스 분석에서는 비즈니스 실무자가 수행을 한다는 점이다.

데이터 분석의 문제 유형

현실의 데이터 분석 문제는 매우 다양하지만, 데이터 분석의 이론적 발전과 도구적 발전을 위해서는 추상화가 필요하다. 추상적인 수준에서 데이터 분석 문제는 데이터 기술과 요약(data description and summarization), 분할(segmentation), 개념 기술(concept descriptions), 분류(classification), 예측(prediction), 의존성 분석(dependency analysis) 등으로 정의할 수 있다[3]. 데이터 분석 기술과 도구의 발전은 이런 추상적 문제를 해결하기 위한 노력 때문에 달성할 수 있었다. 물론 현실의 문제를 다루기 위해서는 추상화를 기반으로 개발된 기술과 도구를 현실 문제에 적용해야 한다.

그림 1-2 데이터 분석의 문제 유형

[그림 1-2]는 현실 문제, 추상화, 문제 유형, 적용, 현실 문제의 관계를 보여준다. 데이터 분석의 발전은 근본적으로는 추상화된 문제의 해결 방법의 발전에 가장 큰 영향을 받으나, 실제적인 측면에서는 추상화된 문제 해결 방법을 현실에 적용하는 부분이 더 중요한 경우도 많다.

데이터 기술과 요약

데이터 기술과 요약(data description and summarization)은 데이터의 특성을 간결하게 요약하는 것을 목표로 한다. 이것은 데이터의 구조에 대한 개요를 제공한다. 때때로 데이터 기술과 요약이 데이터 분석의 목표일 수 있다. 예를 들어, 소매업자는 분류에 의해 구분된 모든 판매점의 매출액에 관심을 가질 수 있고, 이전 기간 대비 변화와 차이가 요약되고 강조될 수 있다. 이런 유형의 문제는 데이터 분석 문제의 낮은 수준일 수 있다. 그러나 대부분의 데이터 분석 프로젝트에서 데이터 기술과 요약은 일반적으로 데이터 분석의 초기 단계의 프로세스 중 하위 목표에 해당한다.

데이터 분석의 시작에서 사용자는 분석의 상세한 목표 또는 데이터의 상세한 특징을 알지 못한다. 초기 탐색적 분석은 데이터의 특성을 이해하고 숨겨진 정보에 대한 잠재적 가설을 형성할 수 있도록 사용자를 돕는다. 간단한 기술 통계와 시각화 기법은 데이터에 대한 초기 통찰을 제공한다. 예를 들어 나이와 지역에 따른 고객의 분포는 미래 마케팅 전략이 어떤 고객 집단의 어떤 부분을 목표로 해야 할 지 알려 준다. 데이터 기술과 요약은 일반적으로 다음 유형의 데이터 분석 문제 유형과 같이 수행된다.

분할

분할(segmentation)은 데이터를 흥미 있고 의미 있는 하위 집단(subgroups)으로 분리하는 것을 목표로 한다. 모든 하위 집단의 구성원은 공통 특징을 공유한다. 분할은 수작업으로 또는 자동으로 수행될 수 있다. 데이터 분석가는 선험 지식 또는 데이터 기술과 요약의 결과를 기반으로 비즈니스 문제에 대해 관련 있는 하위 그룹에 대한 가설을 세울 수 있다. 더 나아가 데이터 내에 예상하지 않거나 숨겨진 구조를 탐지할 수 있는 자동화된 기법을 사용할 수 있다. 분할은 때때로 데이터 분석 목표일 수 있지만 대부분 분할은 다른 유형의 문제를 해결하기 위한 초기 단계로 활용한다.

일반적으로 대규모 데이터 세트에서는 다양한 영향이 서로 중첩되어서 흥미 있는 패턴을 모호하게 만든다. 따라서 적절한 분할은 분석을 더 쉽게 할 수 있게 한다. 예를 들어 구매자의 구매 리스트에서 수 백만 개의 상품 사이에 어떤 의존성이 있는지 분석하는 것은 매우 어려운 일이다. 그러나 구매자의 구매 리스트를 흥미 있는 부분(segments) 즉, 고가 상품 구입 리스트, 생활잡화 구매 리스트, 특정한 일자 또는 시간에서의 구매 리스트 등에서 의존성을 찾는 것은 훨씬 더 쉽다. 자동화된 분할에 적합한 기법에는 군집화(clustering), 신경망(neural network), 시각화(visualization) 등이 있다.

개념 설명

개념 설명(concept description)은 개념 또는 클래스의 이해 가능한 설명을 목표로 한다. 즉, 높은 예측 정확도를 갖는 완전한 모델을 개발하려는 것이 아니라 통찰을 얻는 것을 목표로 한다. 예를 들어, 어떤 기업은 어떤 고객의 '고객 충성도(customer royalty)'라는 개념을 사용하여 고객을 분류하는 것에 관심을 가질 수 있다. 어떤 고객이 충성된 고객이고 어떤 고객이 충성되지 않은 고객인지 설명을 할 수 있게 되면, 기업은 고객이 지속적으로 충성되게 하기 위한 방법 또는 충성되지 않은 고객을 충성된 고객으로 변환하는 방법을 도출할 수 있다.

개념 설명은 분할과 분류와 밀접한 관계가 있다. 분할은 이해할 수 있는 기술을 제공하지 않고도 개념 또는 클래스에 속하는 객체를 제시할 수 있다. 일반적으로 분할은 개념 기술이 수행되기 전에 수행된다. 개념적 군집 기법(conceptual clustering techniques)과 같은 일부 기법은 분할과 개념 기술을 동시에 수행한다. 개념 설명은 분류 목적으로 사용될 수도 있다.

분류

분류(classification)는 서로 다른 클래스에 속하는 사례 집단이 특정한 속성에 의해 특징지어질 수 있다고 가정한다. 클래스가 갖는 값을 라벨(label)이라고 한다. 분류 문제에서 사례의 라벨은 이산 값(discrete value) 또는 범주 값(nominal value)이라고 불리는 값이고 각 사례에 대해 알려져 있다. 분석의 목적은 분류 모델(classification model)을 구축하는 것이다. 분류 모델은 라벨이 없는 사례에 정확한 라벨을 지정하는 것을 목표로 한다.

분류분석을 지원하는 기법에는 판별 분석(discriminant analysis), 규칙 추론 기법(rule induction methods), 의사결정 나무 학습(decision tree learning), 신경망(neural networks)과 딥 러닝(deep learning), k 근접 이웃(K nearest neighbor), 사례 기반 기법(case-based reasoning 또는 example-based learning), 유전 알고리즘(genetic algorithms) 등이 있다.

예측

예측(prediction)은 폭넓게 활용되는 또 다른 중요한 문제 유형이다. 예측은 분류와 매우 유사한데, 단 하나의 차이는 예측에서 라벨이 범주 유형 속성이 아닌 계량 가능한 수치 유형 속성이라는 것이다. 예측의 목적은 아직 보지 못한 사례에 대한 라벨의 수치 값을 찾는 것이다. 이런 문제 유형은 때때로 회귀(regression)라고 불리며, 만약 예측이 시계열 데이터를 다룬다면 예측(forecasting)이라고 불린다. 예측 분석을 지원하는 기법에는 회귀 분석(regression analysis), 회귀 트리(regression trees), 신경망(neural networks)과 딥 러닝(deep learning), k 근접 이웃(K nearest neighbor), 유전 알고리즘(genetic algorithms) 등이 있다.

의존성 분석

의존성 분석(dependency analysis)은 사례 사이의 명확한 의존성을 기술하는 모델을 발견하는 것을 목표로 한다. 의존성은 특정한 사례 속성에 대한 정보가 주어질 때, 다른 사례 속성의 값을 예측하는 데 사용될 수 있다. 의존성 모델은 예측을 위해 사용될 수 있지만, 주로 속성 간의 관계를 이해하기 위해 사용된다. 의존성 모델은 단정적일 수도 있고 확률적일 수 있다.

의존성 분석에 활용되는 기법에는 상관 분석(correlation analysis), 회귀 분석(regression analysis), 연관 규칙(association rules), 베이지안 네트워크(Bayesian networks), 연역 로직 프로그래밍(inductive logic programming), 시각화 기법(visualization techniques) 등이 있다.

데이터 분석 문제 유형과 셀프서비스 분석

현대의 셀프서비스는 위에서 논의한 다양한 데이터 분석 문제 유형의 해결방안을 제시할 수 있는 기능을 가지고 있는 셀프서비스 분석도구의 지원을 받는다. 셀프서비스 시각 분석 도구는 데이터 기술과 요약에 탁월한 성능을 제공하며, 셀프서비스 예측 분석 도구는 개념 설명, 분류, 예측, 의존성 분석 등을 지원하는 다양한 알고리즘을 구현하고 있다. 셀프서비스 분석 도구는 사용자가 쉽게 분석을 수행할 수 있도록 돕는다. 셀프서비스 분석 도구는 사용자가 쉽게 사용할 수 있는 인터페이스를 제공하고, 사용자는 이를 활용하여 분석 프로세스를 설계하여 쉽게 분석을 할 수 있다. 최근은 오토 모델링(auto modeling) 분석 도구는 좀 더 쉽게 분석 전체 프로세스를 스스로 처리하여 최적의 분석 결과를 제시한다. 이제 셀프서비스 분석은 분석 방법에 대한 고민보다는 분석된 결과에 대한 해석과 활용으로 중점이 옮겨가고 있다.

데이터 분석의 진화

데이터 분석은 상당히 오랜 역사를 가지고 있다. 데이터 분석은 통계에 근거를 두고 있다. 고대 이집트는 피라미드를 건축하기 위한 주기적인 센서스를 수행했기 때문에 통계는 고대 이집트에서 그 연원을 찾을 수 있다. 역사 전반에 걸쳐 통계는 과거의 모든 정부에서 중요한 역할을 수행했다. 그러나 우리가 관심을 갖는 데이터 분석은 좀 더 최근에, 좀 더 구체적으로는 컴퓨터가 데이터 수집을 위해 사용되고 수집된 데이터를 체계적으로 분석하기 위해 시작되었다.

현대의 데이터 분석의 진화와 관련하여, 2013년에 토마스 데이븐포트(Thomas H. Davenport)는 데이터 분석이 분석 1.0, 분석 2.0을 지나서 분석 3.0 시대에 들어섰다고 하였다[4]. 그가 이런 견해를 밝힌 후 벌써 상당한 시간이 지났고, 분석은 데이븐포트가 예상했던 분석 3.0을 넘어서 또 다른 세대로 진입하고 있는데 이를 분석 4.0이라고 할 수 있다[5]. 데이터 분석의 각 세대별 특징에 대해서 살펴보자.

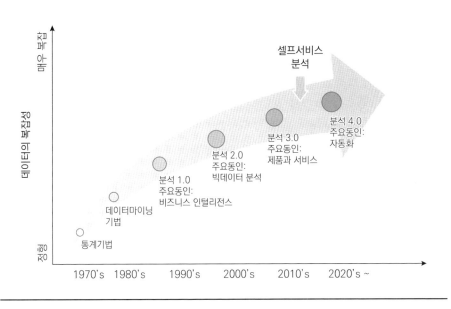

그림 1-3 분석의 진화

분석 1.0 – 비즈니스 인텔리전트 시대

분석 1.0(Analytics 1.0)은 1990년대에 고객 데이터, 판매 데이터, 재무 데이터 같이 구조화된 데이터를 활용하는 정의된 질의와 기술적, 역사적 뷰를 제공하는 비즈니스 인텔리전스(business intelligence)로 시작되었다. 이 첫 시기에 생산, 판매, 고객 등에 관한 데이터는 전통적인 데이터베이스를 사용하여 수집되고 집계되고 분석되었다. 여기서 데이터는 행과 열의 최적화된 형태로 저장되었다. 이 시기에는 정보를 획득하기 위해 사용되는 엔터프라이즈 데이터웨어하우스, 운영 데이터 저장소, 데이터마트의 시대였으며, 질의 또는 보고를 작성하기 위해 사용되는 비즈니스 인텔리전스 소프트웨어의 시대였다.

분석 1.0 시대에서 정보기술 전문가와 비즈니스 분석가는 분석을 위한 데이터를 준비하는 데 대부분의 시간을 소비하였고 분석 자체에는 비교적 적은 시간을 사용하였다. 데이븐포트는 이 시기를 "우리가 여기에서 분석 1.0을 부르는 것은 중요한 비즈니스 현상에 대한 객관적이고 깊은 이해를 얻고 관리자가 의사결정을 할 때 직관을 뛰어 넘을 수 있는 사실 기반 이해를 제공하는 진정한 진보의 시간이었다"라고 평가하였다[4].

분석 2.0 – 빅데이터 분석 시대

분석1.0은 2000년대에 분석 2.0(Analytics 2.0) 또는 빅데이터 분석(big data analytics)으로 진화하였다. 이 시대에 분석은 소셜 미디어, 모바일 데이터, 콜 센터 로그 같은 정형과 비정형 데이터를 활용한 미래를 예측하는 분석과 함께 복잡한 질의에 대한 응답을 포함하는 통찰을 제공하였다. 중앙집중식 플랫폼상에서 적합하지 않거나 빠르게 처리될 수 없는 빅데이터는 클라우드 또는 온–프레미스(on–premise)에 구현된 병렬 서버에서 오픈 소스 소프트웨어 프레임워크인 하둡으로 처리되었다.

비정형 데이터를 처리하기 위해 기업들은 키–값, 문서, 그래프, 컬럼형 데이터 관리를 지원하는 NoSQL로 알려진 새로운 데이터베이스로 전환했다. 이 시기에 소개된 다른 빅 데이터 기술은 데이터가 디스크보다는 메모리에서 관리되고 처리되는 빠른 분석을 위한 인–메모리(in–memory)와 인–데이터베이스(in–database) 분석을 포함한다. 머신 러닝 방법을 사용하여 빠르게 변하는 데이터에서 모델을 신속하게 생성할 수 있게 되었고 다채롭고 복잡한 시각적 분석이 가능하게 되었다[4].

분석 3.0 – 데이터 과학 시대

분석 3.0(Analytics 3.0) 시대에는 빅데이터가 모든 조직에 받아들여지고 모든 제품과 서비스에 데이터의 활용이 이루어지는 시대라고 볼 수 있다. 이 시대에는 데이터 과학(data science)의 개념이 도입되고 활성화 되었다. 기업들은 전통적인 기술 분석과 진단 분석을 넘어서 예측 분석과 처방 분석을 활용하게 한다. 기업들은 데이터와 분석을 단순히 비즈니스 의사결정의 개선뿐만 아니라 더 가치 있는 제품과 서비스를 위해 분석을 활용한다.

분석3.0시대의 또 다른 특징은 데이터를 다양한 방법으로 수집하게 된다는 점이다. 모든 사물에 데이터를 수집할 수 있는 장치를 설치하기 시작하며, 분석이 네트워크의 에지(network edge)에서 직접 처리하는 에지 컴퓨팅(edge computing) 개념도 발전하게 된다. 결과적으로 분석 3.0은 네트워크 전반에 전통적인 비즈니스 인텔리전스, 빅데이터, 사물인터넷을 배치하게 된다. 기업들은 고객의 이익을 위해 데이터를 분석하고 그것으로부터 돈을 벌 수 있는 능력을 갖는다. 그들은 또한 운영의 현장에서 결정되는 모든 비즈니스 의사결정을 거의 실시간으로 수행할 수 있도록 고급 분석과 최적화를 내재화한 임베드 분석(embedding analytics)을 할 수 있는 능력을 확보하고 있다.

분석 4.0 – 지능형 분석 시대

인공지능을 기반으로 한 지능적인 분석 시스템을 활용한 분석의 자동화가 분석 4.0(Analytics 4.0) 시대를 특징짓는다. 디페시 나이르(Deepesh Nair)는 분석 4.0의 출현 배경에 대해 다음과 같이 말한다. "분석 3.0은 의사결정 프로세스를 산업 수준으로 확장할 수 있는 기회를 제공한다. 머신 러닝을 통해 더 많은 모델을 만들면 조직이 예측에서 훨씬 세밀하고 정밀해 질 수 있다. 그러나 이러한 맞춤형 모델을 배치하는 데 드는 비용과 시간은 전적으로 저렴한 것은 아니며 저렴하고 빠른 접근 방식이 필요했다. 지능적인 시스템을 통한 자동화의 필요성이 마침내 나타났으며, 한 번도 도달할 수 없는 이 아이디어는 분석 4.0이 탄생한 곳이다."[5]

분석 4.0은 인공지능, 머신 러닝, 딥 러닝의 발전으로 가능하게 되었다. 우리는 이미 신경 머신 번역(neural machine translation), 스마트 응답(smart reply), 챗봇(Chabot), 회의 비서(meeting assistant) 등의 형태로 그들의 혁신적인 기능을 보았으며, 이는 앞으로 몇 년 동안 광범위하게 사용될 것이다. 여기에 관련된 데이터는 복잡한 학습을 필요로 하는 전통적인 유형과 추천을 제안하고 의사결정을 개선하고 적절한 행동을 할 수 있는 유형에 기반을 둔다. 기존의 기술 – 예측 – 처방 분석과 함께 데이터 마이닝 기술과 머신 러닝 알고리즘을 사용하는 것이 이 시대에 완전히 실현된다. 이것이 바로 자동화 분석이 분석 성숙도의 다음 단계로 여겨지는 이유 중 하나다. 따라서 이전 시대에는 분석 결과를 얻기 위해서는 데이터 분석 전문가의 참여가 필수적이었다면 이 시대에는 이를 인공지능이 대체를 하게 될 것이다.

이상에서 우리는 데이터 분석이 어떻게 진화해 왔고 어떻게 진화할 것인지 살펴보았다. 이제 이런 데이터 분석의 진화라는 맥락에서 셀프서비스 분석은 어떻게 등장했고, 어떤 의미를 지니게 될지 검토해 보자.

셀프서비스 분석의 등장

셀프서비스 분석의 기원

셀프서비스(self-service)는 서비스 제공자에게 어떤 서비스를 받던 사람이 그 서비스를 스스로 수행한다는 것을 의미한다. 서비스 제공자는 주유소의 점원일 수 있고, 맥도널드 가게의 점원일 수 있다. 이들이 제공하는 서비스는 기름을 넣는 것 또는 먹고 싶은 햄버거를 찾아 주문을 도와주는 것 등이다. 셀프서비스에서는 이런 서비스를 받던 사람들이 직접 수행을 한다는 것을 의미한다.

'셀프서비스'라는 용어는 소매점에서 시작되었다. 1917년에 클레런스 쏜더스(Clarence Saunders)라는 사람이 '셀프서비스 상점'에 대한 미국 특허를 받았다. 일반적인 매장에서는 점원이 고객이 주문할 상품 목록을 작성하였지만, 쏜더스 매장의 고객은 상점을 돌아 다니면서 구매하고자 하는 품목을 스스로 작성하여 직원에게 제시했다. 당시 이것은 새로운 개념이었다[6].

데이터 분석에도 셀프서비스가 도입되었다. 바로 셀프서비스 분석(self-service analytics)이다. 셀프서비스 분석 도입 이전의 데이터 분석은 데이터 분석 전문가가 비즈니스 실무자의 요청을 받아 분석을 수행하였다. 분석 결과가 나오면 비즈니스 실무자는 이를 의사결정에 활용하였다. 그러나 셀프서비스 분석에서는 비즈니스 실무자가 데이터를 직접 분석하고 의사결정에 활용하게 된다.

셀프서비스 분석에 논의가 처음 시작된 것은 대략 2000년대 중반쯤이다. 2011년에 클라우디아 임호프(Claudia Imhoff)와 콜린 화이트(Colin White)는 사용자에게 통찰을 생성하는 권한을 부여하는 셀프서비스 비즈니스 인텔리전스(Self-Service Business Intelligence)에 대해 논의하였다[7]. 그들은 셀프서비스 비즈니스 인텔리전스를 "비즈니스 인텔리전스 사용자가 정보기술 조직에 더 의존하고 덜 의존할 수 있도록 하는 비즈니스 인텔리전스 환경 내의 기능"으로 정의하였다. 그들은 셀프서비스 비즈니스 인텔리전스를 가능하게 하기 위해서 ① 보고 및 분석을 위한 원본 데이터에 대한 쉬운 접근, ② 사용하기 쉬운 비즈니스 인텔리전스 도구 및 향상된 데이터 분석 지원, ③ 신속히 구현하고 쉽게 관리할 수 있는 데이터웨어하우스, ④ 더 단순하고 사용자 정의 가능한 최종 사용자 인터페이스 등이 필요하다고 제안했다.

2015년에 가트너의 알렉산더 린덴(Alexander Linden)은 셀프서비스분석을 수행하는 인물들을 "시민 데이터 과학자(citizen data scientists)"라고 부르면서, 이들의 역할을 "전문적인 데이터 분석 교육을 받지는 않았지만, 분석 도구의 도움을 받아 분석을 수행하는 비즈니스 전문가"로 정의하였다. 가트너는 또한 시민 데이터 과학자들이 2019년까지 생성된 고급 분석의 양에서 데이터 과학자를 능가할 것이라고 예측했다[8].

셀프서비스 등장 배경

셀프서비스 분석은 왜 등장했을까? 셀프시비스 분석은 전통적인 분석 방법은 분석 지연, 비즈니스 적용 한계, 이해 관계자들의 협력 한계, 지식 축적 한계, 스킬 갭 등의 문제를 극복하기 위해 제안되었다. 한편 새로운 분석 접근 도구의 발전은 셀프서비스 분석을 가능하게 하였다. 각 항목에 대해서 좀 더 자세히 살펴보자.

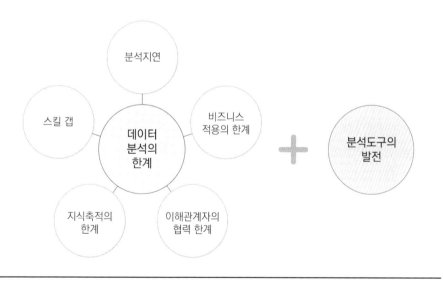

그림 1-4 셀프서비스 분석 등장 배경

분석 지연

전통적인 데이터 분석 방법은 데이터 분석 문제 발견부터 분석을 수행하여 결과를 도출하고 도출된 결과를 기반으로 행동을 옮기는 데 시간이 많이 소요되었다. 일반적으로 비즈니스 부서의 사람들은 데이터 분석에 대한 지식이 없기 때문에 데이터 분석 문제를 발견하고 정의하는 데 어려움이 있다. 또한 그들은 데이터를 수집하고 해석하는 측면에서도 한계가 있다. 데이터는 많지만 분석에 유용한 데이터가 없는 경우가 많다. 일단 데이터 분석을 시작하면 데이터 분석 전문가와 비즈니스 전문가는 프로젝트를 정의하고, 데이터를 수집하고, 데이터 분석을 수행해야 한다. 보통 데이터 분석을 시작해서 결과를 도출하는 데 몇 주 또는 몇 달이 걸리곤 했다. 이는 비즈니스 문제에 신속하게 대응할 수 없음을 의미한다. 현대의 비즈니스 환경에서 시간이 지연되는 것은 바로 경쟁력의 악화와 기회의 상실로 이어질 수밖에 없다. 무언가 더 빠르게 대응할 수 있는 방안을 찾아야 한다.

비즈니스 적용의 한계

데이터 분석이 비즈니스를 전혀 모르는 데이터 분석 전문가에 의해 수행된다면 비즈니스 측면에서 위험이 있다. 비즈니스에서는 나름대로 문제를 해결하는 현장 지식(domain knowledge)이 축적되어 있다. 이런 지식은 명시적으로 표현되어 있을 수 있지만, 암묵적으로 내재되어 있는 경우도 많다. 데이터 분석 전문가가 현장 지식이 없이 데이터 분석 결과를 도출하면 결과가 비즈니스에 적합하지 않거나 실행 불가능하거나 이해할 수 없는 경우가 발생할 것이다. 이럴 경우 데이터 분석 전문가가 현장 지식을 익혀야 하지만, 문제는 이를 습득하는 것이 쉽지 않다. 물론 데이터 분석 전문가가 현장 지식을 습득하며 데이터 분석을 수행하면 도움이 될 수 있을 것이지만, 이에 따른 분석의 지체는 또 다른 문제가 된다.

이해 관계자들의 협력 한계

데이터 분석에 참여자가 다양하며, 이들 간의 협력이 필수적이지만 협력은 쉽게 이루어지지 않아 프로젝트가 지연될 수 있다. 예를 들어보자. 데이터 분석을 하려면 데이터를 수집해야 하는데, 전통적인 조직에서는 정보기술 부서가 관리한다. 따라서 정보기술 부서가 데이터를 준비해 줄 때까지 기다려야 한다. 정보기술 부서가 데이터 수집에 잘 협조하지 않으면 데이터 분석은 한 발자국도 나갈 수 없게 될 것이다. 다른 한편으로 데이터 분석을 수행하는 데이터 분석가는 비즈니스와 긴밀한 협조를 통해 데이터 분석을 수행해야 한다. 분석에 필요한 데이터 세트를 준비할 때, 비즈니스 측면에서 판단이 중요한 역할을 한다. 많은 프로젝트에서 비즈니스가 제시하는 정보가 데이터 분석 측면에서 보면 맞지 않는 경우도 많다. 따라서 비즈니스에서 이야기 하는 것을 전적으로 신뢰하여 데이터 분석을 진행하다 보면 낭패를 겪는 경우가 자주 있다. 더 나아가서 분석이 아무리 잘 이루어져도 비즈니스 측면에서 확인을 해 주지 않는다면 분석 결과가 실제 업무에 적용될 수 없는 것이다.

지식 축적의 한계

기존의 데이터 분석 접근 방법은 조직이 데이터 분석에 대한 노하우를 축적할 수 없는 한계가 있다. 전통적인 데이터 분석 프로젝트는 주로 특정한 문제를 중심으로 한 프로젝트로 수행되는 경우가 많다. 예를 들어 어떤 회사가 고객들의 자사 제품에 대한 품질 평판을 분석하기 위해 다양한 소스로부터 얻어진 텍스트를 분석한다고 하자. 이런 경우 그 회사 내부에 텍스트 분석을 할 줄 아는 직원이 없다면 텍스트 분석을 할 수 있는 전문 데이터 분석가를 외부에서 고용하여 데이터 분석을 수행한다. 사실 데이터 분석 프로젝트는 대부분 이런 방식으로 진행된다.

매번 성공적으로 마치는 것은 아니고 오히려 실패하는 경우도 많지만 프로젝트를 위해 고용된 데이터 분석 전문가는 탁월한 기법을 사용하여 성공적으로 프로젝트를 마쳤다고 하자. 이제 데이터 분석 전문가는 떠나게 되고 회사는 그들이 만들어 놓은 분석을 위한 모델만 있을 뿐이다. 문제는 이것이 어떻게 작동되는지 문제가 발생하면 어떻게 조치를 취해야 하는지 아는 사람이 회사 내에는 없다는 점이다. 그래서 새로운 요구 사항이 발생하면 새롭게 모델을 구축해야 하는데 이에 대한 대처를 할 수 없게 되고 정말 필요하다면 다시 프로젝트를 발주해야 한다. 이런 과정의 반복은 데이터 분석에 대한 신뢰를 떨어뜨리게 될 것이다.

스킬 갭

전통적 의미의 전문 데이터 분석가가 되기 위해서 R, Python, Hadoop, 데이터베이스, 기계 학습과 인공지능, 데이터 시각화 등을 수행할 수 있는 기술적 능력, 즉 하드 스킬(hard skills)이 필요하다. 이런 하드 스킬은 주로 학위 과정을 통해 학습을 하게 된다. 일반적으로 데이터 분석가는 컴퓨터 공학, 통계학, 또는 연관 분야를 전공으로 삼아 공부한 사람들이 많다. 심플런(Simplelearn)의 조사에 따르면 데이터 분석가의 88%는 석사 학위 이상, 46%는 박사 학위를 보유하고 있고, 가장 일반적으로 공부하는 분야는 수학과 통계(32%), 컴퓨터 과학(19%), 공학(16%)이라고 한다.

데이터 과학자는 하드 스킬 이외에 지적인 호기심, 비즈니스 감각, 의사소통 능력, 팀워크 등 소프트 스킬(soft skills)이 필요하다. 소프트 스킬은 사람이 자신의 환경을 탐색하고, 다른 사람들과 잘 작업할 수 있게 해주며, 하드 스킬을 보완하여 목표를 잘 달성할 수 있게 하는 기술이다. 소프트 스킬은 사람 기술(people skills), 사회 기술(social skills), 의사소통 기술(communication skills), 특성 또는 개성(character or personality traits), 태도(attitudes), 직업 속성(career attributes), 사회 지능(social intelligence) 및 감성 지능(emotional intelligence) 지수의 조합 등으로 불린다. 데이터 분석이 데이터와 분석 기술을 사용하여 사람이 의사결정을 잘하도록 하는 것이 목적으로 하기 때문에 그런 사람과 잘 작업을 해야 하는데 이때 필요한 것이 소프트 스킬이다[9].

마지막으로 데이터 과학자는 비즈니스의 특정 영역에 대한 지식, 즉 영역 지식(domain knowledge)이 필요하다. 칼레브 리타루(Kaleve Leetaru)는 데이터 분석가들이 자신이 작업하고 있는 데이터의 미묘한 차이나 그들이 작업하고 있는 영역의 가정에 익숙하지 않은 경우에 위험한 상황을 조성하여 우연히 조직을 잘못 유도하는 분석을 생성할 수 있다고 한다. 그는 "데이터 과학은 나쁜 과학이 아니라 오히려 데이터 분석이 보편적인 진실의 형태가 아니라 도구일 뿐이다"라고 말한다[10]. 옳은 견해다.

전통적 의미의 데이터 분석 전문가를 양성하는 데 얼마나 많은 시간이 필요할까? 적어도 10~15년이 필요하다고 한다. 이렇게 장시간의 훈련을 필요로 하는 데이터 분석전문가에 대한 공급이 부족한 것은 어찌 보면 당연한 결과다. 폴 바스(Paul Barth)와 랜디 빈(Randy Bean)은 2012년에 포춘 500대 기업을 대상으로 빅데이터 인재에 관한 설문조사에 따르면 70% 기업은 데이터 분석 전문가를 고용할 계획을 가지고 있지만, 이것이 매우 어려운 일이라고 했다[11]. 이 기사가 발표된 이래로 많은 시간이 지났지만, 데이터 분석 전문가에 대한 수요와 공급 간의 차이는 아직도 실질적인 문제로 남아 있다[12].

인력 시장에서 공급과 수요의 차이를 스킬 갭(skill gap)이라고 한다. 데이터 분석전문가의 스킬 갭은 얼마나 클까? 많은 기관들이 이에 대한 예측을 수행하였다. 2011년에 맥킨지는 2017년까지 미국에서만 대략 140,000~190,000명 정도의 인력이 부족할 것으로 예측하였는데 이는 공급보다 수요가 60% 이상이 크다는 것이다. 2012년에 가트너는 2020년까지 미국에서 10만명이 부족할 것으로 예측했다[13].

2016년에 엑센추어는 90% 이상의 고객이 데이터 과학 전문가를 고용하려고 계획을 가지고 있지만, 그들 중 40% 이상이 인재를 찾는 데 어려움이 있다고 했다[14]. 2018년에 발표된 링크드인 인력 보고서(LinkedIn workforce report)에 따르면, 데이터 분석 전문가가 향후 5년간 가장 많이 필요로 하는 직업일 것이라고 했다. 이것은 IBM과 세계 경제(World Economic Forum)의 2020년까지 70만 개의 일자리가 필요하다는 전망과 일치한다[15].

스킬 갭의 존재는 기업이 데이터를 활용한 경쟁우위 전략을 추구하는 데 장애 요인이 된다. 데이터 분석 전문가를 보유하지 못한 기업의 입장에서는 이 문제를 해결을 하고 싶지만 데이터 분석 전문가를 육성하는 것은 십년 정도의 시간을 필요로 한다면 문제가 심각하다. 뭔가 다른 조치가 필요하다.

분석 도구 발전

셀프서비스 분석을 가능하게 한 것은 데이터 분석 기술의 복잡성을 숨기고 간단한 조작만으로도 고급 데이터 분석을 가능하게 한 데이터 분석 도구의 발전 덕분이다. 기존의 데이터 분석은 통계 지식을 가진 통계학자 또는 프로그램 능력을 갖춘 데이터 과학자에 의해서 수행되었으며, 현장 실무자들에게 그들의 기술은 마술 또는 비법이었다. 그들의 지식과 기술은 현장 실무자들에게는 범접할 수 없는 그 무엇이었다.

그러나 이제 이런 기술은 친숙한 사용자 인터페이스를 갖는 응용프로그램으로 개발되고 비즈니스 사용자도 사용하는 것이 어렵지 않게 되었다. 프로그램을 몰라도 정확한 알고리즘을 구현할 수 없어도 고급 데이터 분석을 사용할 수 있다. 이런 기술은 데이터를 준비하는 데 활용할 수 있는 기술, 데이터를 시각화해주는 기술, 예측적 데이터 분석을 가능하게 해 주는 기술 등을 포함한다.

최근 이런 도구들은 인공지능의 구현을 통해 더 지능적인 것으로 변하고 있다. 이런 도구들의 출현은 셀프서비스 분석가가 데이터 분석이란 험난한 정글을 통과할 수 있게 하였다.

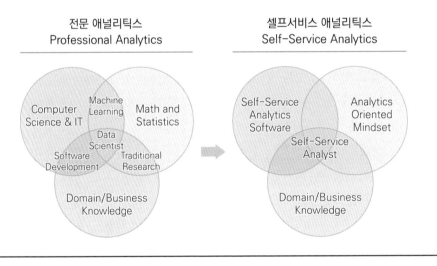

그림 1-5 셀프서비스 분석 구성 요소

셀프서비스 분석의 구성요소

셀프서비스 분석은 [그림 1-5]에 요약된 것처럼 3가지 측면에서 정의할 수 있다.

첫째, 셀프서비스는 비즈니스 영역에 속하는 인물들에 의해 수행된다. 따라서 이들은 자신의 비즈니스 업무에 대한 지식을 가지고 있는 사람들이다. 이들은 마케팅 전문가일 수 있고, 생산 설비 관리자일 수도 있다. 이들은 오랫동안 자신의 분야에서 업무를 접해왔기 때문에 데이터 분석으로부터 어떤 통찰이 얻어진다면 활용가능한지, 얼마나 중요한지 등에 대한 판단을 할 수 있다.

둘째, 셀프서비스 분석은 데이터 분석을 수행하는 분석 소프트웨어에 대한 지식을 보유한 사람에 의해 수행된다. 셀프서비스 분석을 지원하기 위한 다양한 소프트웨어들이 개발되고 있다. RapidMiner, KNIME, Tableau, Qlik 등 다양한 영역의 다양한 소프트웨어가 있다. 셀프서비스 분석가는 이들을 활용할 수 있는 사람이어야 한다. 이런 소프트웨어의 특징은 알고리즘과 구현의 복잡함을 최소화하지만 분석에 매우 탁월한 성과를 보인다는 점이다. 통계나 수학적 지식을 가능한 적게 필요하지만 분석 알고리즘에 대한 이해는 필수적이다.

셋째, 셀프서비스 분석은 분석 또는 데이터 지향 마인드셋(mindset)을 가진 사람에 의해 수행된다. 셀프서비스 분석가는 분석의 중요성에 대해 이해하고, 분석을 실제 업무에 사용하겠다는 마음을 가진 사람이다. 분석 도구가 좋더라도 실제로 분석에 활용하지 않는다면 무용지물일 것이다. 따라서 셀프서비스 분석가의 분석 결과를 실제 업무에 사용하고자 하는 의지가 셀프서비스 분석의 성공에 가장 중요한 이유인 것이다.

요약

데이터 분석은 데이터를 활용하여 비즈니스 문제에 대한 설명, 진단, 예측 및 처방 등을 제시하는 것을 목적으로 한다. 데이터 분석에서 다루는 문제에는 데이터 기술과 요약, 분할, 개념 설명, 분류, 예측, 의존성 분석 등이 있다. 전통적인 데이터 분석의 목적과 해결해야 할 분석 문제는 셀프서비스 분석에서도 여전히 같다. 다만 이를 접근하는 방법에 있어 차이가 있다. 데이터 분석의 진화라는 관점에서 셀프서비스 분석은 분석3.0과 분석 4.0의 가교 또는 연결점의 역할을 한다. 셀프서비스 분석은 기존의 데이터 분석의 단점들을 극복하고, 최신의 기술 발전을 적극적으로 수용하여 비즈니스 실무자들이 직접 데이터 분석을 수행할 수 있도록 한다.

셀프서비스 분석의 도입을 논의할 때 단순히 셀프서비스 분석 지원 소프트웨어를 구입하여 사용하는 것으로 목적을 달성할 수 있다는 착각을 할 수 있다. 그러나 셀프서비스 분석에서 성공하려면 좀 더 폭넓은 시각으로 데이터 분석의 전체적인 맥락에서 바라보아야 한다. 셀프서비스 분석의 데이터 공급 사슬(data supply chain)은 데이터 원천에서부터 데이터 기반 산출물을 만드는 전체 과정을 일관되게 보여준다. 따라서 이를 활용하면 셀프서비스 데이터 분석의 전체 맥락 파악을 할 수 있다. 다음 장에서는 셀프서비스 분석의 데이터 공급 사슬에 대해서 알아보도록 하자.

02 셀프서비스 분석의 데이터 공급 사슬

서론

공급 사슬은 원자재에서 최종 제품으로 변환하는 데 관련된 모든 프로세스를 말한다. 기업은 저렴한 비용으로 고객이 만족할 만한 상품을 생산하고 적시에 공급하고자 공급 사슬을 관리한다. 즉, 공급 사슬 관리는 고객의 가치를 극대화하고 시장에서 경쟁 우위를 확보하기 위해 비즈니스의 공급 측면 활동을 적극적으로 간소화 하는 것을 목적으로 한다. 이는 내부 재고, 내부 생산, 유통, 판매 및 회사 공급 업체의 재고를 보다 엄격하게 제어함으로써 가능해진다.

이런 공급 사슬의 개념을 데이터 분석에 적용하려는 접근 방법이 데이터 공급 사슬(data supply chain)이다. 엑커슨(Wayne Eckerson)과 델빈(Barry Delvin)은 조직 내 데이터 흐름을 이해하기 위해 정보 공급 사슬(information supply chain)이란 개념을 제시하였지만[16], 원본 데이터로부터 최종 데이터 분석 결과의 소비까지 데이터의 흐름을 나타낸다는 점에서 데이터 공급 사슬이 더 적합한 표현으로 생각되어 여기에서는 정보 공급 사슬 대신에 데이터 공급 사슬이란 용어를 사용하고자 한다.

이번 장에서는 데이터 공급 사슬을 구성하는 구성요소를 살펴보고, 데이터 공급 사슬의 관리가 어떻게 셀프서비스 분석에 기여하는지, 데이터 공급 사슬 관리에 중점을 두는 데이터 거버넌스 등에 대해 논의할 것이다.

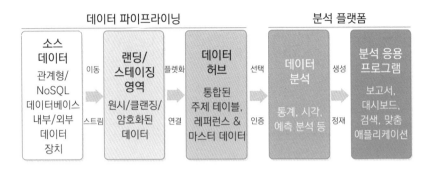

그림 2-1 데이터 공급 사슬 구성 요소

데이터 공급 사슬 구성 요소

데이터 공급 사슬은 그림 2-1에서 보는 것처럼 소스 데이터(source data), 랜딩 존 및 스테이징 영역(landing zone/staging area), 데이터 허브(data hub), 데이터 분석(data analytics), 분석 응용프로그램(analytics applications)으로 구성된다. 엑커슨과 델빈[16]은 데이터 분석 대신에 비즈니스 뷰(business view)를 구성요소로 보았지만, 본 서에서는 비즈니스 뷰가 분석을 너무 협의로 본 것으로 판단되어, 데이터 분석이라는 포괄적인 용어를 사용하였다.

소스 데이터

소스 데이터는 데이터 분석을 위해 사용될 기계, 사람, 동물 등에 의해 생성된 다양한 데이터를 말한다. 데이터의 관점에서 보면 세상에서 일어나는 또는 세상에 존재하는 모든 것은 데이터를 가지고 있거나 생성한다. 이런 데이터는 수집될 수 있어야 의미가 있다. 이전에는 이런 데이터의 대부분을 수집할 수 없었기 때문에 사용할 수 없었다.

정보 기술의 발달로 다양한 대량의 데이터를 수집과 저장이 가능하게 되었다. 다양한 데이터 수집 기술의 발달은 데이터 수집을 용이하게 하였고 저렴한 데이터 저장 기기의 발달과 관련 저장 기술의 발전은 대규모의 데이터를 저장하는 것이 가능하게 되었다. 수집되는 데이터는 비즈니스 운영과 직접적으로 관련된 데이터 이외에도 인터넷/모바일 서비스 관련 데이터, 사람과 사물의 이동이나 특정 행위 데이터, 각종 센서 데이터 멀티미디어 형태의 데이터 등이 최근에 폭발적으로 증가하고 있다.

데이터가 다양하고, 대용량이고, 빠르게 생성된다는 점을 강조하기 위해 빅데이터(big data)란 용어가 사용된다. 빅데이터란 용어는 1990년대에 사용되었는데, 이 용어를 많이 쓰게 된 것은 존 마시(John Mashey) 때문이라고 한다. 데이터 공급 사슬은 기업 내부와 외부에서 발생하는 빅데이터를 수집하고 처리하고 분석할 수 있는 역량을 갖추어야 한다.

랜딩 존과 스테이징 영역

랜딩 존(landing zone)은 데이터 소스에서 수집되는 데이터가 처음으로 저장되는 데이터 저장 영역을 말한다. 일반적으로 조직의 운영 데이터는 변화된 데이터 포착 기법을 활용해 랜딩 존으로 이동한다. 한편 대량의 소셜 미디어와 기계 생성 데이터는 스트리밍 도구를 사용하여 랜딩 존으로 스트림 된다. 하둡은 파일 기반 구조와 저비용 때문에 랜딩 존 구축에 많이 사용되지만 데이터가 구조화되어 있고 규모가 아주 크지 않다면 관계형 데이터베이스도 랜딩 존에 사용할 수 있다. 정보기술 부서 관리자만이 랜딩 존에 있는 데이터를 다룰 수 있다. 랜딩 존의 데이터는 ETL(Extract, Transform and Load)이라고 알려진 데이터 추출 및 가공 프로세스를 실행하기 전 또는 ETL 프로세스가 성공적으로 완료된 직후에 삭제된다.

스테이징 영역(staging area)은 랜딩 존에 수집된 데이터를 임시로 저장하는 중간 저장소로 볼 수 있다. 정보기술 관리자는 데이터가 랜딩 존에서 스테이징 영역으로 이동하기 전에 데이터 품질 검토와 오류를 수정하기 위한 클랜징 절차를 수행하고 가장 낮은 수준의 크기로 기본 객체(base objects)를 생성하며 명명 규칙(naming conventions)에 따라 표준화하는 작업을 수행한다. 또한 민감한 정보를 보호하기 위해 데이터 마스킹(data masking) 또는 분절화(tokenization)를 수행한다. 데이터 마스킹은 기업이 데이터를 숨기기 위해 사용하는 프로세스를 말한다. 일반적으로 실제 데이터는 임의의 문자나 다른 데이터에 의해 가려진다.

한편 토큰화는 데이터 보안에 적용될 때 민감한 데이터 요소를 토큰이라고하는 민감하지 않은 동등한 요소로 대체하여 고유 의미를 지니거나 악용 가능한 의미를 대체하는 절차를 말한다.

정보기술 부서 관리자가 스테이징 영역의 데이터를 다룰 수 있다. 한편 데이터 분석 전문가는 너무 심하게 변환되거나 집계되기 전의 원시 데이터를 사용하는 것을 선호하기 때문에 이 계층에 접근할 수도 있다.

데이터 허브

현대 조직은 빠르게 진화하는 시장에서 민첩성을 유지하기 위해 데이터 검색 및 분석에 점점 더 의존하고 있다. 서로 다른 콘텐츠 소스가 증가함에 따라 기업 차원의 데이터를 효율적으로 저장하고 공유할 수 있는 대용량 데이터 저장소에 대한 필요성이 커졌다. 데이터 허브(data hub)는 데이터 랜딩 존과 대기 영역의 데이터를 처리하여 전사적 정보 저장 및 공유에 필요한 형식으로 방대한 양의 데이터를 보유하는 대용량 저장소를 말한다. 조직은 데이터 허브를 잘 사용하면 사용 가능한 데이터를 보다 효율적으로 올바르게 쓸 수 있어 경쟁 우위를 확보할 수 있다.

정보기술 관리자는 데이터 허브에서 데이터를 요약하고 결합하고, 관련 지표를 생성하고, 기본 객체를 연결된 주제 영역 테이블로 통합하여 일반 다운스트림 사용을 위한 데이터를 준비한다. 예를 들어 그들은 모든 고객의 데이터를 하나의 고객 테이블 내에 저장된 하나의 뷰로 통합할 수 있다. 데이터 허브는 데이터웨어하우스, 탐색 도구, 트랜잭션 데이터 스토어, 응용프로그램 등에 데이터를 제공한다.

데이터 분석

데이터 분석에서는 데이터 허브의 데이터를 활용하여 비즈니스의 의사결정에 필요한 통찰(insights)를 얻어낸다. 따라서 데이터 공급사슬에서 데이터 분석은 셀프서비스 분석을 실제적으로 가능하게 하는 핵심적인 요소다. 데이터 분석은 셀프서비스 데이터 분석을 전문가 중심의 데이터 분석으로부터 명확히 구분할 수 있게 한다. 전문가 중심의 데이터 분석에서는 '데이터 과학자'로 불리는 전문 데이터 분석가가 그들만 사용할 수 있는 전문화된 도구나 프로그래밍 언어를 사용하여 데이터 분석을 수행했지만, 셀프서비스 분석에서는 다양한 사용하기 쉬운 분석 도구의 지원을 받아 비즈니스 전문가들이 수행하고 분석 결과에 대한 해석까지 책임을 지게 된다. 데이터 분석은 단순히 모델링을 하거나 통계 도구를 사용하여 결론을 도출하는 것보다 큰 의미를 지닌다.

셀프서비스 분석에서는 다양한 분석 지원 기술을 사용한다. 셀프서비스 분석을 지원하는 데이터 분석 도구는 통계적, 시각적, 예측적 분석 등을 지원하는 도구, 셀프서비스 분석가가 데이터 허브에서 데이터 얻어 분석에 적합하게 준비하는 데이터 준비 도구, 데이터의 메타데이터의 관리를 통해 데이터를 관리할 수 있도록 하는 데이터 카탈로그 등을 포함한다.

분석 응용프로그램

데이터 분석 결과는 분석 응용프로그램을 만들기 위해 변환된다. 분석 응용프로그램은 대시 보드 및 스코어 카드를 비롯한 논리적으로 통합된 일련의 시각적 보고서 또는 예측 응용프로그램 등으로 구성된다. 분석 응용프로그램은 광범위한 사용자가 판매, 서비스 또는 운영 같은 주어진 도메인에서 자신이 관리하는 비즈니스 프로세스와 작업의 맥락에서 통합 정보에 접근하고 분석하고 실행할 수 있게 한다.

분석 응용프로그램은 구매, 맞춤 구축, 하이브리드 방법 등을 활용하여 구축한다. 구매 전략을 사용하면 조직은 최소한의 사용자 요구사항을 필요로 하고 다양한 기능에 대해 코딩이 거의 또는 전혀 필요 없는 패키지 분석 응용프로그램을 구입한다. 맞춤 구축 방법을 사용하면 프로그래머가 사용자 정의 코드를 사용하여 전체 응용프로그램을 처음부터 작성한다. 이 두 극단 사이에는 구매와 구현을 혼합한 하이브리드 옵션이 있다. 셀프서비스 분석에서는 가능하면 구매에 의한 방법을 사용하지만 고급 사용자를 위한 프로그래밍 옵션을 제공하기도 한다.

데이터 공급 사슬 참여자

데이터 공급 사슬은 구조로만 존재하지 않는다. 그 안에는 각자 역할을 담당하는 참여자들이 있다. 이들은 셀프서비스 분석의 목적을 달성하기 위해 데이터 공급 사슬의 상에서 적절한 역할을 수행해야 한다. 따라서 조직은 셀프서비스 분석의 성공을 위해 데이터 공급 사슬에 참여자에 대해 잘 이해를 해야 하고 그들이 자신의 역할을 잘 수행할 수 있도록 지원해야 한다. 셀프서비스 분석 환경의 참여자는 크게 보면 비즈니스 사용자와 정보기술 개발자로 구분할 수 있다.

비즈니스 사용자

비즈니스 사용자는 셀프서비스 분석에서 수행하는 역할에 따라 데이터 소비자(data consumers), 데이터 탐색가(data explorers), 데이터 분석가(data analysts), 데이터 과학자(data scientists) 등으로 더 세분화 할 수 있다. 데이터 소비자와 데이터 탐색가는 일반 사용자인 반면, 데이터 분석가와 데이터 과학자는 고급 사용자를 말한다. 일반적으로 데이터 소비자는 한 조직의 지식 근로자의 약 60% 정도로 구성되는 반면, 데이터 탐색가는 30%를 구성한다. 반대로 데이터 분석가는 사용자의 8%이고 데이터 과학자는 2%로 구성된다. 물론 이 비율은 조직에 따라 다양하게 변한다. 금융 서비스, 보험, 헬스케어, 하이테크 같은 정보 중심 산업에 있는 조직은 제조, 정유와 가스, 소매 같은 재화를 생산하는 조직보다는 더 많은 비율의 고급 사용자를 가질 수 있다. 그러나 디지털 경제가 진행되면서 심지어 자동차 업체 같은 전형적인 제조 기업이 데이터와 정보 서비스에 그들의 관심을 집중하는 변화가 진행되고 있다[16].

데이터 소비자는 현실의 비즈니스 업무를 처리하는 사용자들이다. 데이터 소비자는 마케팅 또는 판매 부서의 직원일 수 있고, 회사의 중간 관리자 또는 최고 경영진일 수도 있다. 중요한 것은 데이터 소비자들이 데이터 분석에서 문제를 인지하고, 분석된 결과의 비즈니스 측면에서 적절성을 평가하는 사람들이라는 점이다. 따라서 이들에게 데이터 분석 전략의 초점을 두는 것이 바람직하다. 분석 관점에서 데이터 소비자는 단순히 생성된 보고서와 대시보드를 사용하는 사람이다. 데이터 소비자는 대부분은 내용을 보는 것으로 만족하지만, 이들 중 일부는 내용 검색, 탐색, 정렬, 나중에 다시 보기 위한 스냅샷 저장하기 등의 고급 기능을 사용하기도 한다.

　데이터 탐색가는 때때로 보고서나 대시보드를 수정하길 원하거나 코딩 없이 즉시 보고서 또는 대시보드를 생성하길 원하는 사람이다. 이들은 시각화 또는 탐색 도구를 사용하여 임의의 보고서나 대시보드를 생성하기 위해 시각화 도구 내의 객체 라이브러리에서 측정지표, 차원, 컨트롤, 이미 정의된 차트 등을 캔버스에 끌어다 놓는다(그림 2-2). 그들은 포인트 엔 클릭(point-and-click) 계산 엔진을 사용하여 측정지표를 생성할 수 있고 통합 데이터 준비 기능을 사용하여 내부와 외부 데이터를 통합할 수도 있다.

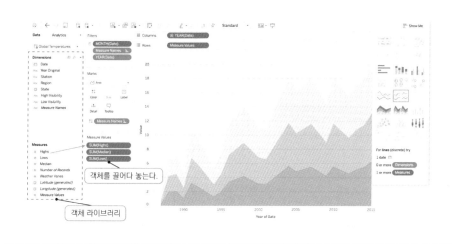

그림 2-2 시각화 도구 활용

　데이터 분석가는 엑셀을 잘 사용하고, SQL과 통계 등에 대한 기본적인 이해를 가지고 있고, 시각적 분석 도구를 활용할 수 있는 비즈니스 감각을 지닌 데이터 전문가들이다. 이들은 데이터 중심 문제들을 해결하기 위해 부서 책임자들(재무, 판매, 마케팅 등)에 의해 고용된다. 예를 들어, 데이터 분석가들은 가격 계획, 성과 지표, 예산 견적, 수요 계획, 보존 모형을 만들거나 근본 원인 분석을 통해 업무의 이상한 점들을 조사한다. 데이터 분석가들은 업무를 위해 데이터에 대한 광범위한 접근 권한을 필요로 하고 데이터 준비, 데이터 카탈로그, 데이터 시각화 같은 분석 도구를 사용해야 한다.

데이터 과학자는 RapidMiner나 Tableau 같은 데이터 분석 도구 또는 SQL, Java, Python, R 같은 프로그램 언어를 사용할 줄 알며 데이터 분석에 대한 지식을 가진 데이터 분석가 말한다. 우수한 데이터 과학자는 통계학과 머신 러닝에 대한 지식을 보유하고, 데이터 분석도구 또는 분석 언어를 사용하고 데이터 분석을 위한 모델을 생성할 수 있는 사람이다. 대부분의 데이터 과학자들은 매우 낮은 수준에서 원시 데이터를 접근하기 바란다. 주의할 것은 여기서 논의하는 데이터 과학자는 비즈니스 사용자인 데이터 과학자로 이를 강조하기 위해 시민 데이터 과학자(citizen data scientist)라고도 한다.

정보기술 개발자

정보기술 개발자는 데이터 분석에서 비즈니스 사용자를 지원한다. 비즈니스 사용자들이 데이터 분석을 수행하지만, 그들은 데이터를 활용할 수 있도록 하는 또는 분석 결과를 사용할 수 있게 하는 정보기술 개발자의 도움이 절대적으로 필요하다. 셀프서비스 분석 환경에서 중요한 역학을 하는 수많은 정보기술 개발자들이 있다. 엑커슨과 델빈은 데이터 분석과 관련이 있는 정보기술 전문가를 시스템 분석가(system analysts), 데이터 엔지니어(data engineers), 비즈니스 개발자(business developers), 응용프로그램 개발자(application developer) 등으로 구분하였다[16].

시스템 분석가는 정보 시스템의 분석, 설계 및 구현을 전문으로 하는 정보 기술 개발자를 말한다. 시스템 분석가는 이러한 결과를 달성하기 위해 의도된 결과에 따라 정보 시스템의 적합성을 평가하고 최종 사용자, 소프트웨어 공급 업체 및 프로그래머와 소통을 한다. 시스템 분석가는 필요한 조직의 개선 사항을 확인하고 변경 사항을 구현하기 위해 시스템을 설계하며 시스템을 사용하도록 다른 사람들을 교육시키고 동기 부여하는 변화 에이전트의 역할을 할 수 있다. 이들이 분석 전문가들과 업무를 조직화 하지 않으면 운영 시스템에 어떤 변화를 주었을 때 분석 과정들을 망가지게 할 수 있다.

데이터 엔지니어는 주로 조직의 데이터 파이프라인 시스템 구축 및 유지 관리에 중점을 둔다. 제시 앤더슨(Jesse Anderson)은 데이터 엔지니어를 '빅데이터를 중심으로 소프트웨어 솔루션을 구축하는 기술을 가진 전문가'라고 정의한다. 또한 데이터 엔지니어의 주요 업무는 '다양한 기술과 프레임워크를 심층적으로 이해하고, 이를 활용하여 회사의 비즈니스 프로세스를 구현할 수 있는 데이터 파이프라인을 만드는 것'이라고 한다[17]. 클라우데라(Cloudera)의 수석 솔루션 아키텍트인 이안 부스(Ian Buss)는 데이터 과학자들이 데이터 세트에서 새로운 통찰력을 찾는 데 주력하고, 데이터 엔지니어는 데이터와 함께 제공되는 모든 것, 즉 형식, 확장성, 탄력성, 보안 등의 생성 준비를 다룬다고 한다[18]. 데이터 엔지니어는 데이터베이스 관리자(Database Administrator), 데이터웨어하우스 관리자(Data Warehouse Administrator), 데이터 설계자(Data Architect) 등 다양한 직책을 갖는다.

비즈니스 개발자는 비즈니스 사용을 위한 보고서와 대시보드를 만드는 개발자를 말한다. 전통적으로 이들은 기업 비즈니스 인텔리전스 개발자들이거나 비즈니스 감각이 있는 데이터 엔지니어들이었다. 이상적으로는 이들이 연합 조직 모델(federated organizational model)의 한 부분으로서 비즈니스 조직에 공존하는 비즈니스 인텔리전스 개발자들이어야 한다. 그러나 비즈니스 개발자들은 비즈니스 관점과 동료들을 위한 보고서를 만드는 데이터 분석가의 역할도 할 수 있다. 이들은 비즈니스 사용자들로부터 요구사항들을 모으고 통합할 수 있을 뿐만 아니라 드래그 앤 드롭(drag-and-drop), 포인트 앤 클릭(point-and-click) 개발 도구와 간단한 스크립트를 사용하여 보고서나 대시보드를 설계할 수 있는 첨단 기술에 능통한 비즈니스 인텔리전스 분석가들로 되어가고 있다.

응용프로그램 개발자는 다양한 프로그래밍 언어를 사용하여 맞춤 분석 응용프로그램을 개발하거나 다른 응용프로그램에 분석 요소와 환경을 통합하기도 한다. 조직들이 전략적 이점을 형성하기 위해 정보를 사용하게 되면서 분석 응용프로그램을 설계하기 위해 개발자들을 채용한다. 응용프로그램 개발자는 분석을 통해 개발된 모델을 응용프로그램에 통합하는 역할을 수행한다. 분석 모델의 목적은 조직에서 필요로 하는 의사결정을 자동화하는 것이다. 개발자들이 모델을 정보시스템에 설치할 수 없을 때 모델은 가치를 잃게 된다. 최근에는 개발과 데이터 분석의 밀접한 협력을 통해 모델이 신속하게 정보시스템에 통합시키는 데이터 옵스(DataOps)라는 개념이 각광을 받고 있다.

사용자와 데이터 공급 사슬의 매핑

이상에서 우리는 데이터 공급 사슬에서 활동하는 다양한 인물들에 대해서 알아보았다. 이들이 실제로 데이터 공급 사슬의 구성 요소 중에서 어떤 요소와 상호작용을 하는지 알아보자. 과거에는 정보기술 부서가 데이터 공급 사슬을 전적으로 담당하고 사용자들에게는 데이터마트 등을 통해 접근할 수 있도록 허용했었다. 소수의 개인이 데이터 허브(또는 데이터웨어하우스)에 직접 접근할 수 있었고 정말 아주 소수만이 데이터 랜딩 존 또는 스테이징 영역에서 질의할 수 있었다.

그러나 셀프서비스 분석에서는 잘 정의된 데이터 공급 사슬과 더불어 정보기술 관리자가 서로 다른 유형의 비즈니스 사용자에게 서로 다른 데이터에 접근하도록 지원해야 한다. 비즈니스 사용자들은 그들의 역할과 요구사항에 따라 데이터 공급 시슬의 다른 요소에 접근할 수 있다. 각 데이터 공급 사슬의 요인에 대한 비즈니스 사용자의 접근에 대해서 상세하게 알아보자.

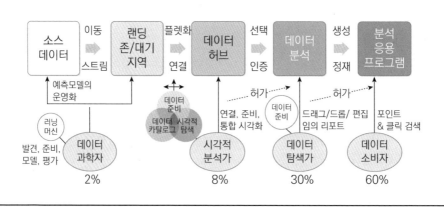

그림 2-3 비즈니스 사용자의 정보 공급 사슬 구성 요소 접근

데이터 과학자는 예측 모델을 생성하기 위해 때때로 원시의 집계되지 않은 데이터를 필요로 할 수 있다. 운영 시스템으로부터 데이터를 끌어오기보다는 스테이징 영역에 있는 적어도 정제되고 암호화된 원시 데이터에 접근할 수 있어야만 한다. 조직은 그들에게 데이터 카탈로그로 이런 탐색을 돕고 데이터 준비 도구를 제공하여 형식 지정, 변환, 데이터 블랜딩 작업을 지원하여 시각적 탐색 도구

로 데이터를 표시하고 예측적 분석 도구로 분석할 수 있도록 지원해야 한다. 특히 스테이징 영역에 접근하는 데이터 과학자는 데이터를 다룰 수 있는 지식과 데이터 거버넌스에 관련된 이슈들에 대한 이해가 있어야 한다.

데이터 분석가는 시각적 탐색 도구를 사용하기 위해 데이터 허브에서 폭넓고 주제에 특화된 테이블에서 데이터를 가져올 수 있다. 조직은 데이터 탐색 도구를 제공하여 데이터를 연결하고, 탐색하고, 사용하는 작업의 부담을 데이터분석가가 줄일 수 있도록 지원해야 한다. 그러나 데이터 분석가는 때때로 도구 뒤에 있는 데이터를 탐색하는 것을 바랄 수 있는데, 그들은 데이터 카탈로그, 데이터 준비, 시각적 탐색 도구 등의 지원을 받아 분석을 수행할 수 있다.

데이터 탐색가는 현존하는 보고서를 확장하고 단순한 것을 간단하게 생성하기 위해 다양한 도구를 사용한다. 최신의 시각화 도구는 데이터 탐색가에게 비즈니스 뷰에 존재하지 않은 다른 데이터 세트와 함께 보고서 데이터를 생성할 수 있게 하는 데이터 준비 도구를 함께 제공한다. 어떤 것은 데이터 탐색가가 다른 내부와 외부 데이터를 그들의 보고서에 통합하는 것을 돕기 위해 데이터 시장과 통합하는 기능도 제공한다.

마지막으로 데이터 소비자는 보고서와 대시보드 내에 데이터를 탐색하고 분석한다. 그들은 전혀 새로운 데이터를 찾지는 않지만 그들은 종종 보고서 또는 대시보드로부터 데이터의 스냅샷을 저장해서 나중에 새로운 데이터와 볼 수 있기를 원한다. 이것은 맞춤 보고서 또는 대시보드를 생성하기 위한 쉬운 방법이다.

데이터 분석 팀의 구성

데이터 공급 사슬에 참여자는 단독으로 분석 업무를 수행할 수 있지만, 분석 프로젝트의 규모가 커지면 다수의 전문가들이 팀을 이루어 분석 업무를 수행하게 된다. 즉, 효과적인 데이터 분석을 수행하려면 다수의 데이터 공급망 참여자의 협업이 필요하다[19].

데이터 분석 팀을 운영하는 것이 필요하지만 모든 참여자가 처음부터 데이터 분석 팀에 들어올 필요는 없고 단계적으로 적합한 팀을 구성하는 것이 바람직하다. 데이터 분석을 바로 시작했다면 데이터 엔지니어와 데이터 분석가를 활용해 팀을 꾸릴 수 있다. 데이터 연결하고 데이터웨어하우스를 구축하고 데이터를 알수 있는 팀을 구성한다. 데이터 수집이 어느 정도 진행되면 데이터 탐색가와 데이터 분석가가 투입되어 탐색적 데이터 분석을 수행한다. 데이터를 잘 이해했고 고급 분석으로 이동하고 싶다면, 데이터 엔지니어, 데이터 분석가, 데이터 과학자 등으로 구성된 분석 팀을 꾸리는 것이 바람직하다. 이제 예측적 및 처방적 분석으로 이동해서, 데이터 과학자를 한두 명 고용할 시점으로 이동할 적절한 시기가 되었다. 팀이 이 마지막 단계를 지나 적용할 모델이 확정되면 기존의 비즈니스 시스템과의 통합을 위한 비즈니스 개발자 또는 응용프로그램 개발자가 참여하는 것이 필요하다.

분석 팀을 효율적 운영을 위해서 분석 관리자가 필요하다. 분석 관리자는 팀이 2명인 경우에는 별로 의미가 없다. 그러나 3명이 넘는 팀이 있다면 관리자가 필요하다. 분석 관리자는 데이터웨어하우징 및 ETL 솔루션 관리, 최고의 ROI를 기반으로 프로젝트 우선 순위 결정, 데이터 분석가가 보고 및 시각화 요청에 시달리는 것을 차단, 팀이 프로젝트를 완료하는 데 필요한 모든 도구를 갖추고 있는지 확인, 데이터 기반 문화로 비즈니스 영향, 셀프서비스 분석 장려, 예측 및 처방적 분석 프로젝트에 방향 제시, 팀이 역할을 유지할 수 있도록 멘토링 및 지속적인 교육 기회를 제공 등을 확보할 책임이 있다.

데이터 공급사슬과 데이터 거버넌스의 관계

데이터 거버넌스

데이터 거버넌스(data governance)는 데이터 사용량을 제어하는 내부 데이터 표준 및 정책을 기반으로 기업 정보 시스템에서 데이터의 가용성, 유용성, 무결성 및 보안을 관리하는 프로세스를 말한다. 효과적인 데이터 거버넌스는 데이터가 일관성 있고 신뢰할 수 있으며 오용되지 않도록 한다. 조직이 새로운 개인정보 보호 규정에 직면하고 점점 더 많은 데이터 분석에 의존함에 따라 데이터 거버넌스의 중요성은 점점 더 증가하고 있다.

데이터 거버넌스 등장 배경

데이터 거버넌스가 이렇게 관심을 받게 된 이유에 대해 인포시스(Infosys)는 아래의 4가지 요인을 들어 설명한다[20].

첫째, 데이터가 획기적으로 증가했다. 데이터를 수집하고 처리하기 위한 조직의 욕망과 역량이 증가했다. 다양한 보고서가 이를 제시한다. 정형화된 데이터는 매해 40% 이상 증가하고, 비정형 데이터를 포함한 전형적인 콘텐츠 유형은 매해 80% 이상 증가하고 있다. 전 세계 데이터는 2025년까지 163제타 바이트로 성장할 것이다. 이런 데이터의 85%는 새로운 유형에서 생성될 것이다고 기계가 생성한 데이터는 2025년까지 15배나 증가할 것으로 예상된다[21].

둘째, 데이터 소비의 다양화는 거버넌스에 대한 수요를 증가시켰다. 차세대 데이터 분석은 고객 데이터뿐만 아니라 모든 유형의 소셜 네트워크와 블로그, 기계 생성 데이터, 클릭 스트림 데이터 등을 포함한다. 이를 위해 조직은 샌드박스, 파일롯 환경, 채택된 데이터 탐색 도구와 셀프서비스 도구 등을 설치해 왔다. 이런 데이터 소비 응용프로그램의 폭발적인 증가는 엄중하고 효율적인 데이터 거버넌스를 필요로 한다.

셋째, 더 강력한 규제와 규칙 준수의 증가는 거버넌스에 대한 수요를 증가시켰다. 특별히 금융 서비스와 헬스 케어와 같은 산업에서는 필수적인 요인이 되었다. 규제 요구사항은 데이터 보호, 개인정보보호, 데이터 보안, 데이터 계보, 역사적 데이터 등에 대해 더욱 필요하다. 이런 이유로 해서 데이터 거버넌스는 최고 정보 책임자의 최우선 순위 과제가 되었다. 2016년 실시된 가트너의 설문에 따르면 최고정보책임자의 20%가 정보 거버넌스를 성공적으로 구축하지 못한다면 그들의 직업을 잃을 수 있다고 우려를 표명하였다.

넷째, 데이터에서는 통찰을 얻고 행위로 이행하는데 정확한 정보가 필요하기 때문에 데이터 거버넌스가 필요하다. 오늘날의 관리자들은 의사결정과 행동을 위해 데이터를 사용한다. 많은 관리자들이 그들이 접근하는 데이터가 정확하지 않고 완전하지 않다고 느끼면 분석 응용프로그램에 대한 확신과 수용이 낮아질 것이다.

데이터 거버넌스의 복잡성

데이터 거버넌스를 실제 구현하는 것은 쉽지 않다. 데이터 거버넌스를 구축하는 어려움을 다음의 네 가지 측면에서 생각할 수 있다.

첫째, 데이터 포착과 처리의 다양성이 점차 확산하고 있다. 더 많은 데이터가 새로운 규모와 새로운 행위자에 의해 수집 또는 생성되고 있다. 엄청난 양의 데이터가 매일 생성되고 있다. 개인의 건강을 계량화 하는 웨어러블 장치, 매일의 삶을 기록하는 소셜 미디어, 제품 또는 과정을 향상시키기 위해 데이터 생성 같은 기술의 새로운 사용과 연계되어 있다. 다른 데이터는 센서가 장착된 소매 상점 내에서 개인의 행동, 공공 와이 파이 하스팟 접속, 카카오톡 택시 같은 온디맨드 택시 서비스 이용 실적 같은 것을 포함한다. 어떤 데이터가 수집되고 사용되는지에 대한 대중의 인식은 상대적으로 낮다. 개인 포스팅으로부터 정보를 수집하는 소셜 네트워킹 사이트에서 수동적인 방법으로 데이터가 수집될 때 특히 더 그렇다.

둘째, 데이터 수집과 사용을 구분하는 것이 점점 더 어려워진다. 이전의 의도된 목적을 위해 특정한 행위에 관해 데이터가 수집되었지만 최근에는 데이터 수집과 정의된 목적 사이의 연결이 약해지고 있다. 빅데이터 플랫폼에서 대규모의 데이터를 수집하고 관리하는 것이 편리해지고 그런 데이터를 분석하기 위한 새로운 도구를 쓸 수 있다는 것은 데이터 수집의 원래 의도된 목적을 넘어서는 기대되지 않은 패턴 또는 통찰을 생성하는 방법으로 대규모 데이터가 수집, 통합, 분석될 수 있다는 것을 의미한다. 이런 새로운 분석은 잠재적 이익을 나타내기 때문에 의도되지 않은 분야에 데이터를 사용하고자 하는 유혹이 증가하고 있다. 그러나 그것은 또한 개인이나 조직에 잠재적 해의 위험을 증가시킬 수 있다.

셋째, 민감하지 않은 데이터가 민감한 통찰을 제공할 수 있다. 처음에는 민감하지 않은 데이터로 간주되었던 데이터가 새로운 데이터 세트와 연결되거나 새로운 분석 기법을 사용함에 따라 민감한 정보가 될지 여부에 대해 데이터 수집 시점에 확신하는 것은 어렵거나 거의 불가능한 일이다. 비디오, 이미지 또는 텍스트와 같이 사람들이 온라인에서 쉽게 공유하는 기존 데이터 형식은 기존의 거버넌스 메커니즘이 형성되었을 때보다 훨씬 많은 정보가 오용될 수 있다. 익명화는 데이터 환경이 서로 연결되고 공개된 네트워크가 되기 때문에 더욱더 어려워진다. 데이터가 쉽게 국경과 법을 통과할 수 있는 데이터의 글로벌한 성격은 이런 도전에 대한 어려움을 증가시킨다. 민감한 정보가 일단 공개되면 완벽하게 회수하는 것은 매우 어렵다.

넷째, 데이터가 어디에서 오는지 아는 것이 점점 더 어려워진다. 데이터가 새로운 맥락으로 전파되기 때문에 데이터가 수집될 때 사용된 가정은 이 새로운 사용에 대해 더 이상 적합하지 않게 된다. 데이터는 또한 오류가 있고 품질이 떨어지기 마련이다. 과거에 의미 있었던 데이터 가치는 이제는 옳지 않을 수 있다. 데이터 맥락, 의미, 형식, 검증 파라미터, 수집 일자 같은 데이터에 관한 데이터는 메타데이터로 불린다. 메타데이터는 추적을 위한 정보를 제공한다. 데이터의 일관성을 보증하기 위해 데이터세트가 새로운 시스템과 조직에 복제될 때 메타데이터도 함께 갱신되어야 한다. 메타데이터에 대한 접근은 데이터가 중요한 의사결정을 작성하고 지원하기 위해 사용될 때 품질 평가를 하는 핵심적 요소가 된다. 그러나 데이터 세트가 복제되고, 전송되고, 변환됨에 따라 메타데이터와 계보를 추적하기 위한 검증가능하고 모두가 동의할 수 있는 방법을 개발하는 것은 매우 어렵나.

어떤 데이터세트가 품질이 열악하고 잘못 표현되어 있는지를 미리 아는 것이 단순하지는 않다. 데이터의 사용 목적이 때때로 변경되기 때문에 신뢰할 수 있고 유용하다는 보증은 더욱 중요하지만 달성하기는 더욱 어려워진다. 더 나아가 데이터가 알고리즘을 학습하기 위해 사용되고 데이터로부터 얻은 통찰이 알고리즘에 내재되기 때문에 데이터가 어디서부터 왔는지 아는 것은 훨씬 더 어려워질 것이다. 따라서 현대의 조직은 데이터를 추적하는 것이 어려운 상황에 직면하고 있다. 언제, 어디서, 어떻게 거버넌스 시스템이 간섭해야 할 것인지에 대한 의사결정은 점점 더 어려워지고 있다. 이러한 이유로 인해 데이터 거버넌스에 대한 필요는 점점 더 증가하고 있다.

효율적인 데이터 거버넌스 구축

대부분의 회사에서 금융 및 물리적 자산은 잘 통제된다. 그러나 정보 자산은 종종 대부분의 기업에서 가장 관리가 잘되지 않고 이해가 잘되지 않으며 가장 잘 활용되지 않는 핵심 자산이다. 데이터 거버넌스는 의사결정 권한과 책임 프레임워크를 지정하여 데이터 사용시 바람직한 행동을 장려하는 것을 목적으로 한다. 데이터 거버넌스 설계는 데이터 품질에 대한 전략적 목표를 구현하고 이러한 전략적 목표가 얼마나 잘 달성되는지 모니터링할 수 있는 의사결정 구조, 조정 프로세스, 커뮤니케이션 방식을 제시하는 것이다.

데이터 거버넌스 구축은 다음과 같이 진행된다. 먼저 주요 조직의 데이터 공급 사슬을 식별하고, 이 과정을 위한 거버넌스 구조를 분명히 해야 한다. 즉, 데이터 공급 사슬과 관련한 의사결정에 대해 누가 책임을 지며, 누가 자문을 하며, 누가 정보를 사용하는지를 정의해야 한다. 또한 이러한 결정은 어떻게 이루어지고 모니터링 되는지를 명확히 해야 한다. 마지막으로 데이터 목표 달성, 데이터 프로세스 성능, 데이터 프로세스 기능 등을 추적해야 한다. 이를 통해 데이터 거버넌스는 데이터 공급 사슬이 제대로 작동하게 할 수 있는 역할을 수행한다.

셀프서비스 분석과 데이터 공급 사슬

셀프서비스 분석의 성공은 데이터에 의존하며 데이터를 조직에 공급하는 데이터 공급 사슬은 셀프서비스 분석의 성공과 밀접한 관계가 있다. 구체적으로 데이터 공급 사슬은 데이터의 품질 확보와 이해 관계자의 협력 지원 측면에서 셀프서비스 분석을 지원한다.

데이터 공급 사슬은 좋은 품질을 갖는 데이터를 공급할 수 있도록 지원한다. 데이터 품질(data quality)은 무엇을 말할까? 일반적으로 데이터는 고객, 의사결정자, 다운 스트림 응용프로그램 및 프로세스에 대한 의도된 용도의 요구 사항을 충족 할 때 좋은 품질을 갖는다고 한다. 좋은 데이터의 품질에 대한 적절한 비유는 제조업체가 생산한 제품의 품질이다. 좋은 제품의 품질은 비즈니스 성과는 아니지만 고객 만족을 이끌어 내고 제품 자체의 가치와 수명주기에 영향을 미친다. 마찬가지로, 데이터의 품질은 데이터의 가치를 이끌어 내고 규제 준수, 고객 만족 또는 의사결정의 정확성과 같은 비즈니스 성과의 측면에 영향을 줄 수 있는 중요한 특성이다.

데이터 품질을 측정하는 데 사용하는 주요 기준에는 정확성(accuracy), 관련성(relevancy), 완전성(completeness), 적시성(timeliness), 일관성(consistency) 등이 있다. 정확성은 설명 된 모든 것이 데이터에 대해 정확해야 한다는 것을 의미하고 관련성은 데이터가 의도된 용도에 대한 요구 사항을 충족해야 한다는 것을 의미한다. 완전성은 데이터에 결측값 이 없거나 데이터 레코드가 누락되어서는 안 된다는 것을 말한다. 적시성은 데이터가 최신의 것이어야 한다는 의미이다. 마지막으로 일관성은 데이터는 예상 한대로 데이터 형식을 가져야하며 동일한 결과로 상호 참조 할 수 있음을 의미한다.

셀프서비스 분석에서 좋은 분석 기술이 중요하다. 그렇지만 아무리 좋은 분석 기술도 나쁜 데이터가 공급이 된다면 좋은 결과가 나올 수는 없다. 쓰레기가 들어가면 쓰레기가 나올 것이다. 데이터 공급 사슬은 좋은 품질을 갖는 데이터를 얻을 수 있는 방안을 제공해 주기 때문에 데이터 공급 사슬은 셀프서비스 분석의 성공에 필수적 요소다.

데이터 공급 사슬은 데이터 관리와 분석에 참여한 참여자들의 협력을 위한 기초를 제공한다. 현대의 데이터 생태계는 매우 복잡하기 때문에 정보기술 전문가, 데이터 관리 전문가, 데이터 분석 전문가의 협업이 없이는 데이터를 수집하고 분석하는 깃이 어렵다. 이들 이해 관계자들이 함께 데이터에 관한 문제를 협의할 토대가 필요한데 데이터 공급 사슬은 이를 위한 논의의 틀을 제공한다. 즉, 이해 관계자들은 데이터 공급 사슬을 중심으로 데이터와 관련된 문제들을 논의하고 해결책을 찾을 수 있다.

전통적으로 데이터 공급 사슬은 데이터 저장소를 관장하는 정보기술 부서가 관리해 왔다. 완벽하고 잘 설계된 데이터 공급 사슬은 비즈니스 사용자가 자신들에게 필요한 데이터를 통제된 데이터 공급 사슬 외부에 보유할 필요를 최소화한다. 따라서 데이터 공급 사슬은 셀프서비스 분석 역량을 강화한다고 볼 수 있다. 실제에 있어 셀프서비스 분석가는 정보기술 부서가 기업 데이터 저장소에 생성하는 것보다 더 많은 데이터를 원하는 경우가 많은데, 이런 경우 데이터 공급 사슬이 셀프서비스 분석을 저해하는 요인이 될 수도 있다.

요약

이번 장에서는 데이터 공급 사슬의 구성요소, 셀프서비스 분석과의 관계, 데이터 거버넌스의 역할 등에 대해서 살펴보았다. 데이터 공급 사슬은 소스 데이터, 랜딩 존과 스테이징 영역, 데이터 허브, 데이터 분석, 분석 응용프로그램으로 구성되어 있다. 데이터 공급 사슬은 셀프서비스 분석을 지원하는 필수적인 요소로 일관된 품질의 데이터를 제공하고 이해관계자의 적극적인 협력을 얻기 운영되어야 하며 데이터 거버넌스로 보완되어야 한다. 현재의 데이터 공급 사슬이 복잡하기 때문에 데이터 거버넌스는 점점 더 중요한 역할을 할 것으로 생각되며, 효율적인 데이터 거버넌스 구축이 필요하다. 품질이 좋고 안정적인 데이터 공급 사슬의 운영은 셀프서비스 분석을 도입하려는 기업에 필수적인 요인이다. 이제 데이터 공급 사슬을 구성하는 요소들에 대해서 알았다. 이어지는 장에서는 각 구성요소들에 대해서 좀 더 자세히 들어다 볼 것이다.

데이터 파이프라인
구축 기술

셀프서비스분석의 성공의 핵심요소는 성공적인 데이터 공급 사슬의 운영에 달려있다. 셀프서비스 분석가들은 품질 좋은 데이터를 얻을 때 비로소 성공적인 분석을 수행할 수 있기 때문이다. 파트 2에서는 데이터 공급 사슬의 구성요소 중 데이터 파이프라인 구축과 관련된 기술을 살펴보고자 한다. 제3장에서는 원천 데이터에 대해서 논의한다. 원천 데이터는 다양한 형태로 존재하며 수집되고 저장되어야 비로소 분석에 사용될 수 있다. 제4장에서는 원천 데이터를 수집하는 배치 치리와 스트림 처리 등의 기술에 대하여 논의할 것이다. 제5장에서는 수집된 데이터를 저장하는 데이터 착륙/대기 지역 지원 기술인 데이터베이스, 데이터웨어하우스, 데이터 레이크와 관련된 내용에 대해 논의할 것이다. 제6장에서는 셀프서비스 분석가들에게 데이터를 제공하는 데이터 허브와 관련된 데이터 마트, 데이터 샌드박스, 데이터 가상화 등의 기술에 대해 논의할 것이다. 마지막으로 제7장에서는 현대의 복잡한 데이터 분석 환경에서 데이터 파이프라인을 성공적으로 구축하기 위한 전략적 측면을 논의할 것이다.

03 원천 데이터

서론

데이터 분석, 더 나아가 셀프서비스 분석이 발전은 풍성한 데이터를 기반으로 한다. 데이터가 풍성하게 된 데는 컴퓨터와 네트워크의 발전이 있었기 때문에 가능했다. 데이터는 컴퓨터에 의해 생성되고 저장되며 처리되고 있다. 현대의 데이터 분석가들은 이전 세대가 누릴 수 없었던 형식의 다양성 양의 풍부함을 경험하고 있다. IDC는 전세계적인 데이터 규모가 2019년 45 ZB에서 2025년까지 175ZB까지 성장할 것으로 예측했다[22].

데이터 소스는 데이터가 생성되거나 물리적 정보가 처음으로 디지털화되는 초기 위치일 수 있지만, 다른 프로세스가 액세스하고 활용하는 한 가장 정제 된 데이터도 소스 역할을 할 수 있다. 구체적으로, 데이터 소스는 데이터베이스, 파일, 사물 인터넷 장치의 실시간 측정, 웹 페이지 데이터 또는 인터넷에 걸쳐있는 무수한 정적 및 스트리밍 데이터 서비스일 수 있다.

이번 장에서는 우리는 셀프서비스 분석의 대상이 되는 데이터 소스를 좀 더 자세히 들여다 보고자 한다. 먼저 데이터에 대한 정의를 하고, 다양한 기준으로 데이터를 살펴보고자 한다.

데이터의 정의

우리는 이미 데이터에 대해 익숙히 알고 있지만, 데이터에 대해 논의하기 전에 데이터가 무엇인지에 대해 좀 더 구체적으로 정의해 보도록 하자. 데이터(data)는 의사결정 지원 정보, 디지털 형태의 정보, 분석을 필요로 하는 정보라는 세 가지 측면에서 정의할 수 있다.

데이터는 '논증, 토론 또는 계산을 위한 기초로 사용되는 측정치 또는 통계 같은 사실 정보'로 정의할 수 있다. 사람들과 논의할 때 우리는 '어떤 근거로 그런 말씀을 하십니까?'라고 묻곤 한다. 어떤 근거에 해당하는 것 중에 하나는 데이터이다. 데이터는 논증, 토론 또는 계산을 수행할 때 기초로 사용된다. 논증, 토론 또는 계산은 주로 의사결정을 위해 수행한다. 따라서 이런 맥락에서 데이터는 '의사결정을 위한 사실 정보'라고 할 수 있다.

데이터는 '전송되거나 처리될 수 있는 디지털 형태를 갖는 정보'로 정의할 수 있다. '디지털 형태를 갖는 정보'라는 것은 데이터가 디지털 형태로 생성되고, 저장되고, 처리되고 전송될 수 있는 것을 의미한다. 디지털 형태를 갖는 데이터는 엄청나게 생성되고 있다. 랄프 제이콥슨(Ralph Jacobson)은 2013년에 매일 생성되는 데이터가 2.5백만 테라바이트가 생성된다고 했으며, 데이터의 90%가 최근 2년 사이에 생성되었다고 하였다[23]. 최근 저장장치의 발달은 대규모의 데이터를 쉽게 저장할 수 있게 하였고, 프로세서의 발달은 데이터 처리를 빠르게 했으며, 통신 네트워크의 발달은 데이터를 전송을 쉽게 만들었다.

데이터는 '의미 있게 되기 위해서는 처리되어야 하는 정보'로 정의할 수 있다. 데이터만 있다고 의사결정이 자동적으로 이루어지지는 않는다. 올바른 데이터 분석을 통해 데이터로부터 통찰(insight)을 얻어야만 의사결정에 활용할 수 있다. 호주의 유명한 인공지능 연구가인 폴 콤프톤(Paul Compton)은 본질적으로 통찰은 무언가가 이치에 맞는다는 인식의 행위라고 하면서 통찰은 우리가 지식에 대해 현실감을 느끼고 실제로 명료하게 표현된다는 것을 인식하는 행위라고 하였다[24]. 데이터로부터 통찰을 얻을 수 없다면 데이터는 아무 의미가 없고 의사결정에 활용할 수 없다.

컴퓨팅 플랫폼과 데이터 소스

컴퓨팅 플랫폼

컴퓨팅 플랫폼(computing platform)은 코어(Core), 에지(Edge), 엔드포인트(Endpoint) 등으로 구성된다. 코어는 엔터프라이즈 및 클라우드 공급자의 지정된 컴퓨팅 데이터 센터로 구성된다. 여기에는 공공, 사설 및 하이브리드 클라우드를 포함한 모든 종류의 클라우드 컴퓨팅이 포함된다. 여기에는 전기 그리드 및 전화 네트워크를 실행하는 것과 같은 엔터프라이즈 운영 데이터 센터도 포함된다. 에지는 코어 데이터 센터에 없는 엔터프라이즈 강화 서버 및 어플라이언스를 의미한다. 여기에는 빠른 응답 시간을 위해 지역 및 원격에 위치한 서버실, 현장 서버, 셀 타워 및 소규모 데이터 센터가 포함한다. 엔드포인트는 개인용 컴퓨터, 전화, 카메라, 연결된 차량, 웨어러블, 센서를 포함하여 네트워크 경계에 있는 모든 장치를 의미한다.

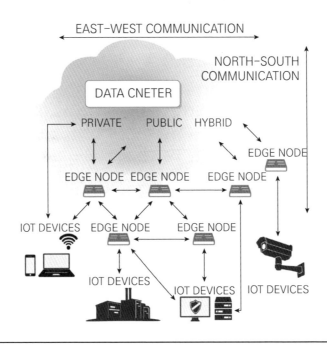

그림 3-1 컴퓨팅 플랫폼 - 코어, 엣지, 엔드포인트[25]

컴퓨팅 플랫폼의 발전 단계

레인셀(Reinsel)과 동료들[26]은 컴퓨팅 플랫폼의 발전을 3단계로 구분하였다. 그러나 이들의 단계 구분은 최근에 많은 관심을 받고 있는 에지 컴퓨팅은 빠져 있다. 여기에는 기존 3단계에 에지 컴퓨팅(Edge Computing) 플랫폼[22]까지 포함하여 4단계의 발전 단계를 살펴볼 것이다. 4단계의 컴퓨팅 플랫폼이 공존하기 때문에 발전 단계는 대체의 개념보다는 기존 단계에 새로운 컴퓨팅 플랫폼이 추가되는 것으로 보도록 하자.

1세대 플랫폼(1980년 이전)에서 데이터는 거의 독점적으로 특별한 목적을 위해 구축된 데이터 센터 내에 존재했다. 사람들이 원격 터미널에서 데이터에 접근할 때 조차도 터미널은 계산 능력이 거의 없는 단순한 컴퓨터였다. 데이터 저장과 처리 능력은 메인 프레임에 중앙 집중화 되었으며 데이터를 생성하고 사용하는 것은 대부분 비즈니스 중심이었다.

2세대 플랫폼(1980~2000)에서는 개인용 컴퓨터의 등장과 메모리의 처리 속도의 향상은 데이티와 컴퓨팅 파워의 보다 민주적인 분배를 가능하게 했다. 데이터 센터는 단순한 데이터 컨테이너에서 느린 속도이지만 개발중인 네트워크에서 최종 장치로 데이터를 관리하고 분산시키는 중앙 집중화된 허브로 발전했다. 이러한 장치는 소비자가 개인적으로 사용할 수 있도록 데이터를 저장하고 관리할 수 있는 능력을 가지고 있었다. 이 단계에서 음악, 영화, 게임 등의 디지털 엔터테인먼트 산업이 출현했다.

3세대 플랫폼(2000~2020)에서는 무선광대역과 고속 네트워크의 확산으로 인해 클라우드로 데이터 이동이 촉진되어 특정 물리적 장치(예 개인용 컴퓨터, 노트북 등)에서 데이터를 분리하고 모든 기기에서 데이터에 접근하는 시대를 열었다. 데이터 센터는 아마존, 구글, 마이크로소프트 등의 인기있는 서비스를 통해 클라우드 인프라로 확장되었다. 컴퓨팅 기술의 발전으로 휴대폰, 웨어러블, 게임 콘솔과 같은 새로운 장치 유형의 등장으로 계속되었다.

이러한 새로운 장비들과 개인용 컴퓨터 같은 엔드포인트 장치는 여전히 데이터가 필요하지만, 클라우드를 통해 필요한 데이터에 쉽게 접근할 수 있으므로 로컬 저장장치에 대한 의존은 점점 줄어들고 있다. 컴퓨팅 성능 향상과 데이터 저장 능력과 가용성의 급격한 발전으로 디지털 기술과 서비스를 위한 완전히 새로운 응용프로그램을 구현할 수 있다. 결과적으로 이것은 데이터를 수집, 관리, 처리, 전달할 수 있는 역량을 더욱 강화시켜 비즈니스 맥락과 비즈니스 프로세스, 삶의 흐름 등에 맞게 데이터를 처리할 수 있게 한다. 결과적으로 글로벌 데이터가 폭발적으로 증가하고 있다.

4세대 플랫폼(2010년 이후)에서 주목을 받고 있는 것은 에지 컴퓨팅(Edge Computing)이다[22, 27]. 오늘날의 인터넷은 중앙 집중화된 클라우드 아키텍처를 기반으로 구축되고 있는데, 이는 새로운 응용프로그램 및 비즈니스 요구사항을 지원할 수 없는 한계가 있다. 에지 컴퓨팅은 사물인터넷(IoT) 장치에 의해 생성된 데이터를 긴 경로를 통해 데이터 센터나 클라우드로 보내는 대신 생성된 곳 가까이에서 처리할 수 있도록 한다는 개념이다. 이 컴퓨팅을 네트워크의 가장자리에 더 가깝게 두면 조직은 거의 실시간으로 중요한 데이터를 분석할 수 있는데, 의료, 통신 및 금융을 포함한 여러 산업 분야의 조직이 이것을 필요로 한다[28]. 에지 컴퓨팅은 사물 인터넷 장치, 5G 모바일 인터넷, 인공지능 및 에지 데이터 센터(Edge Data Center) 등 4가지 기술을 통해 촉진될 것이다[22].

에지 컴퓨팅은 많은 중요한 응용프로그램의 성능, 확장성, 안정성 및 규정 준수 옵션을 향상시킬 수 있다. 에지 컴퓨팅 리소스는 종단 네트워크의 운영자 측 또는 사용자 측에 위치할 수 있다. 운영자 측면에 있는 리소스를 인프라 에지(infrastructure edge)라고 하고, 사용자 측면에서 있는 리소스를 장치 에지(device edge)라고 한다. 장치 에지 리소스는 종종 전원 및 연결로 인해 제한적이다. 인프라 에지에서는 중앙 집중식 클라우드 환경을 모방한 동적 확장성 리소스(작은 규모 임에도 불구하고)에 대한 잠재력이 있다. 에지 컴퓨팅과 중앙집중식 클라우드 서비스는 상호 배타적이지 않다. 다양한 계층의 인프라를 효율적으로 활용할 수 있는 다중 계층 하이브리드 계층 아키텍처(multi-tier, hybrid hierarchical architectures)가 있다[29].

컴퓨터 플랫폼과 데이터

컴퓨팅 플랫폼은 향후 어떻게 진화할까? 또한 데이터 플랫폼의 진화에 따른 데이터의 생성과 소비 패턴에는 어떤 변화가 있을까? IDC리포트는 다음의 네 가지 중요한 전망을 제시한다[26].

첫째, 엔드포인트는 2013년 이후 전체 데이터 대비 상당한 양을 차지하고 있고, 앞으로도 그럴 것이다. 지난 수년 동안 엔드포인트 증가는 개인용 컴퓨터, 스마트 폰, 다른 소비 장치로부터 유래했다. 비록 엔드포인트의 성장은 지속될 것이지만 미래 성장의 가장 큰 부분은 보안 카메라, 스마트 미터, 칩 카드, 밴딩 머신 같은 임베디드 장치가 될 것이다. 2025년까지 생성된 모든 데이터의 총합은 놀라운 175제타 바이트가 될 것이며, 2016년 수준에서 10배가 증가할 것으로 예측한다. 최첨단의 IoT(Internet of Things) 장치만으로도 90제타 바이트 이상의 데이터를 생성할 것으로 예상된다. 한동안 빅데이터 분석, 클라우드 응용프로그램, 실시간 데이터 요구 사항은 클라우드로 대표되는 코어와 에지 플랫폼에 더 빠른 성장이 이루어질 것이다.

둘째, 모바일 통신 네트워크는 스피드와 신뢰성을 지속적으로 개선되고 있다. 전 세계적으로 연결된 사람들의 수는 2005년에서 2015년 사이에 5배로 증가했다. 같은 기간 동안, 휴대 전화 사용은 개인용 컴퓨터 기반 인터넷 사용을 추월했다. 특히 실제 인터넷 인프라가 거의 또는 전혀 없는 지역의 경우 더욱 그러하다. 2025년까지 연결된 사용자는, 이전에 연결되지 않은 어린 자녀, 노인 및 신흥 시상의 사람들을 포함하여 전 세계 인구의 75%에 달할 것이다.

셋째, 모바일 데이터와 실시간 데이터는 앞으로 수년 동안 강력한 성장세를 보일 것이다. 모바일은 생성된 데이터의 비율로 자체 보유하고 있지만, 실시간 데이터는 전체 데이터 생성 속도의 1.5배로 증가할 것이다. 실시간 데이터 사용은 모바일 장치를 포함할 수 있지만 그렇지는 않다. 예를 들어 제조 현장의 자동화된 기계는 고정되어 있지만 프로세스 제어 및 개선을 위한 실시간 데이터에 의존한다. 사실, 실시간 데이터 사용의 압도적인 대부분은 사물 인터넷 디바이스에 의해 주도될 것이다. 실시간 데이터의 증가는 미래에 필요한 디지털 스토리지 유형을 변화시킬 것이다. 실시간으로 데이터를 사용할 필요가 증가함에 따라 엔터프라이즈 에지 스토리지는 물론 엔드포인트 자체에서 낮은 대기 시간의 응답성에 대한 관심이 높아질 것이다.

넷째, 데이터 사용자로서의 기업이 부활하고 있다. 2세대 플랫폼 기간 동안에 개인용 컴퓨터와 오락 미디어는 데이터 생성과 소비를 압도하였다. 그러나 네트워크 연결성의 개선과 함께 개인용 컴퓨터와 다른 모바일 장치에 국지적으로 저장될 데이터의 필요는 더 작아지게 됐다. 2010년에 저장된 데이터의 약 50%는 오락 목적이었다. 그것은 많은 DVD와 블루레이 디스크의 배치 때문이었다. 소비자 비디오 소비가 결과적으로 스트리밍 서비스로 이동함에 따라 엔터프라이즈 인프라 내의 스토리지 부분은 증가하고 오락과 데이터를 저장한 오락과 연계된 장치는 떨어지게 되었다. 다른 변화는 모바일, 소셜, 빅데이터 분석, 고화질 비디오, 클라우드 컴퓨팅을 포함하는 컴퓨팅의 플랫폼에 의해 초래된 주요 트렌드를 반영한다. 클라우드 저장장치의 증가는 기업 사용을 증가시켰다. 비록 작을 지라도 모바일 장치는 비즈니스가 데이터와 서비스를 그들의 고객에게 이 장치를 통해 제공하려 하기 때문에 향후 급격히 증가할 것이다.

데이터 생성 방법

데이터는 다양한 유형의 생성 장치로부터 생성되기 때문에 이를 기반으로 유형을 분류할 수 있다. IDC는 데이터의 유형을 엔터테인먼트 이미지/비디오 (Entertainment image/video), 비엔터테인먼트 이미지/비디오(Non-entertainment image/video), 생산성 데이터(productivity), 임베디드 데이터(embedded data) 등 네 가지 유형으로 분류한다.

엔터테인먼트 이미지/비디오는 오락을 목적으로 생성 또는 소비 된 이미지 및 비디오 콘텐츠를 말하고, 비엔터테인먼트 이미지/비디오는 비디오 감시 영상 또는 광고와 같은 오락을 목적으로 하지 않는 이미지 및 비디오 콘텐츠를 말한다. 생산성 데이터는 개인용 컴퓨터 및 서버의 파일, 로그 파일 및 메타 데이터와 같은 데이터 말한다. 마지막으로 임베디드 데이터는 임베디드 디바이스, 머신-투-머신 및 사물인터넷에서 생성된 데이터를 말한다.

유형별 데이터 생성의 혼합은 시간이 지남에 따라 변화하고 있다. 엔터테인먼트 이미지/비디오 데이터 총 점유율이 급격히 감소하고 생산성 데이터와 임베디드 데이터가 최근 급격히 증가할 것으로 예상된다. IDC는 개략적으로 2020년 기준으로 엔터테인먼트 이미지/비디오 데이터 45%, 비엔터테인먼트 이미지/비디오 데이터 25%, 생산성 데이터 15%, 임베디드 데이터 5% 등의 비율을 보이던 것이 2025년도에는 엔터테인먼트 이미지/비디오 데이터 30%, 비엔터테인먼트 이미지/비디오 데이터 20%, 생산성 데이터 30%, 임베디드 데이터 20% 등의 변화하며 생산성 데이터와 임베디드 데이터의 양이 늘어난 것이라고 예측하였다. 생산성 데이터는 PC, 서버, 전화 및 태블릿과 같은 기존 컴퓨팅 플랫폼에서 발생하는 반면에 임베디드 데이터는 보안 카메라, 스마트 미터, RFID 리더, 스마트 인프라, 공작 기계, 자동차, 보트, 비행기, 버스 및 기차, 웨어러블 기기 등에서 발생한다[26].

데이터 분석과 데이터의 유형

데이터는 데이터 분석 측면에서 분류될 수 있다. 즉, 데이터 소스를 정의하는 방법 중에서 데이터가 얼마나 정형화 되어 있는지에 따라 정형 데이터(structured data), 준정형 데이터(semi−structured data), 비정형 데이터(unstructured data) 등으로 구분할 수 있다.

정형 데이터

정형 데이터는 행과 열을 갖는 테이블 형태의 데이터를 말한다. 이런 데이터는 일반적으로 데이터베이스에 저장된다. 데이터베이스의 필드는 길이가 지정된 데이터, 예를 들어 전화 번호, 주민 등록 번호, 우편 번호 같은 데이터를 저장한다. 이름과 같은 가변 길이의 텍스트 문자열조차도 레코드에 포함되어 있어 검색하기가 쉽다. 정형 데이터는 사람이 생성하거나 기계가 생성할 수 있다. 이 형식은 사람이 생성한 질의와 알파벳 또는 숫자, 통화 또는 날짜와 같은 데이터 유형 및 필드 이름을 사용하는 알고리즘을 통해 검색할 수 있다. 항공사 예약 시스템, 재고 관리, 판매 거래 활동 등은 정형 데이터를 사용하는 일반적인 관계형 데이터베이스 기반 응용프로그램의 사례다. SQL(Structured Query Language)은 관계형 데이터베이스 내에서 이러한 유형의 구조화된 데이터에 대한 질의를 가능하게 한다.

비정형 데이터

모든 데이터 중에서 훨씬 더 많은 큰 비율을 차지하는 데이터는 비정형 데이터다. 비정형 데이터는 행 열 데이터베이스에 포함될 수 없고 연관된 데이터 모델이 없는 데이터를 말한다. 비정형 데이터는 사람이 생성하는 경우와 기계가 생성하는 경우로 나누어 생각할 수 있다.

사람이 생성하는 비정형 데이터에는 텍스트 파일(예 워드 프로세서, 스프레드시트, 프레젠테이션, 이메일, 로그 등의 데이터), 소셜 미디어(예 Facebook, Twitter, LinkedIn의 데이터), 웹 사이트(예 YouTube, Instagram, 사진 공유 사이트의 데이터), 모바일 데이터(예 문자 메시지, 위치 데이터), 커뮤니케이션(예 채팅, 메신저, 전화 녹음, 협업 소프트웨어 상의 데이터), 미디어(예 MP3, 디지털 사진, 오디오 및 비디오 파일) 등이 있다.

기계가 생성하는 비정형 데이터에는 위성 이미지(예 날씨 데이터, 토지 형태, 군사 이동 데이터), 과학적 데이터(예 석유 및 가스 탐사, 우주 탐사, 지진 이미지, 대기 데이터), 디지털 감시(예 감시 사진 및 비디오 데이터), 센서 데이터(예 교통, 날씨, 해양 센서 데이터) 등이 있다.

준정형 데이터

준정형 데이터는 별도의 데이터 요소를 식별하는 내부 태그 및 표식(markup)을 유지하기 때문에 정보 그룹화 및 계층 구조가 가능하다. 문서와 데이터베이스는 모두 반 구조화 될 수 있다. 이 유형의 데이터는 전체 데이터의 약 5~10%를 나타내지만 매우 중요한 사용 사례들이 있다. 예를 들어, 이메일은 준정형 데이터 유형의 매우 일반적인 예다. 스레드 추적, 근접 제거 및 개념 검색에는 고급 분석 도구가 필요하지만 이메일의 기본 메타데이터를 사용하면 추가 도구 없이 분류 및 키워드 검색이 가능하다. 준정형 데이터의 유형에는 XML, Jason, NoSQL 등의 형식을 갖는 데이터가 있다. 이런 데이터는 많은 사용 사례가 있다.

데이터 유형 구분의 의의

데이터를 정형화 수준에 따라 분류하는 이유는 분석의 난이도에 있어 차이가 있기 때문이다. 정형 데이터를 위한 성숙한 분석 도구가 있지만 비정형 데이터를 분석하기 위한 도구는 초기 단계에 있다. 사용자는 텍스트 비정형 데이터에서 간단한 컨텐츠 검색을 실행할 수 있지만 질서 있는 내부 구조가 없기 때문에 기존의 데이터마이닝 도구를 사용해서는 비정형 데이터에서 가치를 거의 얻을 수 없었다.

최근 비정형 데이터 분석 도구가 시장에 나와 있지만 확실한 공급 업체나 도구 세트는 없고 많은 조직은 개발 로드 맵이 불확실한 분석 도구에 투자하는 것을 꺼려한다. 또한 정형 데이터보다 비정형 데이터가 훨씬 많다. 비정형 데이터는 기업 데이터의 80% 이상을 차지하며 매년 55%와 65%의 비율로 증가하고 있다. 방대한 양의 데이터를 분석할 수 있는 도구가 없으면 조직은 방대한 양의 귀중한 데이터를 방치할 수밖에 없다.

요약

이번 장에서는 셀프서비스 데이터 분석의 대상이 되는 데이터가 발생하는 데이터 소스에 대해서 살펴보았다. 데이터는 정형화 정도에 따라 정형, 비정형, 준정형 등으로 구분할 수 있다. 데이터 특성에 따라 정량과 정성 데이터로 구분할 수 있다. 데이터 소스는 데이터 생성 방법에 따라 또는 데이터 생성 위치에 따라 구분할 수 있다. 데이터 소스에 대한 이런 구분은 데이터를 어디에서 어떻게 수집할 것인지에 대한 정보를 제공한다. 데이터 소스에 있는 데이터는 아무런 의미가 없다. 어떤 방식으로든 수집되어야 한다. 다음 장에서는 데이터 소스에서 데이터를 어떻게 수집할 것인지에 대해서 구체적으로 살펴볼 것이다.

04 데이터 수집 기술

서론

데이터 소스에서 데이터가 생성되는 것만으로 분석에 사용될 수 있다는 것을 의미하지는 않는다. 분석에 데이터를 활용하려면 먼저 그것을 적절한 방법으로 수집하여야 한다. 구체적인 데이터 수집 방법은 데이터 분석을 하는 목적에 따라 달라질 수 있다. 따라서 데이터 수집을 위해 모두 적용할 수 있는 방법을 제시할 수는 없고, 일반적인 데이터 수집 방법은 수집하고자 하는 데이터의 발생 패턴에 따라 또는 이용하고자 하는 의도에 따라 달라질 수 있다. 그런데 이런 구분은 절대적인 것이 아니다. 예를 들어 보자. 당신이 옷 매장을 운영하고 있다고 하자. 매장의 환경을 측정하기 위해 습도와 온도를 측정한다고 하자. 이 온도는 매 1분 간격으로 측정될 수 있다. 즉, 정기적으로 데이터가 발생한다. 다른 한편 매장에 들어오는 손님이 언제 들어오는지 기록한다고 하자. 데이터는 비정기적으로 발생한다. 이번 장의 목적은 데이터 수집을 지원하는 다양한 기술을 살펴보는 것이다. 먼저 데이터 처리에 기본이 되는 배치 처리와 스트림처리에 대해 알아 볼 것이다. 더 나아가 최근에 스트림 처리에 대한 수요가 증가하기 때문에 스트림 처리를 수행하는 스트림 처리 엔진에 대해 좀 더 자세히 살펴볼 것이다.

데이터 수집 기본 절차

다양한 유형의 정량적 데이터를 수집하는 데는 여러 가지 기술이 있지만 사용중인 데이터 수집 방법에 관계없이 일반적으로 따라야 할 기본 프로세스가 있다. 데이터 수집 기본 절차는 아래의 4단계로 구성된다.

수집 할 정보 결정

가장 먼저 해야 할 일은 수집할 세부 정보를 선택하는 것이다. 데이터 분석을 위해 필요한 데이터 주제, 정보 수집 대상 및 필요한 데이터의 양을 결정해야 한다. 데이터를 사용하여 달성하고자 하는 목표는 이러한 질문에 대한 답을 결정한다. 예를 들어 웹 사이트에서 18세에서 34세 사이의 방문자에게 가장 인기있는 기사 유형에 대한 데이터를 수집할 수 있다. 또한 지난 달에 회사에서 제품을 구입한 모든 고객의 평균 연령에 대한 정보를 수집할 수 있다.

데이터 수집을 위한 기간 설정

다음으로 데이터 수집 방법에 대한 계획을 수립할 수 있다. 계획 프로세스의 초기 단계에서 데이터 수집을 위한 기간을 설정해야 한다. 일부 유형의 데이터를 지속적으로 수집 할 수 있다. 예를 들어 거래 데이터 및 웹 사이트 방문자 데이터의 경우 장기적으로 해당 데이터를 추적하는 방법을 설정할 수 있다. 그러나 특정 캠페인에 대한 데이터를 추적하는 경우 정의된 기간 동안 추적하게 된다. 이러한 경우 데이터 수집을 시작하고 종료하는 일정이 있다.

데이터 수집 방법 결정

이 단계에서는 데이터 수집 전략의 핵심을 구성 할 데이터 수집 방법을 선택한다. 올바른 수집 방법을 선택하려면 수집하려는 정보의 유형, 정보를 얻을 기간 및 결정한 기타 측면을 고려해야 한다. 다음 섹션에서 사용할 수 있는 방법을 살펴볼 것이다.

데이터 수집

계획을 완료한 후에는 데이터 수집 전략을 구현하고 데이터 수집을 시작할 수 있다. 데이터 저장소에 데이터를 저장하고 구성할 수 있다. 계획을 고수하고 진행 상황을 정기적으로 확인해야 한다. 특히 지속적으로 데이터를 수집하는 경우 데이터 수집이 어떻게 진행되고 있는지 확인하는 일정을 만드는 것이 유용할 수 있다. 조건이 변경되고 새로운 정보를 얻으면 계획을 갱신할 수 있다.

데이터 수집 처리 방법

데이터를 수집을 위한 방법에는 실시간 처리(real-time processing), 일괄 처리(batch processing), 스트림 처리(stream processing) 등이 있다. 이 접근 방법의 차이는 데이터의 원천 소스에서 발생과 저장 사이에 얼마나 많은 시간 차이가 있는가에 있다. 데이터 처리 방법의 차이에 대해서 알아보자.

실시간 처리

실시간 처리는 일반적으로 데이터에 대한 반응을 말한다. 반응이 촉박한 실제 기한 내에(보통 몇 초 또는 밀리 초 내에) 보장될 수 있다면 그런 시스템을 실시간으로 분류할 수 있다. 예를 들어 주식 시장에 사용되는 시스템을 보자. 이 시스템은 주식 시세가 밀리 초 간격으로 시세를 제공해야 하기 때문에 실시간 시스템의 가장 좋은 예 중 하나다. 실시간 처리의 다른 사례로는 은행 ATM, 항공 교통 관제 시스템이 있다.

이러한 유형의 시스템은 매우 좋은 것처럼 들리지만, 실제로는 일반적인 소프트웨어 시스템을 사용하여 실시간 시스템을 구현하기는 것은 매우 어려운 작업이다. 왜냐하면 시스템이 프로그램 실행을 제어함에 따라 완전히 새로운 수준의 추상화가 필요하기 때문이다.

실시간 운영 체제의 또 다른 일반적인 문제는 작업이 격리된 개체가 아니라는 것이다. 시스템은 우선 순위가 낮은 작업보다 우선 순위가 높은 작업을 예약하고 전송하여 우선 순위가 높은 작업이 모두 완료될 때까지 실행을 지연시킨다. 이런 이유로 해서, 일부 소프트웨어 시스템은 마감이 확률만큼 절대적이지 않은 실시간 처리의 추구하기 시작했다. 소프트 실시간 시스템으로 알려진 이 시스템은 마감을 너무 많이 놓치면 성능이 저하되기 시작하지만 일반적으로 마감을 맞출 수 있다[30].

일괄 처리

일괄 처리는 대량의 데이터를 한 번에 처리하는 것을 말한다. 데이터는 하루 동안 수백만 개의 레코드로 쉽게 구성되며 다양한 방법(파일, 레코드 등)으로 저장할 수 있다. 작업은 일반적으로 중단되지 않고 순차적으로 동시에 완료된다. 일괄 처리 작업의 예는 금융 회사가 일주일 동안 제출할 수 있는 모든 거래를 말한다. 또한 급여 프로세스, 개별 항목 송장, 공급망 및 이행에도 사용할 수 있다.

일괄 처리는 일징 기간 동안 수집된 많은 양의 데이터를 처리하는 매우 효율적인 방법이다. 또한 기능을 지원하기 위해 전문 데이터 입력 담당자가 필요하지 않기 때문에 기업이 인건비에 지출할 수 있는 운영 비용을 줄이는 데 도움이 된다. 오프라인으로 사용할 수 있으며 관리자가 처리를 시작하는 시기에 대해 완전히 통제할 수 있다.

일괄 처리를 사용하는 데는 몇 가지 단점이 있다. 기업이 보는 가장 큰 문제 중 하나는 이러한 시스템을 디버깅하는 것이 까다로울 수 있다는 것이다. 전담 정보기술 팀이나 전문가가 없는 경우 오류가 발생했을 때 시스템을 수정하려고 하면 외부 전문가의 도움이 필요할 수 있다.

일괄 처리의 또 다른 문제는 회사가 일반적으로 비용을 절약하기 위해 구현하지만 소프트웨어 및 교육에는 처음에는 상당한 비용이 필요하다는 것이다. 관리자는 배치를 예약하는 방법, 배치를 트리거하는 방법 및 특정 알림의 의미를 이해하도록 교육을 받아야 한다[30].

스트림 처리

스트림 처리는 한 장치에서 다른 장치로 스트리밍되는 데이터를 거의 즉각적으로 분석할 수 있다. 이 연속 계산 방법은 데이터가 출력에 대한 강제 시간 제한없이 시스템을 통해 흐를 때 발생한다. 거의 즉각적인 흐름으로 시스템은 많은 양의 데이터를 저장할 필요가 없다. 추적하려는 이벤트가 자주 발생하고 스트림 처리가 매우 유용하다. 이벤트를 즉시 감지하고 신속하게 대응해야 하는 경우에도 활용하는 것이 가장 좋다. 따라서 스트림 처리는 사기 탐지 및 사이버 보안과 같은 작업에 유용하다. 거래 데이터가 스트림 처리되면 사기 거래 또는 시스템 침입이 완료되기 전에 식별하고 방지할 수 있다.

스트림 처리와 관련하여 조직이 직면하는 가장 큰 과제 중 하나는 시스템의 징기 데이터 출력 속도가 장기 데이터 입력 속도만큼 빠르거나 더 빨라야 한다는 것이다. 그렇지 않으면 시스템에 스토리지 및 메모리 문제가 발생하기 시작한다. 또 다른 과제는 생성 및 이동되는 엄청난 양의 데이터를 분석할 수 있는 최선의 방법을 찾는 것이다. 최상의 최적 수준에서 작동하는 시스템을 통해 데이터 흐름을 유지하려면, 조직이 가능한 한 최선의 방법으로 복사본 수를 줄이는 방법, 컴퓨팅 커널을 대상으로 지정하는 방법, 캐시 계층 구조를 활용하는 방법에 대한 계획 등을 수립해야 한다[30].

데이터 처리 방법의 선택

조직에서 데이터 수집과 혁신 시간 단축에 대해 이야기할 때, 일반적으로 실시간으로 데이터를 원한다. 그런데 문제는 "실시간은 무엇인가?"라는 질문이다. 경우에 따라 다를 수 있지만 실시간은 처리 시간과 관련하여 이벤트 작성 또는 데이터 작성에 걸리는 시간에 따라 달라진다.

서로 다른 데이터 수집 방법은 각각 다른 사용 사례를 해결하는 데 사용될 수 있다. 어떤 처리를 선호하든지 간에 함께 고려를 하는 것이 좋다. 실시가 처리와 스트림 처리는 시간이 중요한 사용 사례에 가장 적합하지만, 모든 데이터를 수집할 때 일괄 처리가 더 잘 작동한다. 어떤 데이터 수집 방법을 사용할지는 비즈니스 목표에 달려 있다. 실시간, 일괄, 스트림 처리는 잘 할 수 있는 부분이 서로 다른 모델이다. 따라서 합리적인 기준으로 사용 사례에 더 적합한 모델을 결정하는 것이 바람직하다[31].

스트림 처리 엔진

최근 데이터에 대한 스트림 처리에 대한 관심이 높아지고 있다. 데이터 스트림을 지속적으로 실시간으로 처리하는 소프트웨어를 데이터 스트림 처리 엔진(data stream processing engine) 또는 데이터 스트림 처리 프레임워크(data stream processing framework)라고 한다[32].

마리암 존(Mariam John)에 따르면 현대식 스트림 처리 엔진을 평가하면서 다음과 같은 디자인 측면을 고려해야 한다고 제안하였다[32].

내결함성

내결함성(fault−tolerance)은 스트림 처리 엔진이 자동으로 오류가 있을 때 다시 시작되고 장애가 발생해도 서비스를 중단하지 않고 처리를 계속할 수 있어야 한다는 것을 의미한다. 즉, 스트림 처리 엔진은 언제 어디에서 오류가 발생했는지에 상관없이 모든 데이터가 완벽하게 처리해야 한다. 대규모 데이터를 처리하기 위해 여러 프로세스 또는 스레드를 통해 스트림 데이터를 병렬로 처리하여 스트림 처리를 분산시킬 수 있다. 장애가 분산 환경의 작업자에서 언제라도 발생할 수 있다는 점을 고려할 때 내결함성은 분산 스트림 처리에서 중요한 요구사항이다. 스트림 처리 알고리즘은 메모리상에서 처리하기 때문에 빠르지만 신뢰할 수 없다. 또한 스트림 데이터는 실시간으로 지속적으로 생성되지만 처리 후 다시 사용할 수 없게 된다. 따라서 내부 상태와 스트림 데이터 모두에 대한 내결함성 보장을 제공해야 한다[33].

확장성

스트림 처리 엔진에 들어오는 데이터의 크기와 빈도가 다를 수 있는데, 이에 따라 스트림 처리 엔진의 처리 성과가 영향을 받는다면 문제일 것이다. 따라서 스트림 처리 엔진은 들어오는 데이터 스트림의 크기와 빈도에 대한 다양한 작업과 불일치에 대해 시스템이 신속하게 대응할 수 있어야 하는데 이를 확장성(scalability)이라고 한다.

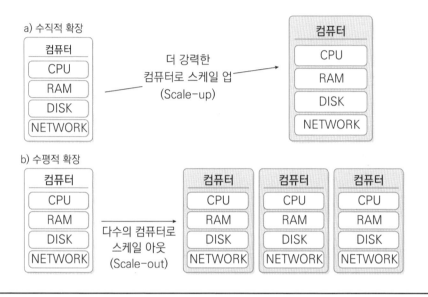

그림 4-1 스케일 확장 기법

스트림 처리의 확장 방법에는 수직 확장(vertical scaling)과 수평 확장(horizontal scaling)이 있다. 수직 확장은 보다 강력한 컴퓨터에서 데이터 스트리밍 저장장치와 프로세서를 실행하는 것을 의미한다. 수직 확장은 스케일 업(scaling up)이라고도 한다. 디스크의 크기와 속도, 메모리, CPU 속도, CPU 코어, 그래픽 카드 등을 확장할 수 있다(그림 4-1 a).

수평 스케일링은 여러 컴퓨터에 작업 부하를 분산시키는 것을 의미하며, 이 경우 데이터 스트림 내의 데이터와 데이터 스트림을 처리하는 응용프로그램은 다수의 컴퓨터에 분산된다. 수평 스케일링은 때때로 스케일 아웃(scale out)이라고도 한다. 단일 컴퓨터에서 여러 컴퓨터로 수평 확장된다. 수평 스케일링은 보유하고 있는 모든 데이터를 처리하기에 충분한 메모리와 저장장치가 없는 경우 또는 그런 큰 컴퓨터로 업그레이드하기에 비용이 많이 들 경우에 사용한다[34].

내구성

스트림 처리 엔진은 데이터가 처리 된 후의 상태로 저장 여부에 따라 상태 비저장 처리(stateless processing)와 상태 저장 처리(stateful processing)로 구분할 수 있다. 상태 비저장 스트림에서 각 이벤트가 처리되는 방식은 이전 이벤트와 완전히 독립적이다. 이벤트가 주어지면 스트림 프로세서는 미리 도착한 데이터에 관계없이 매번 정확하게 동일한 방식으로 처리한다. 상태 저장 스트림 처리는 이벤트 간에 "상태"가 공유되므로 과거 이벤트는 현재 이벤트가 처리되는 방식에 영향을 줄 수 있다. 이 상태는 일반적으로 스트림 처리 시스템 외부에서도 질의 할 수 있다. 예를 들어 상태 저장 시스템은 사용자 세션을 추적하고 횟수 집계 등을 수행할 수 있다.

내구성(durability)이 보장된다는 것은 스트림 내의 데이터 간에 종속성이 있는 상태 저장 처리를 한다는 것을 의미한다. 상태 저장 기능을 사용하면 다른 복잡한 윈도우 작업을 포함하여 윈도우를 통해 스트림을 조인, 집계, 변환 등의 변환을 수행할 수 있다.

상태를 공유하려면 다른 작업자가 필요하기 때문에 상태 저장 스트림 처리는 확장하기가 훨씬 어렵다. 간단한 해결책은 데이터베이스와 같은 외부 저장소를 사용하는 것이지만 외부 저장소의 성능은 스트림 처리 성능을 제한한다. 또 다른 옵션은 스트림을 분할하는 것이다. 프로세서로 이벤트를 무작위로 보내는 대신 이벤트의 일부 속성에 따라 다른 프로세서로 이벤트를 보낼 수 있다. 이러한 방식으로 각 프로세서는 자체 상태를 처리하여 성능을 크게 향상시킬 수 있지만 이 방법을 사용하면 하나가 아닌 여러 상태가 생겨 스트림 처리 엔진 외부에서 질의하는 것이 더 복잡해진다.

낮은 대기 시간

실시간으로 데이터가 들어오는 데 처리되는 동안 상당한 시간을 기다려야 한다면 스트림 처리 엔진의 효용성은 낮아질 것이다. 따라서 스트림 처리 엔진은 빠른 방식으로 시스템에 들어오자마자 데이터를 처리하는 낮은 대기 시간을 보장해야 한다. 짧은 시간 내에 많은 이벤트를 처리할 수 있는 것이 좋지만 스트림 처리에서 특히 중요한 것은 대기 시간이다. 사기 탐지 또는 정보기술 보안과 같은 응용프로그램의 경우 밀리 초 단위로 이벤트 패턴에 대응한다는 것은 문제를 예방할 수 있음을 의미하는 반면, 100밀리 초를 초과하는 대기 시간은 늦게 문제를 탐지한다는 것을 의미한다.

메시지 전달 보증

메시지 전달 보증(message delivery guarantee)은 시스템 오류, 네트워크 오류 또는 응용프로그램 오류가 발생하더라도 스트림 처리 엔진이 데이터 스트림의 모든 메시지를 처리할 수 있도록 보장한다는 의미다. 현재 사용할 수 있는 메시지 전달 보장 유형에는 최대 한 번(at most-once), 적어도 한 번(at least-once), 정확히 한 번(exactly-once) 등 세 가지 유형이 있다.

"최대 한 번 전달"은 메커니즘에 전달된 각 메시지에 대해 해당 메시지가 한 번만 전달되거나 전혀 전달되지 않음을 의미한다. 즉 메시지가 손실될 수 있음을 의미한다. "적어도 한 번 전달"이란 메커니즘에 전달된 각 메시지에 대해 적어도 하나의 성공을 위해 메시지를 전달할 때 여러 번 시도할 수 있음을 의미한다. 따라서 메시지는 복제되지만 손실되지는 않을 수 있음을 의미한다. "정확히 한 번 전달"은 메커니즘에 전달된 각 메시지에 대해 수신자에게 정확히 하나의 전달이 이루어짐을 의미한다. 이 경우 메시지를 잃어버리거나 복제할 수 없는 경우도 발생한다.

"최대 한 번" 전송 방법은 전송 끝 또는 전송 메커니즘에서 상태를 유지하지 않고 잊어버리는 방식으로 수행할 수 있기 때문에 가장 저렴하고 성능이 뛰어나고 구현 과부하가 가장 적다. "적어도 한 번 전달" 방법은 전송 손실에 대응하기 위해 다시 시도할 것을 요구하는데, 이는 송신 단에서 상태를 유지하고 수신 단에서 확인 메커니즘을 갖는 것을 의미한다. "정확히 한 번 전달" 방법은 중복 전달을 걸러 내기 위해 상태를 수신 측에 유지해야 하기 때문에 가장 비싸고 결과적으로 최악의 성능을 발휘한다[35].

대화형 질의

대화형 질의(interactive queries)는 스트림 처리 엔진이 운영자와 응용프로그램 개발자가 데이터 스트림에 질의 할 수 있는 SQL 기반의 스트리밍 응용프로그램을 쉽고 빠르게 작성할 수 있는 방법을 제공해야 한다는 것을 의미한다. 스트리밍 SQL(Streaming SQL)은 사용자가 코드를 작성하지 않고도 스트림 데이터에 대한 SQL과 같은 질의를 작성할 수 있는 언어를 나타낸다. 스트리밍 SQL은 데이터 전송 및 데이터 구문 분석을 처리할 뿐만 아니라 언어로 직접 조인, 윈도우 및 패턴과 같은 일반적인 연산자를 제공한다. 오늘날 많은 솔루션이 스트리밍 SQL 언어를 제공한다. 예를 들어 Apache의 대표적인 오픈소스 프로젝트인 Apache Storm, Apache Flink, Apache Kafka, Apache Samza 및 Apache Beam 등은 스트리밍 SQL기능을 제공한다[36].

윈도우 작업

윈도우 작업(windowing operations)은 스트림 엔진이 특정 시간 윈도우(time window)를 기준으로 이벤트를 그룹화하여 끊임없이 들어오는 데이터 스트림에 대한 한정된 보기를 제공한다는 것을 의미한다. 슬라이딩 윈도우(sliding window), 텀블링 윈도우(tumbling window), 고정 윈도우(fixed window)와 같은 다양한 유형의 시간 윈도우를 사용할 수 있다.

스트림 처리 엔진 유형

데이터 스트림 처리를 위해 Apache오픈소스 재단에서 스파크(Spark), 스톰(Storm), 카프카(Kafka), 삼자(Samza), 플링크(Flink), 에이펙스(Apex) 등의 오픈소스 스트림 데이터 처리 엔진이 개발되었다.

아파치 스파크

스파크는 2009년에 UC Berkeley의 AMPLab에서 개발한 스트림 처리를 지원하는 가장 보편적인 엔진이다. 스파크는 원래 인-메모리(in-memory) 배치 데이터 처리 엔진인데, 마이크로 배칭(micro-batching)으로 스트림 처리를 지원한다. 스파크는 두 가지 주요 추상화로 설계된 잘 정의된 계층 구조를 가지고 있다.

- RDD(Resilient Distributed Dataset): RDD는 많은 장치에서 동시에 작동할 수 있는(병렬 처리) 변경 불가능한(읽기 전용) 기본 요소 또는 항목 모음이다. RDD의 각 데이터 세트는 논리 부분으로 나뉘어 클러스터의 다른 노드에서 실행될 수 있다.

- DAG(Directed Acyclic Graph): DAG는 스테이지 지향 스케줄링을 구현하는 스파크 아키텍처의 스케줄링 계층이다. 스파크는 맵리듀스(MapReduce)와 비교하여 많은 단계를 포함하는 DAG를 만들 수 있다.

기본 아파치 아키텍처는 [그림 4-2]에 나와 있다. 스파크는 마스터 노드로 실행되는 드라이버(Driver)와 클러스터의 작업자 노드(Worker node)로 실행되는 많은 실행기(Executer)로 구성된 마스터-슬레이브 아키텍처(master-slave architecture)를 사용한다. 스파크는 일괄 처리만 아니라 실시간 처리에도 사용할 수 있다.

드라이버는 응용프로그램의 기본 프로그램을 호출하고 스파크 컨텍스트를 만든다. 스파크 컨텍스트는 모든 기본 기능으로 구성된다. 스파크 드라이버에는 사용자 작성 코드를 실제로 클러스터에서 실행되는 작업으로 변환하는 DAG 스케줄러, 작업 스케줄러, 백엔드 스케줄러, 블록 관리자와 같은 다양한 구성 요소가 포함되어 있다.

스파크 드라이버와 스파크 컨텍스트는 클러스터 내에서 작업 실행을 총괄적으로 감시한다. 스파크 드라이버는 클러스터 관리자(Cluster Manager)와 함께 다양한 다른 작업을 관리한다. 클러스터 관리자는 자원 할당 작업을 수행한다. 그런 다음 작업이 여러 개의 작은 작업으로 분할되어 작업자 노드에 추가로 배치된다. 스파크 컨텍스트에서 RDD가 작성될 때마다 많은 작업자 노드에 분산되어

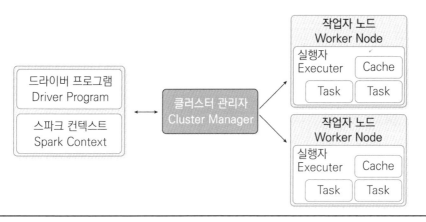

그림 4-2 스파트 아키텍처

캐시될 수 있다. 작업자 노드는 클러스터 관리자가 할당 한 작업을 실행하고 다시 스파크 컨텍스트로 되돌린다. 실행자는 이러한 작업의 실행을 담당한다. 실행 프로그램의 수명은 스파크 응용프로그램의 수명과 동일하다. 시스템 성능을 향상시키려면 작업 수를 늘려서 작업을 보다 논리적인 부분으로 나눌 수 있다.

스파크는 맵리듀스 작업만 아니라 기계 학습, 스트림 처리, 그래프 데이터 처리 및 대화식 질의와 같은 반복 작업도 지원한다. 스파크는 하둡 클러스터, 얀 (YARN), 또는 메소스(Mesos) 기반의 클러스터 프레임워크 내에서 독립형 클러스터로 배치할 수 있다. 스파크는 스파크 응용프로그램을 실행하는 기본 엔진인 스파크 코어(Spark Core)와 기계 학습을 위한 MLlib, 스트림 처리를 위한 스파크 스트리밍(Spark Streaming), 그래프 데이터 처리를 위한 GraphZ, 데이터 프레임 (DataFrames)을 기반으로 하는 대화식 질의 처리를 위한 스파크 SQL 등과 같은 여러 라이브러리로 구성된다. 스파크에 대한 자세한 자료는 공식 웹사이트 (https://spark.apache.org/)에서 찾을 수 있다.

아파치 스톰

스톰은 '실시간 하둡'으로 불리며, 실시간 데이터를 처리하기 위한 분산 플랫폼이다. 네이단 마츠(Nathan Marz)가 BackType에서 제작했으며 트위터에 인수되어 2011년에 출범했다. 스톰은 소셜 미디어에 대한 비즈니스의 영향을 분석할 수 있는 스트림 처리 프레임워크다. 스톰은 일괄처리 또는 마이크로 일괄처리 대신에 일대일 데이터처리를 위해 설계된 첫 스트림 처리 시스템 중 하나다.

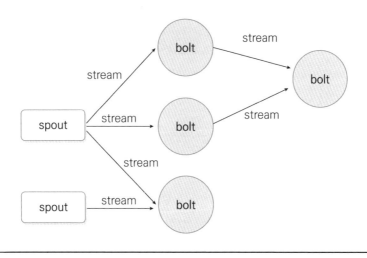

그림 4-3 스톰 토폴로지

    실시간 응용프로그램을 위한 논리는 스톰 토폴로지(Storm Topology)에 패키지화 된다. 스톰 토폴로지는 맵리듀스 작업과 유사하지만 맵리듀스가 결국 종료가 되는 반면에 강제적으로 종료하기 전까지는 스톰 토폴로지는 지속적으로 수행된다.

    스톰 토폴로지는 스파우트(Spouts)와 볼트(Bolts)의 개념을 기반으로 한다. 스파우트는 정보의 원천이며 하나 이상의 볼트에 정보를 푸시한다. 모든 프로세싱 작업(예 필터링, 함수, 집계, 조인 등)은 볼트에서 수행된다. 토폴로지는 개발자가 명시적으로 정의하며 일단 토폴로지가 가동되면 네트워크가 중지될 때까지 스파우트를 통해 네트워크로 푸시된 처리 데이터를 유지한다(그림 4-3 참조).

    스톰은 기본적으로 상태 저장하지 않는 처리를 지원하기 때문에 메시지를 적어도 한 번 처리한다. 스톰은 부가 기능 레이어인 트라이던트(Trident)와 함께 상태를 저장할 수 있기 때문에, 적어도 한 번만 처리하는 것을 보증한다. 트라이던트는 마이크로 배치 작업을 수행하고 Cassandra 또는 Redis와 같은 외부 데이터 저장소를 사용하여 상태를 저장한다. 스톰에 대한 자세한 자료는 스톰의 공식 웹사이트(http://storm.apache.org/)에서 찾을 수 있다.

아파치 카프카

카프카는 스톰과 같은 시기에 링크드인(LinkedIn)에서 개발된 후 2011년 공개
되었다. 링크드인은 신속한 비즈니스 성장에 따른 데이터의 복잡성과 확장성 요
구 사항을 해결하기 위해 카프카를 개발하였다.

카프카는 게시-구독(publish-subscribe)을 기반으로 하는 분산 메시징 플랫폼
(distributed messaging platform)이다. 프로듀서(producer)는 메시지를 게시하고 컨
슈머(consumer)는 해당 데이터를 소비하거나 가져온다. 카프카에서 토픽(topics)
은 데이터의 특정 유형 또는 분류 스트림을 정의한다. 메시지는 주제로 구조화되
거나 구성된다. 즉, 특정 유형의 메시지가 특정 주제에 게시된다. 프로듀서는 메
시지를 토픽에 쓰고 컨슈머는 토픽에서 해당 메시지를 읽는다. 토픽은 이름으로
식별되며 카프카 클러스터(Kafka Cluster)에서 고유해야 한다. 토픽의 개수는 제
한이 없고, 얼마나 유지해야 하는지는 설정할 수 있다. 데이터가 게시되면 변경
할 수 없다. 토픽은 파티션으로 분할되고 카프카 클러스터에서 브로커(brokers)에
복제된다. 브로커는 카프카 서버를 지칭하며, 카프카 클러스터는 복수의 브로커
로 구성된다. 프로듀서와 컨슈머는 어떤 브로커하고도 연결될 수 있고 전체 클러
스터에 연결된다. Zookeeper는 카프카 에코시스템에서 필수요소로 브로커 관리,
파티션 관리, 클러스터 구성원 관리, 토픽 설정 관리 등을 지원한다.

카프카의 디자인은 단순하면서도 강력하기 때문에 다양한 데이터 소스를 연
결하고 이들 사이의 신뢰할 수 있는 데이터 파이프라인 솔루션으로 채택된다.
카프카는 데이터를 디스크에 저장하여 메시지의 내구성을 보장하므로 상태 기
반 처리에 의존하는 마이크로 서비스(micro service), 이벤트 기반(event driven)
또는 CEP(complex event processing) 기반 응용프로그램을 구축하는 데 적합하다.

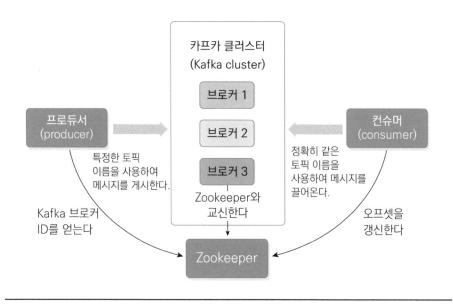

그림 4-4 카프카 아키텍처

카프카는 다양한 기능을 지원한다. 프러듀서와 컨슈머API는 토픽에 스트림의 쓰기와 읽기 작업을 지원한다. 카프카 스트림(Kafka Streams)은 모든 카프카 클러스터에서 실행할 수 있는 스트리밍 응용프로그램을 작성하는 데 사용할 수 있는 Java 라이브러리이다. 조인, 집계, 이벤트를 기반으로 한 윈도우 작업, 수집과 처리 시간, 순서가 잘못된 이벤트 처리, 고급 변환, 스트림의 상태 저장 처리 등과 같은 이벤트 스트림에 대한 고급 작업을 지원한다. KSQL은 사용자가 스트림 데이터에서 SQL을 사용할 수 있게 해주는 SQL 엔진을 제공한다. KSQL을 사용하면 사용자는 스트림을 풍부하게 하고 합류, 집계, 창 작업 등과 같은 스트림 처리에 대한 대화식 질의를 작성할 수 있다. 이 기능은 데이터 스트림을 처리하기 위한 코드를 작성하고 유지 관리하지 않으려는 개발자와 운영자에게 부담을 주지 않는다. 카프카에 대한 자세한 자료는 공식 웹사이트(https://kafka.apache.org/)에서 찾을 수 있다.

아파치 삼자

삼자는 링크드인에서 개발된 스트림 처리 엔진이며 2013년에 오픈 소스로 제공되었다. 삼자는 주로 높은 대기 시간 때문에 기존 하둡 시스템에서는 구현할 수 없었던 실시간 사용 사례와 스트림 처리 요구 사항을 해결하기 위해 개발되었다.

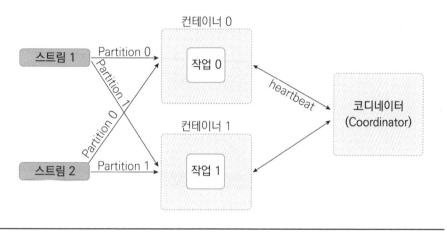

그림 4-5 삼자 아키텍처

삼자는 메시지 스트림을 처리하기 위해 카프카를 사용하였고, 리소스 관리를 위해 YARN을 사용한다. 이러한 디자인 선택을 통해 삼자는 스톰과 스파크 같이 훨씬 복잡한 프레임워크를 사용하는 시스템에 비해 훨씬 단순한 설계를 할 수 있다. 삼자의 분산 처리 아키텍처는 [그림 4-5]에 표시되어 있다. 삼자는 응용프로그램을 여러 작업(tasks)으로 논리적으로 분류하여 확장한다. 작업은 응용프로그램의 병렬 처리 단위이다. 각 작업은 입력 스트림의 한 파티션에서 데이터를 소비한다. 작업에 대한 파티션 할당은 변경되지 않는다. 작업이 실패한 시스템에 있는 경우 작업이 다른 곳에서 다시 시작되어 여전히 동일한 스트림 파티션을 사용한다. 파티션 간에 메시지 순서가 없기 때문에 상태를 공유하지 않고도 작업이 서로 독립적으로 실행될 수 있다.

삼자에서 작업이 응용프로그램의 논리적 병렬 처리 단위인 것처럼 컨테이너

(container)는 물리적 단위이다. 각 작업자를 하나 이상의 작업을 실행하는 JVM 프로세스로 생각할 수 있다. 응용프로그램에는 일반적으로 여러 호스트가 여러 컨테이너가 분산되어 있다. 각 응용프로그램에는 개별 컨테이너의 작업 할당을 관리하는 코디네이터(coordinator)가 있다. 코디네이터는 개별 컨테이너의 작동 상태를 모니터링하고 실패 시 나머지 컨테이너 사이에 작업을 재분배한다.

삼자는 각 작업을 실행할 수 있는 유연한 스레딩 모델을 제공한다. 응용프로그램을 실행할 때 데이터를 처리하는 데 필요한 작업자 수를 제어할 수 있다. 각 작업자가 할당된 작업을 실행하는 데 사용하는 스레드 수를 구성할 수도 있다. 각 스레드는 하나 이상의 작업을 실행할 수 있다. 작업은 상태를 공유하지 않으므로 이러한 스레드 간의 조정에 대해 걱정할 필요가 없다.

삼자의 주요 이점은 데이터 스트림을 처리하는 노드가 서로 종속되는 토폴로지 모델을 기반으로 하는 스톰과 스파크와 달리 작업이 독립적으로 실행된다는 점이다. 스톰과 스파크에서는 맵리듀스 작업, 집계, 필터링 등과 같은 다른 변환을 처리하려면 토폴로지에서 함께 연결된 여러 작업을 갱신해야 한다. 그러나 삼자의 경우 각 작업을 독립적으로 배치하고 실행할 수 있다. 또한 삼자는 상태 정보를 저장하기 위해 Casandra 또는 Redis와 같은 원격 데이터베이스가 필요한 스톰과 달리 스트림 처리 이벤트를 로컬로 저장하여 빠른 접근이 가능하다. 이벤트를 로컬에 저장하면 조인, 집계, 데이터 스트림의 윈도우 작업과 같은 작업을 매우 빠르게 수행할 수 있다. 삼자에 대한 자세한 자료는 공식 웹사이트 (http://samza.apache.org/)에서 찾을 수 있다.

아파치 플링크

플링크는 제한(bounded) 또는 무제한(unbounded) 데이터 스트림에 대한 상태 저장 계산(stateful computation)을 위한 분산 처리 엔진이다. 제한 스트림은 정의된 시작과 종료가 있는 스트림을 지칭하고, 무제한 스트림은 시작이 있지만 정의된 끝이 없는 스트림을 말한다. 플링크는 이 두 유형의 데이터 세트를 처리하는 데 탁월하다.

플링크가 시작되면 작업 관리자(JobManager)와 하나 이상의 과제 관리자 (TaskManager)가 나타난다. 작업 관리자는 플링크의 코디네이터이며 과제 관리자는 병렬 프로그램의 일부를 실행하는 작업자이다. 로컬 모드에서 플링크를 시작하면 단일 작업 관리자와 과제 관리자가 동일한 JVM 내에 표시된다. 프로그램이 시작이 완료되면 사전 처리를 수행하고 프로그램을 작업 관리자와 과제 관리자가 실행하는 병렬 데이터 플로우 양식으로 바꾸는 클라이언트가 실행된다.

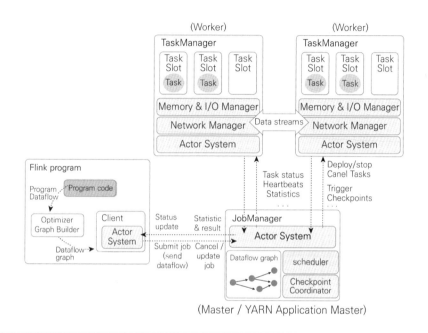

그림 4-6 플링크 아키텍처

[그림 4-6]은 플링크 시스템의 다양한 액터와 해당 상호 작용을 보여준다. 플링크는 스트림 데이터 응용프로그램을 작성하기 위한 데이터 스트림 API(DataStream API)와 배치 데이터 처리를 위한 데이터세트 API(DataSet API)를 제공한다. 또한 사용자가 일괄 처리와 스트림 데이터 모두에 대해 SQL 질의를 실행할 수 있게 해주는 테이블 API(Table API)와 SQL 인터페이스를 제공한다. 데이터는 소스(source)를 통해 시스템으로 들어가고 싱크(sink)를 통해 나가게 된다. 플링크는 복잡한 이벤트 처리, 기계 학습, 그래프 처리를 위한 라이브러리와 같은 다양한 기능을 지원한다. 플링크에 대한 자세한 자료는 공식 웹사이트(https://flink.apache.org/)에서 찾을 수 있다.

아파치 에이펙스

에이펙스는 스트림 처리 공간에 들어가는 최신 프레임워크이다. 데이터 토랜트(Data Torrent)는 2012년에 개발하여 2016년에 아파치 라이선스로 오픈 소스로 제공하였다. 에이펙스는 YARN을 기반으로 하는 하둡의 데이터 이동 아키텍처를 활용하여 스트림과 일괄 처리 플랫폼을 제공한다.

에이펙스는 이미 구축된 하둡을 활용하고 다른 데이터 플랫폼과 쉽게 통합할 수 있도록 설계되었다. 에이펙스는 기능과 운영 측면에서 사용하기 쉬운 간단한 프레임워크를 제공한다. 운영 관점에서 리소스 관리, 작업 예약, 보안, 멀티 테넌시(multi-tenancy), 내결함성 등을 포함하여 하둡 고유의 모든 YARN 기능뿐만 아니라 운영자가 쉽게 관리할 수 있도록 고유한 HDFS를 유지한다. 기능 면에서 에이펙스는 Apex API를 사용하여 다른 데이터 처리 시스템과 간단하고 손쉽게 통합하여 응용프로그램을 개발할 수 있도록 설계되었다.

에이펙스 응용프로그램은 플링크와 같은 DAG 모델을 따르며 핵심 구성 블록은 시스템을 통해 흐르는 데이터를 나타내는 연산 단위(computational unit)와 스트림(Streams)으로 구성된 연산자이다. 에이펙스는 에이펙스 코어(Apex Core)와 에이펙스 말러(Apex Malhar)의 두 부분으로 구성된다. 에이펙스 코어는 멀티 테넌트 클러스터 환경에서도 실행될 수 있는 낮은 대기 시간, 높은 내결함성, 안전한 상태 저장 응용프로그램을 구축하기 위해 하둡의 기본 YARN과 HDFS 시스템을 활용하는 스트리밍과 일괄 작업 처리 엔진을 구성한다. 에이펙스 말러는 많은 내장형 연산자와 사용자 지정 연산자를 작성하는 조항이 포함된 간단한 라이브러리이다.

에이펙스가 지원하는 연산자에는 ① 파일 시스템, 데이터베이스, 메시징 시스템, 소셜 미디어와 같은 외부 데이터 소스에 연결하는 입력/출력 연산자, ② 한 번에 하나의 튜플로 데이터 스트림에 대한 논리적 연산을 수행하는 기본 계산 단위인 연산자 등 두 가지 유형이 있다.

에이펙스는 메시지 전달 보장과 이벤트 시간, 롤링, 텀블링 같은 윈도우 작업 지원을 정확히 한 번에 종단 간 제공한다. 에이펙스는 아파치 칼사이트를 사용하여 SQL 지원을 제공하며 아파치 사마오(Apache Samao)를 사용하여 아파치 빔(Apache Beam) 파이프라인과 기계 학습 알고리즘 실행을 지원한다. 에이펙스에 대한 자세한 자료는 공식 웹사이트(https://apex.apache.org/)에서 찾을 수 있다.

스트림 처리 엔진 선택

지난 10년 간 대량의 무제한 데이터를 실시간으로 처리하도록 설계된 스트림 처리 프레임워크가 확산되었다. 하둡과 스파크와 같은 일괄 처리 시스템에서 스톰, 삼자, 카프카, 플링크, 에이펙스 등과 같은 순수 스트림 처리 시스템으로 발전해 왔다. 조직은 스트림 처리 요구에 맞는 프레임워크를 선택하기 위해 배치 옵션, 운영자 관점에서 다른 데이터 처리 시스템과의 관리 용이성과 손쉬운 통합, 스트리밍 응용프로그램을 작성하는 개발자를 위한 간단한 API, 기계 학습, 복잡한 이벤트 처리, 그래프 처리, 스트리밍 SQL을 위한 라이브러리와 같은 데이터 엔지니어를 위한 풍부한 도구 세트의 가용성 등을 고려해야 한다.

요약

이번 장에서는 데이터 수집 기술에 대해서 살펴보았다. 데이터는 수집될 때 비로소 분석이 가능하다. 데이터 수집 대상과 기간을 결정한 후에 적절한 데이터 수집 방법을 사용해 데이터를 수집해야 한다. 데이터 수집 방법에는 실시간, 일괄 및 스트림 처리를 활용한 방법이 있다. 실시간 처리와 스트림 처리는 실시간으로 데이터를 처리하고 분석할 수 있게 하는 반면 일괄 처리는 한꺼번에 모아서 대량으로 처리하는 방법이다. 최근 실시간으로 데이터를 처리할 수 있는 스트림 처리에 대한 관심이 높아지면 다양한 스트림 엔진이 개발되고 있다. 개별 수집 방법마다 특징이 다르고 유용성이 있는 분야도 다르다. 따라서, 어떤 데이터 수집 방법을 사용할지는 데이터 분석 목적에 결정해야 한다.

수집된 데이터는 그대로 사용할 수 없다. 우선 저장을 해야 하고 사용을 위해 처리를 한 후 대기 지역에 있어야 한다. 다음 장에서는 이를 지원하는 데이터 착륙/대기 지역 지원 기술에 대해서 살펴보도록 하자.

05 데이터 착륙/대기 지역 지원 기술

서론

데이터 소스에서 데이터를 수집하여 처음 저장하는 장소를 '데이터 착륙' 지역이고, 데이터가 실제 분석에 사용되기 전에 대기하는 장소를 '대기 지역'이다. 실제적으로 데이터 착륙과 대기 지역을 지원하는 핵심 기술은 데이터 저장 기술이다. 따라서 이번 장에서는 데이터 저장 기술과 관련된 내용에 대해서 살펴보도록 할 것이다.

데이터 저장을 위해 다양한 기술이 사용될 수 있지만, 대규모 데이터 저장에는 데이터베이스가 가장 많이 사용되었다. 데이터베이스는 테이블 형태로 데이터를 저장하고, 키(key)로 테이블 간의 관계를 관리하고 SQL(structured query language)라는 구조화된 질의 언어를 사용하는 관계형 데이터베이스가 주류였으나, 최근에 빅데이터를 처리하기 위한 키-값, 문서, 그래프, 열 계열 데이터베이스 등 다양한 유형의 관계형이 아닌 데이터베이스, 즉 NoSQL 데이터베이스가 많이 사용되고 있다[37].

데이터 분석에 대한 관심이 늘고, 데이터 분석을 위한 프로세스가 막대한 컴퓨팅 자원을 필요로 하는 경우가 많기 때문에, 많은 조직에서 비즈니스를 위한 운영 시스템의 데이터베이스에서 데이터를 수집한 후 데이터 분석을 위한 전용 데이터베이스를 운영하는 것이 보편적이다. 데이터 분석을 위한 전용 데이터베이스 기술에는 정형화된 데이터를 다루는 데 강점이 있는 데이터웨어하우스(data warehouse)와 비정형의 데이터를 저장할 수 있는 데이터 레이크(data lake)

가 있다. 이번 장에서는 이 두 기술에 대해 집중적으로 살펴볼 것이다.

마지막으로 이번 장에서는 셀프서비스 분석 측면에서 데이터 착륙과 대기 지역의 기술이 갖는 의미를 검토해보고 셀프서비스 분석의 성공을 위한 조건에 대해서 살펴보도록 할 것이다.

관계형 데이터베이스

관계형 데이터베이스는 데이터를 행과 열이 있는 일련의 이차원 테이블로 구성된다. 각 테이블에는 고유한 열이 있으며 테이블의 모든 행에는 동일한 열 집합이 있다. 대부분의 공급 업체는 데이터 검색 및 관리를 위해 SQL을 제공한다. SQL은 데이터베이스 설계자가 관계형 데이터베이스를 설계하는 데 사용하는 프로그래밍 언어다. SQL은 데이터베이스 버전의 서버 측 스크립트처럼 작동하는 관계형 데이터베이스를 많이 사용하는 선언적 언어다. MySQL, Sybase, Oracle, IBM DM2 같은 관계형 데이터베이스는 데이터를 생성, 갱신, 삭제, 검색하는 SQL을 지원한다.

관계형 데이터베이스는 일반적으로 데이터 구조가 미리 정의되어 있고 모든 읽기 또는 쓰기 작업이 스키마를 사용해야 한다. 관계형 데이터베이스는 강력한 일관성이 보장되며, 모든 변경 사항이 원자적 특성을 지니고, 트랜잭션은 항상 데이터를 일관된 상태로 유지한다. 그러나 이런 기본 구조는 여러 시스템에 저장소와 처리를 분산시켜 확장할 수 없고 관계형 데이터베이스에 저장된 정보는 정규화 프로세스에 따라 관계형 구조에 넣어야 한다는 한계가 있다. 또한, 데이터베이스의 이런 프로세스는 하나의 논리 개체를 별도의 테이블에 있는 열로 분해한 다음 질의를 실행할 때 데이터를 다시 조합해야 하기 때문에 비효율적일 수 있다 [38].

NoSQL 데이터베이스

NoSQL 데이터베이스는 관계형 모델로 저장되지 않은 데이터베이스를 지칭한다. NoSQL 데이터베이스는 데이터 모델에 따라 다양한 유형으로 제공된다. 주요 유형은 키-값(key-value), 문서(document), 그래프(graph), 컬럼 계열(column family) 데이터베이스가 있다. NoSQL 데이터베이스는 유연한 스키마를 제공하고 많은 양의 데이터와 높은 사용자로드로 쉽게 확장할 수 있다는 장점이 있다. NoSQL 데이터베이스에 대해 자세히 살펴보자.

키-값 데이터베이스

키-값 데이터베이스는 간단한 키-값 방법을 사용하여 데이터를 저장하는 NoSQL 데이터베이스 유형이다. 키-값 쌍의 키는 고유해야 하며 이는 해당 키와 관련된 값에 접근 할 수 있는 고유 식별자(unique identifier)다. 이론적으로 키는 무엇이든 될 수 있지만, 데이터베이스에 따라 달라질 수 있다. 성능상의 이유로 키가 너무 길지 않아야 하지만 너무 짧으면 가독성 문제가 발생할 수 있다. 어쨌든 키는 일관된 일관성을 유지하기 위해 합의된 규칙을 따라야 한다.

Phone Directory

Key	Value
Bob	(123) 456-7890
Jane	(234) 567-8901
Tara	(345) 678-9012
Tiara	(456) 789-0123

IP Forwarding

Key	Value
202.45.12.34	01:23:36:0f:a2:33
202.45.123.4	00:25:33:da:4c:01
245.12.33.45	02:03:33:10:e2:b1
101.234.55.1	b8:67:a3:11:23:b1

Stock Trading

Key	Value
123456789	APPL, Buy, 100, 84.47
234567890	CERN, Sell, 50, 52.78
345678901	JAZZ, Buy, 235, 145.06
456789012	AVGO, Buy, 300, 124.50

그림 5-1 키-값 데이터베이스 테이블 예시

키-값 저장소의 값은 텍스트, 숫자, 마크 업 코드, 프로그래밍 코드, 이미지 등과 같은 것이 될 수 있다. 값은 목록이거나 객체에 캡슐화된 다른 키-값 쌍일 수도 있다. 일부 키-값 데이터베이스를 사용하면 값에 대한 데이터 유형을 지정할 수 있다. 대부분의 키-값 저장소는 간단한 질의, 삽입, 삭제 작업만 지원한다. 값을 부분적으로 또는 완전히 수정하려면 응용프로그램이 전체 값에 대한 기존 데이터를 덮어써야 한다. 대부분의 구현에서 단일 값을 읽거나 쓰는 것은 원자 작업(atomic operation)이고 값이 크면 쓰기에 시간이 걸릴 수 있다.

키-값 데이터베이스는 많은 시나리오에 적용될 수 있다. 일반 웹 또는 컴퓨터의 경우에는 사용자 프로필, 세션 정보, 기사 또는 블로그 댓글, 이메일, 상태 메시지 등에 사용될 수 있다. 전자 상거래에서는 장바구니 내용, 제품 카테고리, 제품 세부 정보, 제품 리뷰 등에 사용될 수 있다. 네트워킹과 데이터 유지 보수 영역에서는 통신 디렉토리, 인터넷 프로토콜 전달 테이블, 데이터 중복 제거 등에 사용한다. 키-값 데이터베이스 시스템에는 Redis, Oracle NoSQL Database, Voldemorte, Aerospike, Oracle Berkeley DB 등이 있다.

문서 데이터베이스

문서 데이터베이스(document databases)는 개념적으로 키-값 저장소와 유사하지만, 문서 필드가 지정된 필드와 데이터의 모음을 저장한다는 점이 다르다. 문서 필드의 데이터는 XML, YAML, JSON(JavaScript Object Notation), BSON (Binary JSON)을 포함한 다양한 방법으로 인코딩되거나 일반 텍스트로 저장될 수 있다. 키-값 저장소와 달리 문서의 필드는 스토리지 관리 시스템에 노출되므로 응용프로그램에서 이러한 필드의 값을 사용하여 데이터를 질의 또는 필터링할 수 있다.

Key	Document
| 1001 | ```
{
    "CustomerID":99,
    "OrderItem":[
    {
        "ProdictID":2010,
        "Quantity":2,
        "Cost":520
    },
    {
        "ProdictID":4365,
        "Quantity":1,
        "Cost":18
    }],
    "OrderDate":  "2020/02/20"
}
``` |
| 1002 | ```
{
    "CustomerID":220,
    "OrderItem":[
    {
        "ProdictID":1285,
        "Quantity":1,
        "Cost":120
    }],
    "OrderDate":  "2020/03/02"
}
``` |

그림 5-2 문서 데이터베이스 예시(JSON 형식)

일반적으로 문서에는 개체(entity)에 대한 전체 데이터가 포함된다. 개체를 구성하는 항목은 응용프로그램에 따라 다르다. 예를 들어, 어떤 개체는 고객의 세부 정보, 주문 또는 이 둘의 조합을 포함할 수 있다. 단일 문서에는 관계형 데이터베이스의 여러 관계형 테이블에 분산되는 정보를 포함할 수 있다. 문서 저장소에서는 모든 문서의 구조가 동일하지 않아도 된다. 이 자유 형식 방식은 많은 유연성을 제공한다. 비즈니스 요구 사항이 변경되면 응용프로그램에서 문서에 다른 데이터를 저장할 수 있다(그림 5-2 참조).

키는 문서의 고유 식별자이고 응용프로그램은 이를 사용하여 문서를 검색 할 수 있다. 문서 데이터베이스는 키를 자동으로 만들 수 있는 경우도 있지만 키로 사용할 문서의 속성을 지정할 수도 있다. 응용프로그램은 하나 이상의 필드 값을 기반으로 문서를 질의할 수도 있다. 일부 문서 데이터베이스는 인덱싱을 지원하여 하나 이상의 인덱싱된 필드를 기반으로 문서를 빠르게 조회할 수 있다.

문서 데이터베이스는 전체 업데이트를 지원하므로 응용프로그램에서 전체 문서를 다시 쓰지 않고도 문서의 특정 필드 값을 수정할 수 있다. NoSQL 문서 데이터베이스 제품에는 MongoDB, OrientDB, Apache CouchDB, IBM Cloudant, Azure Cosmos DB 등이 있다.

그래프 데이터베이스

그래프 데이터베이스(graph database)는 그래프의 노드(node)와 에지(edge)의 두 가지 유형의 정보를 저장한다. 노드를 개체(entity)로 에지는 노드 간의 관계로 볼 수 있다. 노드와 에지는 테이블에서 컬럼과 유사하게 해당 노드나 에지에 대한 정보를 제공하는 속성을 가질 수 있다. 에지는 관계의 특성을 나타내는 방향을 가질 수 있다.

그래프 데이터베이스의 목적은 응용프로그램이 노드와 에지 네트워크를 통과하는 질의를 효율적으로 수행하고 개체 간 관계를 분석할 수 있도록 하는 것이다. [그림 5-3]은 조직의 인사 데이터베이스를 그래프로 구성한 것이다. 개체는 직원과 부서이며 에지는 보고 관계와 직원이 근무하는 부서를 나타낸다. 이 그래프에서 에지의 화살표는 관계의 방향을 나타낸다.

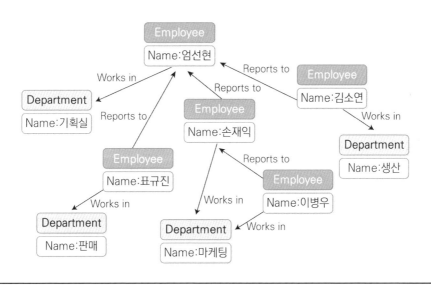

그림 5-3 그래프 데이터베이스

이러한 구조를 통해 "엄선현에게 직접 또는 간접으로 보고하는 모든 직원 찾기" 또는 "이병우와 같은 부서에서 누가 일합니까?"와 같은 질의를 간단하게 수행할 수 있다. 개체와 관계가 많은 큰 그래프의 경우 매우 복잡한 분석을 매우 빠르게 수행할 수 있다. 많은 그래프 데이터베이스는 관계 네트워크를 효율적으로 탐색하는 데 사용할 수 있는 질의 언어를 제공한다. 그래프 데이터베이스에는 ArangoDB, Amazon Neptune, OrientDB, Neo4j, FlockDB, DataStax, Cassandra, Cayley, Titan 등이 있다.

컬럼 계열 데이터베이스

컬럼 계열 데이터베이스(column-family databases)는 데이터를 컬럼 지향 모델(column oriented model)을 사용하여 저장하는 데이터베이스의 한 유형이다. 컬럼 계열 데이터베이스는 행과 열이 있는 테이블 형식 데이터를 보유하는 것으로 생각할 수 있지만 열은 열 계열(column family)이라는 그룹으로 구분된다. 각 열 계열은 논리적으로 서로 관련된 열 집합이 있으며 일반적으로 단위로 검색되거나 조작된다. 별도로 접근되는 다른 데이터는 별도의 열 계열에 저장할 수 있다. 열 계열 내에서 새 열을 동적으로 추가할 수 있으며 모든 열에 대해 값을 가질 필요는 없다.

CutomerID	Column Family: Identity
001	First name: Mu Bae
	Last name: Min
002	First name: Francisco
	Last name: Vila Nova
	Suffix: Jr.
002	First name: Lena
	Last name: Adam cyz
	Title: Dr.

CutomerID	Column Family: Contact Info
001	Phone number: 550-0100
	Email: mubae.min@email.com
002	Email: vila@hotemail.com
003	Phone number: 550-0210

그림 5-4 컬럼 계열 데이터베이스 사례

[그림 5-4]는 고객 신상정보(Column Family: identity)와 연락처 정보(Column Family: Contant inf.)라는 두 개의 컬럼 패밀리(Column Family)가 있는 컬럼 계열

데이터베이스의 사례를 보여준다. 단일 개체의 데이터는 각 컬럼 패밀리에서 동일한 행키를 갖는다(예 CustomerID). 컬럼 패밀리를 구성하는 속성은 다양하게 변할 수 있다. 예를 들어 고객 001의 연락처 정보는 Phone number와 Email을 가지고 있지만 다른 고객은 둘 중에 하나만 가지고 있다. 이 구조는 희소 데이터(sparse data)를 처리할 수 있는 컬럼 계열 데이터베이스의 중요한 이점이다[39].

키-값 저장소 또는 문서 데이터베이스와 달리 대부분의 컬럼 계열 데이터베이스는 해시를 계산하지 않고 키 순서로 데이터를 저장한다. 많은 구현은 컬럼 패밀리의 특정 열에 대한 색인을 작성할 수 있게 한다. 인덱스를 사용하면 행키가 아닌 열 값으로 데이터를 검색할 수 있다. 컬럼 계열 데이터베이스에는 MariaDB, CrateDB, ClickHouse, Greeplum, Apache Hbase, Apache Kudu, Apache Parquet, Hypertable, MonetDB 등이 있다.

NoSQL데이터베이스의 활용

NoSQL 데이터베이스는 구조가 거의 없거나 전혀 없는 대량의 데이터 저장에 사용할 수 있다. NoSQL 데이터베이스는 함께 저장할 수 있는 데이터 유형에 제한을 두지 않으며 필요에 따라 다른 새 유형을 추가할 수 있다. 문서 기반 데이터베이스를 사용하면 사전에 어떤 "유형" 데이터를 정의하지 않고도 한 곳에 데이터를 저장할 수 있다.

NoSQL 데이터베이스는 클라우드 컴퓨팅과 저장장치를 최대한 활용할 수 있다. 클라우드 기반 스토리지는 탁월한 비용 절감 솔루션이지만 데이터를 여러 서버에 쉽게 분산하여 확장할 수 있어야 한다. NoSQL 데이터베이스는 많은 어려움 없이 여러 데이터 센터에 걸쳐 확장되도록 설계되었기 때문에 온 프레미스(on-premise) 또는 클라우드에서 저렴하고 소형인 상품형 하드웨어를 사용하면 추가하여 쉽게 확장할 수 있다.

NoSQL 데이터베이스의 기술은 급속히 성장하고 있다. 서로 다른 개발 방법론을 사용하는 경우, 빠른 반복 작업을 수행하는 경우, 버전 간에 많은 다운 타임없이 데이터 구조를 자주 업데이트해야 하는 경우에 관계형 데이터베이스를 사용하면 구현 속도가 느려진다. NoSQL 데이터는 미리 준비할 필요가 없기 때문에 빠르게 대처 가능하다.

데이터웨어하우스

데이터웨어하우스는 조직 내의 다양한 소스에서 데이터를 수집하여 분석을 위해 제공하는 시스템으로 주로 정형화된 데이터의 수집에 사용되는 데이터 착륙/대기를 지원하는 저장소 기술이다. 조직의 데이터는 기업 내부와 외부에 흩어져 있다. 분석을 위해서는 이런 데이터를 하나로 모아야 한다. 데이터웨어하우스의 기본적인 역할은 바로 이 흩어져 있는 데이터를 하나로 수집하여 분석용 데이터로 데이터 사용자에게 서비스로 제공을 하는 것이다(그림 5-5 참조).

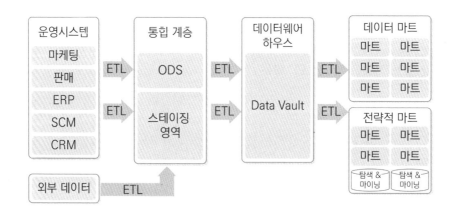

그림 5-5 데이터웨어하우스

다양한 소스에서 수집되는 데이터는 일관성이 결여될 수도 있다. 예를 들어, 고객에 관한 데이터가 마케팅 시스템과 회계 시스템에서 다르게 저장될 수도 있다. 일관성이 없는 데이터를 활용한 데이터 분석은 서로 다른 결과를 제시할 수 있기 때문에 조직의 입장에서는 큰 문제가 된다. 따라서 하나의 진실된 데이터 (Single truth Data)를 생성하는 것은 데이터웨어하우스의 가장 중요한 목표 중에 하나다. 데이터웨어하우스에 수집되는 데이터는 다양한 데이터 소스에서 수집되기 때문에 데이터를 수집하여 통합할 때 데이터의 일관성 문제를 해결해야 한다.

한편 데이터웨어하우스를 활용하게 되면 운영을 위한 정보 시스템으로부터 분리된 데이터를 얻을 수 있다. 데이터 분석을 수행할 때 계산을 위해 컴퓨팅 자원을 많이 소비하게 되는데, 운영 시스템 상에서 분석 프로세스를 실행할 경우 운영 시스템이 느려지거나 적절한 서비스를 제공할 수 없는 문제가 발생할 수 있다. 따라서 조직에서 매일 사용하는 운영 시스템에서 분석을 위한 데이터를 분리하여 데이터웨어하우스 저장한 후 비즈니스 운영에 영향을 주지 않고 데이터 분석을 실행할 수 있다.

데이터웨어하우스 설계 방법론

데이터웨어하우스를 설계하는 방법과 관련하여 인몬(Inmon) 방법과 킴볼(Kimball) 방법이라는 두 가지 고유한 사고 방식이 있다[40]. 두 가지 방법은 모두 데이터웨어하우스를 조직의 중앙 데이터 저장소로 보고 주로 조직의 분석 요구를 기반으로 추출−변환−로드(Extract, Transform, and Load; ETL)을 사용하여 데이터를 데이터웨어하우스에 로드한다. 그러나 두 접근 방법은 데이터 구조가 데이터웨어하우스에서 모델링, 로드 및 저장되는 방식에서 차이가 있다. 이러한 차이는 데이터웨어하우스의 초기 제공 시간 및 ETL 설계의 향후 변경 사항을 수용할 수 있는 능력에 영향을 준다. 이들 접근 방법에 대해서 구체적으로 살펴보자.

1) 인몬의 구축 방법론

인몬 접근 방식에서 데이터웨어하우스 구축은 조직의 데이터 모델(data model)의 설계를 하는 것으로부터 시작한다. 데이터 모델은 주요 주제 영역을 식별하고 고객, 제품, 공급 업체 등과 같이 비즈니스가 관심을 갖는 주요 개체를 식별한다. 데이터 모델에서 각 주요 개체에 대한 세부 논리 모델이 작성된다. 예를 들어, 해당 개체와 관련된 모든 세부 정보가 포함된 논리적 모델이 고객을 위해 구축된다. 고객 아래에 10개의 다른 개체가 있을 수 있다. 비즈니스 키, 속성, 종속성, 참여 및 관계를 포함한 모든 세부 사항이 자세한 논리 모델로 포착된다.

여기서 핵심은 개체 구조가 정규화된 형식(normalized form)으로 작성되며, 데이터 중복은 최대한 피한다는 것이다. 이는 비즈니스 개념을 명확하게 식별하고 데이터 갱신의 오류를 방지한다. 다음 단계는 물리적모델을 구축하는 것이다. 인몬의 방법에서 데이터웨어하우스의 물리적 구현도 표준화된다. 이것이 바로 인몬이 "데이터웨어하우스"라고 부르는 것이며, 여기에서 기업을 위한 단일 버전의 진실이 관리된다. 이 정규화된 모델은 데이터로드를 덜 복잡하게 만들지만 이 구조를 사용하면 질의에 많은 테이블의 조인이 필요할 수 있기 때문에 어렵다.

이 문제를 해결하기 위해 인몬은 부서별 데이터마트(Data Mart)의 구축을 제안한다. 데이터마트는 재무, 영업 등을 위해 특별히 설계되며 데이터마트는 보고를 돕기 위해 비정규화 된 데이터를 가질 수 있다. 데이터웨어하우스로 들어오는 모든 데이터가 통합되며 데이터웨어하우스는 데이터마트에 대한 유일한 데이터 소스가 된다. 이를 통해 조직 전체에서 데이터의 무결성과 일관성이 그대로 유지된다[41].

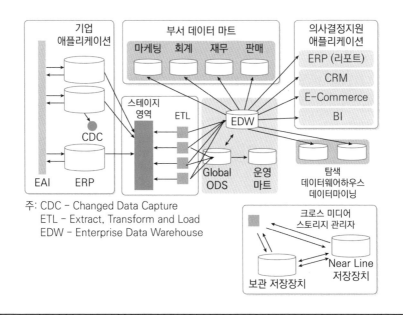

그림 5-6 인몬 데이터웨어하우스 아키텍처[42]

[그림 5-6]은 인몬 데이터웨어하우스의 일반적인 아키텍처를 보여준다[42]. 아키텍처를 구성하는 개별 요소에 대해서 살펴보도록 하자.

- **회사 응용프로그램**(Corporate applications). 이것은 비즈니스를 지원하기 위해 개발되는 운영 체제 또는 트랜잭션 시스템이다. 트랜잭션 시스템은 영업, 마케팅, 자재 관리와 같은 비즈니스 트랜잭션에서 데이터를 수집하고 관계

형 데이터, 계층적 데이터 또는 스프레드 시트를 포함한 다양한 형태로 해당 데이터를 저장하는 데 사용된다. 인몬의 아키텍처에서 트랜잭션 시스템은 데이터웨어하우스에 데이터를 제공하는 소스 시스템으로 불린다.

- **ETL 프로세스**(ETL process). ETL은 트랜잭션 시스템에서 데이터를 가져오기 위해 사용된다. ETL은 추출, 변환 및 로드를 나타낸다. ETL 프로세스는 데이터를 통합하고 특정 표준 형식으로 변환한 후 엔터프라이즈 데이터웨어하우스라는 단일 저장소에 로드된다.. ETL 프로세스는 주기적인 배치 프로세스 또는 거의 실시간 데이터에 대한 트랜잭션 기반으로 실행될 수 있다. ETL 프로세스를 데이터 통합 또는 데이터 서비스라고 한다.
- **엔터프라이즈 데이터웨어하우스**(Enterprise data warehouse; EDW). EDW는 인몬이 제시한 데이터웨어하우스 아키텍처의 핵심 요소이다. 인몬의 데이터웨어하우스 정의인 EDW는 원자 데이터의 통합 저장소를 말한다. EDW의 데이터는 매우 세부적인 수준으로 포착된다. EDW의 데이터는 관계형 데이터베이스에 저장되며 3단계 정규화(3 Normalized Form) 데이터베이스 디자인을 사용한다.
- **데이터마트**(Data marts). 데이터마트는 주제 중심의 데이터가 포함된 부서별 정보 보기를 지원한다. 데이터마트는 EDW에서 데이터를 가져온다. EDW에서 데이터마트로 데이터를 가져올 때 집계가 발생할 수 있다. 데이터마트는 차원 설계를 사용하므로 데이터마트의 데이터를 분석할 수 있다. 모든 외부 응용프로그램이나 보고 도구 또는 분석 도구는 EDW 대신 데이터마트에서 데이터를 직접 질의한다는 점에 유의해야 한다.

인몬 접근 방식의 주요 장점은 다음과 같은 장점이 있다. ① 데이터웨어하우스는 데이터마트의 유일한 소스이며 데이터웨어하우스의 모든 데이터가 통합되어 있으므로 데이터웨어하우스는 실제로 기업의 단일 진실 소스 역할을 한다. ② 인몬의 데이터웨어하우스는 중복성이 매우 낮아 데이터 갱신에 따른 문제가 발생하지 않는다. 따라서 ETL 프로세스가 더 쉽고 실패가 덜 발생한다. ③ 논리적 모델이 자세한 비즈니스 항목을 나타내므로 비즈니스 프로세스를 쉽게 이해할 수 있다. ④ 비즈니스 요구 사항이 변경되거나 소스 데이터가 변경되면 한 곳에서만 데이터웨어하우스를 쉽게 갱신할 수 있기 때문에 매우 유연하다. ⑤ 전사적으로 다양한 보고 요구를 처리할 수 있다.

그러나 인몬 방법은 다음과 같은 단점이 있다. ① 인몬의 방법은 더 많은 테이블과 조인이 필요하므로 시간이 지나면서 모델과 구현이 복잡해질 수 있다. ② 데이터 모델링 및 비즈니스 전문가가 필요하다. 이러한 유형의 전문가는 찾기가 어렵고 비용이 많이 든다. ③ 초기 설정 및 전달에 더 많은 시간이 걸리며 경영진은 이를 알고 있어야한다. ④ 데이터마트가 데이터웨어하우스에서 구축되므로 더 많은 ETL 작업이 필요하다. ⑤ 환경을 성공적으로 관리하려면 상당히 큰 전문가 팀이 있어야 한다[41].

2) 킴볼의 구축 방법론

데이터웨어하우스 구축에 대한 킴볼의 접근 방법은 데이터웨어하우스가 응답해야 하는 주요 비즈니스 프로세스와 주요 비즈니스 질문을 식별하는 것으로 시작한다. 이를 기반으로 데이터웨어하우스에 대한 주요 데이터 소스가 분석되고 문서화된다. ETL 소프트웨어는 모든 다른 소스에서 데이터를 가져와 스테이징 영역으로 로드하는 데 사용된다. 여기에서 데이터가 '차원 모델(dimension model)'이라 불리는 데이터웨어하스로 로드된다.

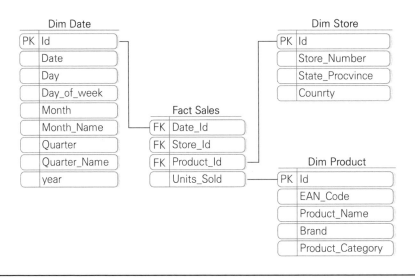

그림 5-7 스타스키마 사례

차원 모델의 기본 요소는 스타 스키마(star schema)이다. 스타 스키마는 중앙에 팩트 테이블(fact table)이 있으며 팩트 테이블은 여러 차원 테이블(dimension tables)로 둘러싸여 있다. 팩트 테이블에는 주제 영역과 관련된 모든 측정 값이 있으며 팩트를 둘러싼 다양한 차원의 외래 키도 있다. 스타 스키마에서는 다른 테이블에 조인하지 않고 드릴 업과 드릴 다운 할 수 있도록 차원이 완전히 비정규화 되어 있다. 서로 다른 보고 요구 사항을 충족시키기 위해 여러 스타 스키마가 구축된다(그림 5-7 참조).

차원 모델에서 통합을 위해 킴볼은 '적합한 차원'이라는 개념을 제안한다. 여러 팩트에서 공유되는 고객 및 제품과 같은 주요 차원은 한 번 구축되고 모든 팩트에서 사용된다[43]. 이를 통해 하나의 사물이나 개념이 사실 전체에서 동일한 방식으로 사용된다. 킴볼 모델의 또 다른 주요 산출물(artifact)은 '기업 버스 매트릭스'다. 여러 팩트가 세로로 나열되고 적합한 치수가 가로로 나열되는 문서를 말한다. 실제로 측정치가 외래 키 역할을 하는 경우 문서에 표시된다. 이는 스타 스키마가 작성되는 방법과 데이터웨어하우스에 남아있는 항목을 보여주는 고징 문서의 역할을 한다.

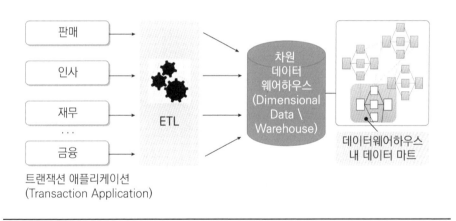

그림 5-8 킴볼 데이터웨어하우스 설계[44]

[그림 5-8]는 전형적인 킴볼 데이터웨어하우스 설계를 보여준다. 킴볼 데이터웨어하우스의 구성요소는 다음과 같다.

- **트랜잭션 응용프로그램**(transaction applications). 이것은 비즈니스 트랜잭션을 포착하기 위해 만들어진 운영 시스템을 말한다. 트랜잭션 시스템의 데이터는 일반적으로 관계형 데이터베이스 또는 스프레드 시트와 같은 플랫 파일에 저장된다. 이러한 트랜잭션 시스템은 킴볼 데이터웨어하우스 아키텍처에서 데이터웨어하우스의 소스 시스템이다.
- **ETL**. 다양한 형태의 트랜잭션 시스템에서 데이터를 가져 오기 위해 ETL 프로세스가 사용된다. ETL은 추출, 변환 및 로드를 나타낸다. 다른 형식의 데이터는 표준화되어 데이터웨어하우스에 로드할 수 있는 형식으로 변환된다.
- **차원 데이터웨어하우스**(Dimensional data warehouse; DDW). DDW는 데이터웨어하우스 아키텍처의 핵심이다. DDW에는 엔터프라이즈 데이터가 세분화된 형식으로 포함된다. 임몬의 데이터웨어하우스 아키텍처는 엔티티 관계(entity relationship; ER) 모델링을 사용하는 반면, DDW는 차원 모델링을 사용하여 설계되었다. DDW는 스타 스키마 또는 큐브로 구성된다. 분석 시스템 또는 보고 도구는 DDW에서 직접 데이터에 접근할 수 있다. 킴볼 접근 방법에서 데이터마트는 차원 데이터웨어하우스 내의 특정한 주제 영역을 말한다[44].

킴볼 접근 방법의 장점은 다음과 같다. ① 설치 및 구축이 빠르며 데이터웨어하우징 프로젝트의 첫 번째 단계가 빠르게 제공된다. ② 스타 스키마는 비즈니스 사용자가 쉽게 이해할 수 있으며 보고에 사용하기 쉽다. 대부분의 분석 도구는 스타 스키마와 잘 작동한다. ③ 데이터웨어하우징 환경의 공간이 작다. 데이터베이스에서 적은 공간을 차지하므로 시스템 관리가 상당히 쉬워진다. ④ 스타 스키마 모델의 성능이 매우 좋다. 데이터베이스 엔진은 모든 차원 값을 사용하여 카티션 곱(Cartesian product)이 생성되고 선택적 행에 대해 팩트 테이블이 질의 되는 '스타 조인'을 수행한다. 이것은 매우 효과적인 데이터베이스 작업으로 알려져 있다. ⑤ 소규모 개발자 및 설계자 팀만으로도 데이터웨어하우스의 성능을 효과적으로 유지할 수 있다[41]. ⑥ 데이터마트는 부서별 또는 비즈니스 프로세스별 보고에 맞춰져 있으므로 부서별 측정지표 및 KPI 추적에 매우 효과적이다. ⑦ 분석 도구가 여러 스타 스키마를 통해 보고서를 생성하는 드릴 어크로스(Drill-across)에 적합한 차원을 사용하여 성공적으로 수행할 수 있다.

그러나 킴볼 접근방법은 다음과 같은 단점이 있다. ① 보고가 필요하기 전에 데이터가 완전히 통합되지 않아 '진실의 원천'의 본질이 사라진다. ② 중복 데이터는 시간이 지남에 따라 데이터 업데이트 이상을 초래할 수 있다. ③ 팩트 테이블은 매우 깊게 설계되었기 때문에 팩트 테이블에 열을 추가하면 성능 문제가 발생할 수 있다. 새 열을 추가하면 팩트 테이블의 크기가 훨씬 커지고 성능이 떨어진다. 따라서 비즈니스 요구 사항이 변경될 때 차원 모델을 변경하기가 어렵다. ④ 모델이 기업 전체가 아닌 비즈니스 프로세스를 지향하므로 모든 기업 보고 요구를 처리할 수 없다. ⑤ 레거시 데이터를 데이터웨어하우스에 통합하는 것은 복잡한 프로세스일 수 있다.

3) 구축 방법론 결정 요인

임몬과 킴볼의 접근 방법 중 어떤 것을 사용해야 할까? 이 질문은 데이터웨어하우스 설계자가 데이터웨어하우스 구축을 시작할 때마다 직면한다. 다음은 두 가지 접근 방법 중에서 선택하는 데 도움이 되는 결정 요인이다.

- **보고 요구 사항**: 보고 요구 사항이 전략적이고 전사적이며 통합된 보고가 필요한 경우 임몬 접근법이 가장 효과적이다. 보고 요구 사항이 전술적이며 비즈니스 프로세스 또는 팀 지향적이라면 킴볼 접근법이 가장 효과적이다.
- **프로젝트 긴급성**: 조직에 데이터웨어하우스가 처음 배달될 때까지 충분한 시간이 있으면 인몬 접근 방식을 따를 수 있다. 데이터웨어하우스를 가동할 시간이 거의 없는 경우에는 킴볼 접근 방식이 가장 좋다[41].
- **향후 직원 배치 계획**: 회사에서 데이터웨어하우스를 유지 관리하기 위해 대규모 전문가 팀을 확보할 수 있는 경우 인몬 접근 방법을 사용할 수 있다. 팀의 미래 계획이 얇아지면 킴볼 접근 방법이 더 적합하다.
- **변경 빈도**: 보고 요구 사항이 더 빠르게 변경될 것으로 예상되고 소스 시스템이 변동성이 있는 경우, 인몬 접근 방식이 더 유연하므로 더 효과적이다. 요구 사항과 소스 시스템이 비교적 안정적인 경우 킴볼 접근 방법을 사용할 수 있다.
- **조직 문화**: 데이터웨어하우스의 스폰서와 회사의 관리자가 데이터웨어하우스의 가치 제안을 이해하고 데이터웨어하우스 투자에서 오래 지속되는 가

치를 기꺼이 수용하려는 경우 인몬 접근 방식이 더 좋다. 스폰서가 개념에 신경 쓰지 않고 보고를 개선하기위한 솔루션을 원한다면 킴볼 접근 방식으로 충분하다.

인몬과 킴볼 접근 방식 모두 데이터웨어하우스를 성공적으로 제공하는 데 효과적이라는 것이 입증되었다. 두 가지 접근 방법의 조합, 즉 하이브리드 모델이 구현된 조직도 있다. 하이브리드 모델에서 데이터웨어하우스는 인몬 모델을 사용하여 구축되며 통합 데이터웨어하우스 위에는 비즈니스 프로세스 지향 데이터마트가 보고용 스타 스키마를 사용하여 구축된다.

우리는 한 접근법이 다른 접근법보다 낫다고 일반화하여 말할 수 없다. 둘 다 장단점이 있으며 서로 다른 시나리오에서 잘 작동한다. 설계자는 다양한 요소에 따라 데이터웨어하우스에 대한 접근 방식을 선택해야 한다. 우리는 위에서 몇 가지 핵심 사항을 확인하였다. 모든 접근 방식이 성공하기 위해서는 신중하게 생각하고, 상세하게 논의하고, 조직의 분석 보고 요구를 충족시키도록 설계해야 하며 조직의 문화에도 영향을 미쳐야 한다.

데이터웨어하우스의 최신 경향

1) 클라우드 기반 데이터웨어하우스

클라우드 컴퓨팅의 보급은 데이터웨어하우스 아키텍처에 큰 영향을 미쳐 서비스로서 데이터웨어하우스(Data Warehouses−as−a−service; DWaaS)에 대한 인기가 높아졌다. 온 프레미스 데이터웨어하우스는 서버와 소프트웨어 같은 기업 내의 정보기술 자원을 통해 데이터웨어하우스 기능을 제공한다. 온 프레미스 데이터웨어하우스를 운영하는 기업은 인프라도 효과적으로 관리해야 한다.

클라우드 기반 데이터웨어하우스 접근 방식은 Amazon Redshift 또는 구글 BigQuery와 같은 공공 클라우드 공급자가 제공하는 데이터웨어하우스 서비스를 활용한다. 인터넷을 통해 접근할 수 있는 데이터웨어하우스 기능을 제공함으로써 공공 클라우드 공급자는 기업이 기존 온 프레미스 데이터웨어하우스를 구축하는 데 필요한 초기 설정 비용을 피할 수 있도록 한다. 또한 클라우드에서 이러한 데이터웨어하우스는 완전히 관리되므로 서비스 제공 업체는 시스템에 대한 패치와 업데이트를 포함하여 필요한 데이터웨어하우스 기능을 제공할 책임이 있다.

클라우드 아키텍처는 기존 데이터웨어하우스 접근 방식과 다소 다르다. 예를 들어 Redshift에서 서비스는 클라우드 기반 컴퓨팅 노드 클러스터를 제공하도록 요구하여 운영되며, 일부는 질의를 컴파일하고 일부는 해당 질의를 실행한다. 서버리스 컴퓨팅(serverless service)은 필요에 따라 백엔드 서비스를 제공하는 방법이다. 서버리스 공급자는 사용자가 기본 인프라에 대한 걱정없이 코드를 작성하고 배치할 수 있도록 한다. 구글은 서버리스 서비스를 제공한다. 즉, 구글은 머신 리소스 할당을 동적으로 관리하여 사용자의 결정을 추상화한다.

클라우드에서 일정 수준의 데이터웨어하우스 최적화가 실현되어 온 프레미스 설정의 제한된 기능과 비교하여 우수한 서비스 제공이 가능하다. 대규모 병렬 처리는 많은 컴퓨터를 사용하여 대규모 데이터 세트에 대한 질의 처리를 조정하여 질의 속도를 크게 향상시킨다. 확장성 측면에서 클라우드에서는 클라우드 제공 업체로부터 더 많은 리소스를 공급받는 것이 쉽다. 그러나 온 프레미스 확상성은 시간과 비용이 많이 들며 더 많은 하드웨어를 구매해야 한다.

마지막으로 인터넷에서는 보안이 까다로운 문제다. 인터넷을 통해 테라 바이트 단위의 데이터를 전송하면 심각한 보안 문제가 발생하며 민감한 데이터에 대한 일부 준수 문제도 발생할 수 있다. 온 프레미스 설정은 기업이 모든 것을 제어하기 때문에 이러한 우려를 피할 수 있다[45].

2) 데이터웨어하우스 자동화

데이터웨어하우스 자동화는 또 다른 의미에서 최신 경향이다. 비즈니스 관련 기능이 까다로워지고 데이터 소스가 보다 다양하고 복잡해짐에 따라 데이터웨어하우스가 새롭고 변화하는 요구 사항에 보조를 맞추는 것이 점차 어려워지고 있다. 데이터웨어하우스의 공통적이면서 오래 지속되는 문제는 구축하는 데 너무 많은 시간과 비용이 들며 배치 후 변경하기가 너무 어렵다는 것이다.

셀프서비스 분석에 대한 기대치가 높아짐에 따라 백엔드에서 데이터 소스가 확장되어 이러한 문제가 증폭된다. 데이터웨어하우스는 중간에 포착되어 기존의 개발, 운영 및 유지 관리 방법을 사용하여 충분히 신속하게 대응할 수 없다. 다행히도 전통적인 방법의 대안이 있다. 데이터웨어하우스 자동화는 데이터웨어하우스의 이런 문제를 해결할 수 있는 검증되고 효과적인 방법이다.

데이터웨어하우스 자동화는 기술을 사용하여 데이터웨어하우징 프로세스의 효율성을 향상시킬 수 있다. 데이터웨어하우스 자동화는 단순히 ETL 개발 자동화 이상이다. 계획, 분석 및 설계에서부터 개발, 운영, 유지 보수 및 변경 관리에 이르기까지 전체 데이터웨어하우스 수명 주기를 자동화한다.

데이터웨어하우스 자동화의 채택은 데이터웨어하우스 구축에 대한 우리의 생각을 바꿀 수 있다. 포괄적인 전방 분석, 설계 및 모델링은 "처음부터 올바르게" 개발하려는 방법으로 이러한 접근 방식은 민첩한 개발 관행에 잘 맞는다. 데이터웨어하우스 자동화는 민첩성을 요구하지 않는다. 민첩한 방법론을 완전히 수용하거나 구현하지 않고도 상당한 속도, 품질 및 비용 절감 효과를 얻을 수 있다.

디자인 패턴, 표준, 메타데이터 및 재사용은 데이터웨어하우스 지동화의 조식이다. 데이터웨어하우스 자동화는 ① 허브 및 스포크, 버스 및 하이브리드 아키텍처와 같은 아키텍처 패턴, ② 정규화, 역정규화 및 다차원 데이터 구조를 포함한 데이터 구조 패턴, ③ 키 관리 및 시간 차이와 같은 데이터 관리 패턴, ④ ETL, ELT, 가상화 및 연합을 포함한 데이터 통합 패턴 같은 다양한 디자인 패턴을 적용할 수 있는 기회를 제공한다.

디자인 패턴은 아키텍처, 디자인 및 구현 표준 및 모범 사례와 결합하여 재사용 가능한 데이터웨어하우스 구성 요소를 구축할 수 있다. 패턴, 표준 및 구성 요소는 메타데이터로 포착되고 설명된다. 그런 다음 구성 요소의 각 사용과 이들 간의 관계는 보다 자세하고 구현에 고유한 메타데이터로 설명된다. 우수한 데이터웨어하우스 자동화 플랫폼을 사용하면 '재사용할 수 있는(reusable)'과 '재사용된(reused)' 사이의 갭을 쉽게 넘을 수 있다.

시장에는 몇 가지 데이터웨어하우스 자동화 도구가 있다. 일부 자동화 기능은 광범위한 도구 모음에 포함되고 일부는 순수 재생 자동화용으로 특별히 제작되었다. 종종 자신만의 데이터웨어하우스 자동화 기능을 구축한 사람들을 만날 수 있다. 가능한 확실하게 접근할 수 있지만 종종 비실용적이며 개발자의 시간과 기술을 최대한 활용하지 못하는 경우가 있다.

일반적으로 순수 자동화 도구는 두 가지 범주로 나뉜다. 개발 도구(open tools)에서는 생성된 데이터웨어하우스 스키마 및 처리 논리를 개발자가 볼 수 있고 심지어 직접 변경할 수 있는 표준 SQL 및 스크립팅 언어를 사용한다. 사설

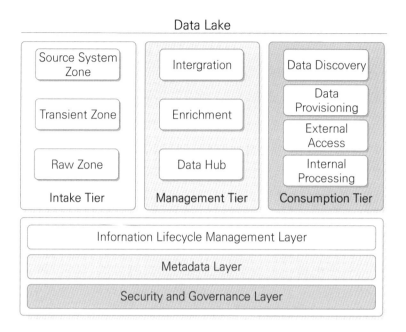

그림 5-9 데이터 레이크 아키텍처[47]

도구(proprietary tools)에서는 생성된 데이터웨어하우스 구성 요소가 "블랙 박스"
이며 보고 변경할 수 있는 독점적 도구는 전적으로 독점적으로 도구를 통해 제
공된다[46].

데이터 레이크

데이터 레이크는 정형 또는 비정형의 다양한 포맷과 광범위한 소스의 방대한
양의 데이터를 실시간으로 신속하게 분석하기 위해 업계 요구 사항을 충족하는
유동적인 데이터 관리 기능을 제공하는 데이터 착륙/대기를 지원하는 저장소 기
술이다. 데이터 레이크의 각 데이터 요소에는 고유 식별자가 할당되고 일련의
확장 메타데이터 태그가 지정된다. 비즈니스 질문이 발생하면 관련 데이터에 대
해 데이터 레이크에 질의할 수 있으며, 그에 따라 더 작은 데이터 집합을 분석
하여 질문에 대한 답변을 얻을 수 있다.

데이터 레이크의 아키텍처

데이터 레이크 아키텍처는 유연하고 조직에 맞게 특화되어야 한다. 그것은 아키텍처를 사용자에게 맞추고 통합하기 위한 건전한 비즈니스 기술을 갖춘 기술 요구 사항에 대한 포괄적인 이해를 바탕으로 한다. 산업계는 비즈니스, 프로세스, 시스템 측면에서 필요에 맞게 정의된 데이터 레이크를 구축하는 것을 선호한다. 데이터 레이크를 구축하기 위한 최신 방법은 조직의 정보 시스템과 데이터 소유권과 같은 몇 가지 요소를 고려하여 기업 모델을 구축하는 것이다. 노력이 필요하지만 조직의 유연성, 제어, 데이터 정의 명확성, 개체 분할 등을 제공할 수 있다. 여기에서는 파스풀래티(P. Pasupuleti)와 퓨라(B.S. Purra)가 제시한 데이터 아키텍처를 중심으로 살펴보고자 한다[47]. 이들이 제시한 아키텍처에 따르면 데이터 레이크는 세 개의 레이어(layers)와 세 개의 티어(tiers)로 구성되어 있다.

1) 데이터 레이크 계층

계층(layers)은 모든 티어(tiers)에 포함되는 공통 기능을 말하며 데이터 거버넌스 및 보안 계층, 정보 수명주기 관리 계층, 메타데이터 계층이 있다[47].

데이터 거버넌스 및 보안 계층(Data governance and security layer)은 올바른 데이터 접근을 관리하는 책임과 데이터를 정의하고 수정할 수 있는 권한을 설정한다. 이 계층은 모든 데이터 아티팩트의 변경과 접근 제어를 위한 문서화된 프로세스가 있는지 확인한다. 거버넌스 메커니즘은 데이터 레이크의 다양한 계층에서 데이터 계보를 생성, 사용 및 추적하는 방법을 감독하여 보안 규칙과 결합될 수 있도록 한다.

정보 수명주기 관리 계층(Information lifecycle management layer)은 이 레이어는 데이터 레이크에 저장할 수 있거나 저장할 수 없는 항목을 관리하는 규칙이 있는지 확인한다. 이 계층은 기본적으로 어떤 데이터가 가치 있고 데이터 레이크에 특정 데이터 세트를 저장해야 하는 기간을 분류하기 위한 전략과 정책을 정의한다. 이러한 정책은 분류된 정책에 따라 계층 데이터를 자동으로 제거, 보관 또는 다운하는 도구로 구현된다.

메타데이터 계층(metadata layer)은 데이터 레이크에 진입할 때 데이터에 대한 중요한 정보를 캡처하고 사용자가 데이터 자체에 접근하기 전에 메타데이터를 검색 할 수 있도록 이 정보를 색인을 생성한다. 메타데이터 캡처는 데이터의 접근성을 높이고 데이터 레이크에서 가치를 추출하는 데 필수적이다. 잘 구축된 메타데이터 계층을 통해 조직은 데이터 레이크의 잠재력을 활용하고 최종 사용자에게 다음 메커니즘을 제공하여 데이터에 접근하고 분석을 수행할 수 있다.

2) 데이터 레이크 티어

티어(tiers)는 이해의 편의를 위해 함께 그룹화된 유사한 기능에 대한 추상화이다. 데이터는 각 티어를 순차적으로 흐른다. 티어는 흡입 티어(intake tier), 관리 티어(management tier), 소비 티어(consumption tier)로 구성되어 있다[47].

흡입 티어에는 외부 소스에 연결되는 모든 처리 서비스와 변형 가능한 소스 데이터를 수집하기 위한 저장 영역이 포함된다. 흡수 티어에는 소스 시스템 영역(source system zone), 임시 착륙 영역(transient landing zone), 원시 영역(raw zone) 등 3가지의 영역이 있으며 데이터는 이러한 영역을 통해 순차적으로 흐른다.

- 외부 시스템에 연결하는 데 필요한 처리 서비스는 소스 시스템 영역에 캡슐화된다. 이 영역은 주로 연결을 다루고 외부 소스 시스템에서 데이터를 얻는다. 소스 시스템 영역에서 외부 소스로부터의 데이터 수집의 적시성은 특정 응용프로그램 요구 사항에 따라 결정된다. 적시성에 따라 데이터 수집은 실시간 스트림, 마이크로 배치, 배치로 구분할 수 있다.
- 임시 착륙 영역은 다양한 소스 시스템의 데이터가 원시 영역으로 이동하기 전에 저장되는 사전 정의된 안전한 중간 위치다. 일반적으로 임시 착륙 영역은 데이터가 소스 시스템으로 구성되는 파일 기반 저장소이다. 레코드 수와 파일 크기 검사는 원시 영역으로 이동하기 전에 이 영역의 데이터에 대해 수행된다. 임시 영역이 없으면 데이터가 외부 소스에서 원시 영역으로 직접 이동해야 하므로 원시 영역의 데이터 품질이 심각하게 저하될 수 있다. 또한 최소한의 데이터 유효성 검사를 수행하기 위한 플랫폼을 제공한다. 임시 착륙 영역의 주요 기능에는 통합(consolidations), 무결성(integrity), 저장(archiving), 정제(cleansing)가 있다.

• 원시 영역은 데이터의 특성에 따른 처리를 관리하는 위치다. 많은 어플리케이션에서, 데이터를 소비하고 실시간으로 자극에 반응하는 것이 필수적이다. 이러한 응용프로그램의 경우 HDFS와 같은 파일 기반 시스템에서 디스크에 데이터를 쓰는 지연 시간으로 인해 허용할 수 없는 지연이 발생한다. 예를 들어, GPS 인식 모바일 응용프로그램 또는 센서의 이벤트에 응답해야 하는 응용프로그램이 포함된다. 이런 경우 인-메모리 솔루션을 사용하여 실시간 저장과 이벤트에 응답할 수 있다. 낮은 대기 시간으로 응답하고 유휴 데이터는 HDFS에 저장한다.

관리 티어에는 통합 영역(enrichment zone), 보강 영역(integration zone), 데이터 허브 영역(data hub zone) 등 3개의 영역이 있다.

• 데이터는 보강 영역을 통해 원시 영역에서 통합 영역으로 순차적으로 흐르고 마지막으로 모든 프로세스가 완료된 후 최종 데이터는 즉시 사용할 수 있는 형식으로 데이터 허브 영역에 저장되는데 이는 관계형 또는 NoSQL 데이터베이스의 조합이다.

데이터가 관리 티어로 이동하면 메타데이터가 추가되어 각 파일에 첨부된다. 메타데이터는 각 개별 레코드의 모든 변경 사항을 추적하기 위해 사용되며 추적 정보는 데이터가 각 영역을 통과 할 때 유지되는 메타데이터에 저장된다. 이 정보는 데이터 레이크를 통한 데이터 진행 상황을 보고하는 데 매우 중요하며, 품질 정보는 소비 응용프로그램에 전달되는 데 필요한 아웃라이어와 수정에 대한 조사를 촉진하는 데 사용되며 데이터 검색에도 도움이 된다.

• 통합 영역은 다양한 데이터를 통합하고 원시 데이터에 대한 일반적인 변환을 수행하여 데이터 소비자에게 최적화되고 표준화되고 정리된 데이터를 생성한다. 이 영역은 결국 데이터를 데이터 허브 영역에 저장하는 방법을 제공한다. 통합 영역은 자동화된 데이터 검증, 데이터 품질 검사, 무결성 검사, 관련 운영 관리의 감사 로깅과 보고 등의 기능을 수행한다.
• 보강 영역은 데이터 향상, 기능 보강, 분류 및 표준화를 위한 프로세스를

제공한다. 여기에는 자동화된 비즈니스 규칙 처리 프로세스 및 내부 및 외부 소스에서 기존 레코드에 새 속성을 파생시키거나 추가하는 프로세스가 포함된다. 데이터의 사용 패턴이 아직 결정되지 않았기 때문에 파일 기반 컴퓨팅이 유리하다. 따라서 기존 관계형 데이터 구조가 아닌 파일 기반 HDFS에서 통합 및 보강이 수행된다. HDFS는 기본적으로 스키마가 없는 스토리지 시스템을 구현한다. 스키마와 인덱스가 없으면 데이터를 사용하기 전에 사전 처리할 필요가 없다. 즉, 더 빠르게 로드되고 구조가 확장 가능하므로 비즈니스 요구가 변화함에 따라 유연하게 조정할 수 있다.

- 데이터 허브 영역은 정리 및 처리 된 데이터의 최종 저장 위치다. 다운 스트림 영역에서 데이터가 변환되고 보강된 후에는 최종적으로 소비를 위해 데이터 허브로 넘겨진다. 데이터 허브는 Elastic search, Solr, Lucene 같은 도구를 통해 검색 기능으로 내부적으로 구현되는 검색 프로세스에 의해 관리된다. 이전 영역에서 수집된 광범위한 메타데이터로 필터링이 가능하다. 데이터 허브는 Oracle 및 MS SQL Server와 같은 공통 관계형 데이터베이스 또는 NoSQL 데이터베이스에 저장된다.

소비 티어(consumption tier)는 원시 영역에서 원시 형식으로 또는 데이터 허브에서 구조화된 형식으로 데이터에 접근하는 곳이다. 웹 서비스를 통한 분석, 시각화 또는 기타 응용프로그램 외부 접근을 위해 이 계층을 통해 데이터가 제공된다. 소비 영역에 게시된 데이터 카탈로그에서 데이터를 검색하고 실제 데이터 접근은 보안 제어에 의해 통제되어 원하지 않는 접근을 제한한다.

- 데이터 검색 영역(data discovery zone)은 외부 사용자가 데이터 레이크로 들어가는 기본 관문이다. 기능적 소비 계층을 구현하는 핵심은 이전 영역에서 수집한 메타데이터의 양과 품질과 데이터 검색을 위해 이 메타데이터를 공개하는 지능적인 방법이다. 메타데이터에 대한 통제가 너무 많으면 관련 검색 결과가 누락될 수 있으며, 통제가 너무 적으면 데이터의 보안 및 무결성이 손상될 수 있다.

- 데이터 제공 영역(data provisioning zone)을 통해 데이터 소비자는 데이터 레이크에서 사용 가능한 데이터를 찾고 소비 할 수 있다. 이 영역은 생성해야 하는 "게시", 특정 사용자 요구 사항 적합한 "구독", "요청"된 데이터를

"데이터 소비자"에게 최종 전달하는 것을 지정하는 메타데이터를 사용할 수 있도록 설계되었다. 데이터 제공 영역은 데이터 레이크에 있는 전체 데이터에 대해 수행된다. 제공된 데이터는 원시 영역 또는 데이터 허브 영역에 있을 수 있다.

데이터 레이크의 최신 경향

데이터 레이크도 데이터웨어하우스와 마찬가지로 온 프레미스를 사용하던 방법에서 클라우드 기반으로 이동하고 있다. 클라우드 기반 데이터 레이크의 장단점도 데이터웨어하우스와 유사하다. 즉 온 프레미스 레이크의 경우 데이터 파이프라인 구축이 복잡하고, 유지 보수 비용이 많이 들며, 확장성이 낮다는 한계가 있다. 반면에 클라우드 기반 데이터 레이크는 사용자 입장에서 유지보수, 확장성, 민첩성, 기술의 최신성 등의 장점이 있다. 클라우드 기반 데이터 레이크 서비스를 제공하는 업체에는 아마존의 AWS Data Lake, 마이크로소프트의 Azure Data Lake, 구글의 Data Lake 등이 있다.

데이터웨어하우스 대 데이터 레이크

차이점 비교

데이터 레이크와 데이터웨어하우스는 모두 빅 데이터를 저장하는 데 널리 사용되지만 상호 교환 가능한 용어는 아니다. 데이터 레이크와 데이터웨어하우스는 데이터 구조, 이상적인 사용자, 처리 방법, 데이터의 전반적인 목적 등에서 차이가 있다[48].

데이터 레이크와 데이터웨어하우스의 가장 큰 차이점은 원시 데이터와 처리된 데이터를 나타내는 다양한 구조의 차이이다. 원시 데이터는 아직 목적을 위해 처리되지 않은 데이터를 말한다. 데이터 레이크는 주로 처리되지 않은 원시 데이터를 저장하고 데이터웨어하우스는 처리 및 정제된 데이터를 저장한다. 이로 인해 데이터 레이크는 일반적으로 데이터웨어하우스보다 훨씬 더 큰 스토리지 용량을 필요로 한다. 또한 처리되지 않은 원시 데이터는 잘 변할 수 있고 어떤 목적으로든 신속하게 분석할 수 있으며 기계 학습에 이상적이다. 그러나 모든 원시 데이터의 위험은 데이터 레이크가 적절한 데이터 품질과 데이터 거버넌스 조치를 취하지 않으면서 데이터 늪(data swamp)이 될 수 있다는 점이다. 데이터웨어하우스는 처리된 데이터만 저장함으로써 절대 사용할 수 없는 데이터를 유지 관리하지 않고도 값 비싼 스토리지 공간을 절약할 수 있다. 또한 처리된 데이터는 더 많은 사용자가 쉽게 이해할 수 있다.

데이터 레이크와 데이터웨어하우스는 저장된 데이터의 목적 고정 여부에 따라 구분된다. 데이터 레이크에서 개별 데이터 조각의 목적은 고정되어 있지 않다. 원시 데이터는 미래의 특징 용도를 염두에 두는 경우도 있지만 그렇지 않은 경우도 있다. 이는 데이터 레이크가 다른 것보다 데이터 구성과 여과가 적다는 것을 의미한다. 처리된 데이터는 특정 용도로 사용된 원시 데이터이다. 데이터웨어하우스는 처리된 데이터만 수용하므로 데이터웨어하우스의 모든 데이터는 조직 내에서 특정 목적으로 사용되었다. 이는 사용되지 않을 수 있는 데이터에 저장 공간이 낭비되지 않음을 의미한다.

사용자 측면에서 데이터 레이크와 데이터웨어하우스는 차이가 있다. 처리되지 않은 데이터에 익숙하지 않은 사람들은 데이터 레이크를 탐색하기가 어렵다. 원시적이고 구조화되지 않은 데이터는 일반적으로 특정 비즈니스 용도로 데이터를 이해하고 번역하기 위해 데이터 과학자와 전문 도구가 필요하다. 최근 데이터 레이크에 저장된 정보에 대한 셀프서비스 접근을 제공하는 데이터 준비 도구의 추진력이 커지고 있다. 처리된 데이터는 차트, 스프레드 시트, 표 등에서 사용되므로 회사 직원 모두가 읽을 수 있는 것은 아니지만 대부분의 직원이 읽을 수 있다. 데이터웨어하우스에 저장된 것과 같은 처리된 데이터는 사용자가 표시된 주제에 익숙해지기만 하면 된다.

마지막으로 데이터 레이크와 데이터웨어하우스는 접근성과 유연성 측면에서 차이가 있다. 접근성과 사용 편의성은 데이터 저장소 내 데이터가 아니라 데이터 저장소 전체를 사용하는 것을 말한다. 데이터 레이크는 구조가 없으므로 접근 및 변경이 쉽다. 또한 데이터 레이크에는 제한이 거의 없으므로 데이터에 대한 모든 변경 사항을 신속하게 수행할 수 있다. 데이터웨어하우스는 설계상 보다 구조적이다. 데이터웨어하우스의 주요 이점 중 하나는 데이터 처리 및 구조로 인해 데이터 자체를 쉽게 해독할 수 있다는 점이다. 그러나 한편 구조의 한계로 인해 데이터웨어하우스를 조작하기가 어렵고 비용이 많이 들 수 있다.

선택 기준

조직에는 종종 두 가지가 모두 필요하다. 데이터 레이크는 빅 데이터를 활용하고 머신 러닝을 위한 원시 단위의 정형과 비정형 데이터를 활용해야 한다는 필요성 때문에 생겨 났지만 여전히 비즈니스 사용자가 분석용으로 사용할 데이터웨어하우스를 만들어야 한다. 데이터웨어하우스 또는 데이터 레이크와 같은 데이터 저장소에 대한 데이터 스토리지 선택은 파이프라인 설계를 제한하는 아키텍처 결정이다. 표준, 컨벤션, 기술과 사용 가능한 기술이 선택을 제한할 가능성이 있지만 중간 데이터 저장소에 대한 네이터 스토리지 선택은 파이프라인 설계에 따른 결정이다.

구체적으로 데이터 레이크와 데이터웨어하우스는 어디에 사용해야 할까? 에반 파커는 다음과 같은 기준을 제시한다[49]. 먼저 ① 비즈니스 모니터링 및 운영 보고를 위해 데이터를 수집해야 하는 경우, ② 공급망 파일 기반 데이터를 결합하고 관리해야 할 경우, ③ 데이터 과학자는 데이터에서 중요한 통찰력을 검색 할 경우, ④ 분석 질의를 미리 알 수 없는 경우, ⑤ 조직의 더 많은 이해관계자가 데이터에 접근 할 수 있어야하는 경우에는 데이터 레이크를 사용해야 한다.

반면에 ① 사전 집계되어 사용할 준비가 된 데이터가 필요한 경우, ② 레코드 및 데이터 항목이 스키마 프레임워크로 표시되어야 하는 경우, ③ 데이터 질의가 대부분 사전에 알려진 경우, ④ 특정 데이터에 대한 독점 접근은 보호되어야 하는 경우, ⑤ 데이터의 신뢰성을 100% 신뢰해야 하는 경우에는 데이터웨어하우스를 사용해야 한다.

사용 사례

데이터 레이크와 데이터웨어하우스 사용의 사례를 보자[48]. 예를 들어 데이터웨어하우스는 의료 산업에서 수년 동안 사용되어 왔지만 그다지 성공적이지 못했다. 의료 분야의 많은 데이터(의사 메모, 임상 데이터 등)의 구조화되지 않은 특성과 실시간 통찰력의 필요성 때문에 데이터웨어하우스는 일반적으로 이상적인 모델이 아니다. 데이터 레이크는 구조화된 데이터와 구조화되지 않은 데이터의 조합을 허용하며, 이는 헬스 케어 회사에 더 적합한 경향이 있다.

반면에 재무 및 기타 비즈니스 환경에서 데이터웨어하우스는 데이터 과학자가 아닌 회사 전체에서 접근할 수 있도록 구성할 수 있기 때문에 종종 최고의 스토리지 모델이 된다. 빅 데이터는 금융 서비스 산업이 큰 발전을 이룰 수 있도록 해주었으며 데이터웨어하우스는 이러한 발전에서 큰 역할을 해왔다. 금융 서비스 회사가 그러한 모델에서 멀어질 수 있는 유일한 이유는 비용 효율적이지만 다른 목적으로는 효과적이지 않기 때문이다.

데이터 변환 처리 기술

데이터 원천에서 수집된 데이터는 데이터웨어하우스에 저장할 때 데이터 분석에 맞는 정보를 추출하고 변환하여 저장을 해야 한다. 데이터 레이크는 개념상 데이터를 추출한 후 변환 없이 저장이 되었다가 데이터 허브에 저장되기 전에 변환이 일어나야 한다.

데이터 변환 처리의 유형

데이터 변환 처리(data transformation processing)는 특정 요구와 목표를 충족하도록 데이터를 변경하여 의도된 용도에 적합한 형식과 형식으로 올바른 데이터를 얻도록 한다. 구체적인 데이터 변환 유형은 [표 5-1]에 정리되어 있다[50].

표 5-1 데이터 변환의 유형

구분	설명
표준화 (Standardization)	유사한 데이터를 일관되게 인코딩하고 형식을 지정한다.
준수 (Conforming)	동일한 데이터가 여러 파일이나 데이터베이스에 저장될 때 일관된 의미와 내용을 보장한다.

구분	설명
데이터 클랜징 (Data cleansing)	데이터 품질의 결함을 감지하고 수정한다.
품질 보증 (Quality assurance)	데이터 품질을 평가하거나 점수를 매기거나 메타데이터를 도출한다.
중복 제거 (De-duplication)	중복 저장된 데이터를 지능적으로 제거한다.
파생 (Derivation)	수식 또는 알고리즘을 사용하여 하나 이상의 알려진 데이터 값에서 새로운 값을 생성한다.
추가 (Appending)	다른 데이터 소스의 추가 속성으로 데이터 세트가 확장된다.
집계 (Aggregation)	여러 사례의 데이터를 모아 수식 또는 알고리즘을 적용하여 새 사례를 생성한다. 집계는 요약 또는 모음일 수 있다.
정렬과 시퀀싱 (Sorting and sequencing)	분석 요구에 가장 적합한 순서로 데이터를 배치한다. 정렬은 레코드 순서를 규정하고, 시퀀싱은 레코드 내의 일련의 필드를 규정한다.
피벗 (Pivoting)	행과 열의 위치를 바꾸어 데이터 방향을 변경한다.
표본추출 (Sampling)	통계적으로 데이터 모집단의 대표 부분 집합을 선택한다.
필터링 (Filtering)	대상에 유용한 데이터만 포함하도록 데이터 세트를 줄인다.
마스킹 (Masking)	중요한 데이터에 대한 데이터 값을 가린다.
조립과 구축(Assembly and construction)	분석에 필요한 형식으로 최종 형식 레코드를 작성한다.

ETL 대 ELT

데이터웨어하우스에서 데이터 처리와 관련되어 전통적인 처리 방법으로 ETL이 사용되었다. ETL은 추출(Extract), 변환(Transform), 로드(Load)를 축약하여 표현한 것이다. 추출은 원본 데이터베이스 또는 데이터 소스에서 소스 데이터를 가져 오는 것을 말하고, 변환은 정보의 구조를 변경하는 프로세스를 나타내며,

로드는 정보를 데이터 스토리지 시스템에 저장하는 프로세스를 말한다[51]. 최근 ETL에 대비되는 개념으로 ELT(Extract, Load, Transform)란 용어가 사용된다. 단순히 데이터 처리 순서만 바뀐 것 같지만 ETL과 ELT의 차이를 이해하려면 데이터웨어하우스와 데이터 레이크와 작동하는 방식에 대한 이해가 필요하다.

ETL

ETL은 데이터웨어하우스와 연계된 개념이다. 클라우드 기반이든 현장이든 관계없이 데이터웨어하우스는 관계형 데이터베이스에 저장된다. 따라서 데이터웨어하우스에 로드하는 모든 데이터는 관계형 형식으로 변환되어야 한다. 이를 위해 ETL은 잘 정의된 워크플로우를 갖춘 지속적인 프로세스를 갖는 경우에 적용한다. ETL은 먼저 다양한 데이터 소스에서 데이터를 추출한 후 데이터를 준비 영역에 저장한다. 그런 다음 데이터가 정리, 보강, 변환하여 데이터웨어하우스에 저장한다(그림 5-10 참조).

그림 5-10 ETL 프로세스

ETL은 데이터 엔지니어 및 개발자의 세부 계획, 감독, 코딩이 필요로 하기 때문에 ETL 변환을 코딩하는 전통적인 방법에는 막대한 시간이 걸렸다. 또한 프로세스를 설계 한 후에도 새로운 정보로 업데이트 할 때 데이터가 각 단계를 거치는 데 시간이 걸렸다. 그러나 최신 ETL 솔루션이 더 쉽고 빠르게 변화하고 있다. 특히 클라우드 기반 데이터웨어하우스 및 클라우드 기반 SaaS 플랫폼에 대한 최신 ETL은 훨씬 빠르게 작동한다[52].

ELT

ELT를 사용하면 데이터를 추출하고 즉시 대상 데이터 레이크에 로드한 다음 데이터를 변환하여 비즈니스 인텔리전스 도구가 데이터를 질의하고 분석할 수 있게 한다.

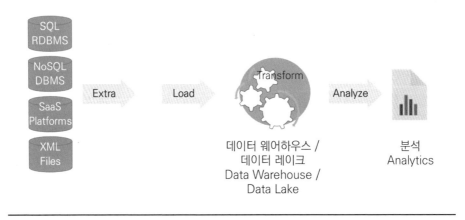

그림 5-11 ELT 프로세스

데이터 레이크는 데이터웨어하우스와 달리 모든 종류의 구조화 또는 구조화되지 않은 데이터를 허용하는 특수한 종류의 데이터 저장소다. 데이터 레이크는 데이터를 로드하기 전에 변환할 필요가 없다. 형식에 관계없이 모든 종류의 원시 정보를 즉시 데이터 레이크에 로드할 수 있다. 비즈니스 인텔리전스 플랫폼으로 데이터를 분석하기 전에 데이터 변환은 여전히 필요하고, 데이터를 데이터 레이크에 로드한 후에도 데이터 정리, 보강 및 변환이 발생한다[52].

ELT 과 ELT의 장단점

ETL과 ELT는 서로 다른 측면에서 장점과 단점이 있다. 먼저 ETL의 상대적인 장점을 보자. ETL에서는 데이터를 구조화 또는 변환한 후 저장되기 때문에 보다 빠르고 효율적이며 안정적인 데이터 분석이 가능하다. ETL은 비준수 데이터가 실수로 데이터웨어하우스나 보고서에 들어 가지 않기 때문에 준수 위반 위험을 줄일 수 있다. GDPR, HIPAA 또는 CCPA 등에 의해 규제되는 회사는 종종 고객의 개인 정보를 보호하기 위해 특정 데이터 필드를 제거, 마스킹 또는 암호화해야 하는데 이 과정에서 ETL이 효율적이다. 마지막으로, 데이터 통합 또는 변환 프로세스로서 ETL은 20년 이상 존재해 왔으며, 이는 데이터 추출, 변환, 로드 요구를 지원할 수 있는 잘 개발된 ETL 도구 및 플랫폼이 많이 있음을 의미한다. 또한 ETL 파이프라인 설정에 능숙하고 숙련된 데이터 엔지니어도 쉽게 찾을 수 있다.

ELT는 새로운 비정형 데이터 저장의 유연성 및 용이성과 관련이 있다. ELT를 사용하면 정보를 변환하고 구조화할 시간이나 능력이 없더라도 모든 유형의 정보를 저장할 수 있어 원하는 때마다 모든 정보에 즉시 접근할 수 있다. 또한 데이터를 수집하기 전에 복잡한 ETL 프로세스를 개발할 필요가 없으며 새로운 정보를 처리할 때 시간을 절약할 수 있다[52].

데이터 착륙/대기 지역의 활용

셀프서비스 분석가가 데이터 착륙/대기 지역에 직접 접근할 가능성은 매우 적다. 이 영역은 정보기술 전문가, 특히 데이터 엔지니어링 전문가들이 구축하고 관리한다. 조직의 입장에서는 이들을 활용하여 안정적인 데이터 착륙/대기 지역을 구축하는 것이 필요하다. 데이터가 수집되지 않으면 분석을 할 수 없다는 것은 당연하다.

최고 경영자는 데이터 분석가들의 의견을 듣고 필요한 데이터가 무엇인지 파악하여 정보시스템 담당자들이 데이터 소스에서 데이터를 수집할 수 있도록 해야 한다. 또한 데이터 분석가들도 분석에 필요한 적극적인 의사소통을 해야 한다. 기업의 모든 분야가 그렇지만 적절한 의사소통이 없다면 일이 진행이 안 되는 것이다.

최근 셀프서비스 분석은 숙련된 분석가인 경우에는 데이터 착륙/대기 지역에 직접 접근하여 데이터를 얻어 분석을 수행하고 하는 경향이 있다. 셀프서비스 분석가가 데이터 착륙/대기 지역에 직접 접근하려면 적절한 도구의 지원을 받아야 한다. 최근 셀프서비스 분석 도구 중에서 이를 지원하는 도구들이 있다. 이들 도구를 사용하면 데이터 착륙/대기 지역에 접근해서 데이터를 처리하여 데이터를 준비할 수 있는 다양한 방법을 지원 받을 수 있다. 이런 업무를 하려는 셀프서비스 분석가는 데이터를 다룰 수 있는 기법이나 도구에 정통해야 한다. 필요하다면 데이터 분석가의 숙련도를 인증할 수 있는 제도를 마련하고 인증 받은 데이터 분석가만 접근할 수 있도록 하는 것이 필요하다.

데이터 착륙/대기 지역에 대한 데이터 분석가의 접근을 허용한다면 적절한 거버넌스 방안을 수립하는 것이 필요하다. 데이터 분석가 데이터 착륙/대기 지역에 직접 접근하면 데이터의 품질이나 일관성에 문제를 일으킬 수 있다. 따라서 데이터 거버넌스 측면에서 노력이 필요하다. 또한 데이터 착륙/대기 지역에 직접 접근하는 셀프서비스 분석가는 데이터 착륙/대기 지역에 있는 데이터의 특징과 한계를 잘 이해할 필요가 있다.

요약

데이터 착륙/대기 지역은 조직이 데이터를 분석에 활용하기 위해 데이터를 받아들이는 기능을 수행한다. 관계형 데이터베이스와 NoSQL 데이터베이스는 데이터 착륙/대기 지역의 저장소를 구축하는 기반 기술이다. 데이터 착륙/대기 지역의 저장소는 데이터웨어하우스 또는 데이터 레이크로 구성된다. 데이터웨어하우스는 주로 정형 데이터 처리에 특화된 반면 데이터 레이크는 정형과 비정형의 모든 데이터를 담아두는 저장소의 역할을 한다. 데이터웨어하우스는 잘 정의된 구조와 전환 처리가 수행되어 효율적으로 분석 데이터를 제공할 수 있는 반면에 데이터 레이크는 다양하고 이질적인 데이터를 저장하여 보다 다양한 분석을 지원할 수 있다는 장점이 있다.

데이터는 모아 놓았다고 쓸모가 있는 것은 아니다. 분석에 실제 활용될 수 있게 제공되어야 한다. 데이터 허브는 바로 이런 역할을 수행한다. 다음 장에서는 데이터 허브와 관련된 기술을 살펴보도록 하자.

06 데이터 허브 지원 기술

서론

수집된 데이터는 데이터 사용자가 실제로 사용해야 가치가 있다. 그냥 모아놓은 데이터는 아무것도 아니다. 데이터 사용자가 데이터를 사용하려면 데이터에 접근해야 하기 때문에 데이터 사용자들이 쉽게 데이터를 쓸 수 있는 환경을 만드는 것이 중요하다. 데이터 사용자들이 필요한 데이터를 찾기 위해 많은 노력을 기울여야 한다면 바람직하지 않은 것이다.

데이터 허브(data hub)는 데이터 사용자에게 데이터를 제공하는 중심 저장소 역할을 수행한다. 데이터 사용자가 데이터웨어하우스나 데이터레이크에 접근하여 데이터를 다룰 수 있다면 이들이 데이터 허브의 역할을 한다고 볼 수 있다. 그러나 비즈니스 전문가로서 데이터 분석을 수행하고자 하는 대부분의 셀프서비스 데이터 분석가의 경우에는 좀 더 쉽게 접근하고 활용할 수 있는 데이터 허브가 필요하다.

셀프서비스 분석을 지원하는 데이터 허브 기술에는 데이터웨어하스에서 주제별 데이터를 선별하여 제공하는 데이터마트(data marts), 임의의 데이터 분석을 위한 맞춤 데이터를 제공하는 분석 샌드박스(analytic sendboxs), 데이터를 추상화하거나 가상화 된 뷰를 조작하여 분석을 할 수 있게 해주는 데이터 가상화(data virtualization) 기술 등이 있다.

데이터마트

데이터마트는 데이터웨어하우스의 일부분인 주제 지향 데이터베이스(topic oriented database)를 말한다. 데이터마트와 데이터웨어하우스는 데이터가 필요할 때까지 저장 및 관리되는 고도로 구조화된 저장소라는 측면에서 같지만 데이터웨어하우스는 전체 비즈니스의 중앙 데이터 저장소 역할을 하도록 구축된 반면 데이터마트는 특정 부서 또는 비즈니스 기능의 요청을 이행할 수 있도록 구축된다.

데이터웨어하우스가 판매할 물건의 저장소라면, 데이터마트는 일반 소비자들에게 직접 물건을 파는 소규모 상점이라고 볼 수 있다. 데이터마트가 보유한 데이터의 하위 세트는 일반적으로 영업, 재무 또는 마케팅과 같은 특정 비즈니스 단위와 일치한다. 데이터마트는 몇 개월 이상이 아니라 며칠 내에 데이터웨어하우스 또는 운영 데이터 저장소의 관련 정보에 접근할 수 있게 하여 비즈니스 프로세스를 가속화한다. 데이터마트에는 특정 비즈니스 영역에 적용할 수 있는 데이터만 포함하고 있어 실행 가능한 통찰력을 신속하게 얻을 수 있는 비용 효율적인 방법이다[53].

데이터웨어하우스에는 회사 전체의 데이터가 포함되어 있으므로 접근할 수 있는 사람을 엄격하게 통제하는 것이 가장 좋다. 또한 데이터웨어하우스에서 필요한 데이터를 질의하는 것은 비즈니스 직원들에게는 매우 어려운 작업일 수 있다. 따라서, 데이터마트의 주요 목적은 전체에서 작은 데이터 세트를 격리 또는 분할하여 최종 소비자에게 더 쉬운 데이터 접근을 제공하는 것이다.

데이터마트의 유형

데이터마트에는 종속형, 독립형, 하이브리드유형 등이 있다. 이런 유형 분류는 데이터웨어하우스 및 시스템을 작성하는 데 사용되는 데이터 소스에 따라 분류된다.

종속형 데이터마트는 기존 데이터웨어하우스에서 데이터마트를 생성한다. 모든 비즈니스 데이터를 하나의 중앙 위치에 저장한 다음 분석에 필요할 때 명확하게 정의된 데이터 부분을 추출하는 하향식 접근 방식이다. 종속형 데이터마트를 구성하기 위해 특정 데이터 세트가 데이터웨어하우스에서 집계되고 재구성된 후 질의를 수행할 수 있는 데이터마트에 로드된다. 따라서 데이터마트는 데이터웨어하우스의 논리적 뷰(logical view) 또는 물리적 하위 세트(physical subsets)이다. 논리적 뷰는 데이터웨어하우스와 논리적으로 분리된 가상 테이블 또는 뷰를 말하고, 물리적 서브 세트는 데이터웨어하우스와 물리적으로 분리되고 추출된 데이터로 구성된 데이터베이스를 말한다.

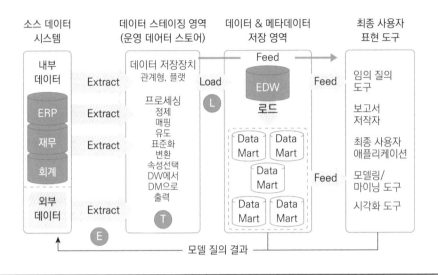

그림 6-1 종속형 데이터마트

종속형 데이터마트를 구축하면 몇 가지 이점이 있다. 데이터웨어하우스의 성능이 문제가 될 때 하나 또는 두 개의 종속형 데이터마트를 빌드하면 문제를 해결할 수 있다. 데이터 처리는 데이터웨어하우스 외부에서 수행되기 때문이다. 데이터웨어하우스 독립된 데이터마트 외부에 데이터를 배치함으로써 각 부서는 데이터를 소유하고 데이터를 완벽하게 제어할 수 있다. 종속형 데이터마트는 오랜 기간 동안 핵심역량을 구축하고 추적하기에 이상적인 방법이다[54].

독립형 데이터마트는 데이터웨어하우스를 사용하지 않고 생성된 독립형 시스템으로서 하나의 주제 영역 또는 비즈니스 기능에 중점을 둔다. 내부 또는 외부 데이터 소스에서 데이터를 추출하여 처리한 다음 비즈니스 분석에 필요할 때까지 데이터마트 저장소에 로드한다. 독립형 데이터마트는 설계와 개발이 어렵지 않다. 단기 목표를 달성하는 데 도움이 되지만 비즈니스 요구가 확장되고 복잡해짐에 따라 각각 자체 ETL 도구와 논리를 사용하여 관리하는 것이 번거로워 질 수 있다.

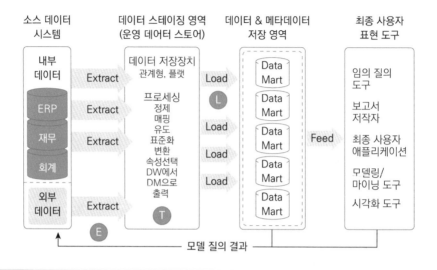

그림 6-2 독립형 데이터마트

마지막으로 하이브리드 데이터마트는 기존 데이터웨어하우스 및 기타 운영 소스 시스템의 데이터를 결합한다. 상향식 방법의 엔터프라이즈 수준 통합의 이점과 함께 하향식 접근 방식의 속도와 최종 사용자 초점을 통합한다.

데이터마트의 활용

빅 데이터를 관리하고 귀중한 비즈니스 통찰력을 얻는 것은 모든 회사가 직면한 과제이며 대부분 전략적 데이터마트를 통해 해결할 수 있다. 데이터마트는 데이터 분석을 위해 특정 데이터 세트에 접근하기위한 시간 절약형 솔루션으로 필요한 데이터 세트가 더 작은 데이터웨어하우스 개발에 대한 저렴한 대안이 될 수 있다. 일주일 이내에 독립적인 데이터마트를 가동할 수 있다. 종속 및 하이브리드 데이터마트는 처리 부담을 감수함으로써 분석가의 요구를 충족시켜 데이터웨어하우스의 성능을 향상시킬 수 있다. 종속 데이터마트를 별도의 처리 시설에 배치하면 분석 처리 비용도 크게 줄어 든다. 데이터마트는 여러 부서에서 데이터를 소유하고 제어할 수 있게 한다. 또한 간단한 디자인으로 설정하는 데 기술적인 기술이 덜 필요하다. 데이터마트는 핵심 성과 지표(KPI)를 쉽게 추적할 수 있고 데이터웨어하우스 프로젝트의 빌딩 블록이 될 수 있다.

클라우드 기반 데이터마트

데이터마트가 제공하는 향상된 유연성과 효율성에도 불구하고 빅 데이터 및 대기업은 여전히 많은 온-프레미스 솔루션에 비해 너무 커지고 있다. 데이터웨어하우스와 데이터 레이크가 클라우드로 이동함에 따라 데이터마트도 마찬가지로 클라우드로 이동하고 있다. 클라우드 기반 데이터마트는 공유 클라우드 기반 플랫폼으로 데이터를 생성하고 보관하므로 접근과 분석이 훨씬 더 효율적으로 된다. 단기 분석을 위해 임시 데이터 클러스터를 만들거나 지속성 있는 작업을 위해 장기 클러스터를 함께 사용할 수 있다. 최신 기술은 데이터 저장장치와 컴퓨팅을 분리하이 데이티 질의를 위한 최고의 확장성을 제공한다. 클라우드 기반 종속 및 하이브리드 데이터마트는 클라우드 네이티브 응용프로그램을 통한 유연한 아키텍처, 모든 데이터마트를 포함하는 단일 저장소 제공, 주문형 자원 소비, 정보에 즉시 실시간으로 접근, 효율성 향상, 비용을 낮추는 자원의 통합, 실시간 대화식 분석 지원 등의 장점이 있다.

분석샌드박스

등장배경

기존 데이터웨어하우스와 데이터 마트는 데이터 사용자의 요구 사항에 신속하게 반응하기 어렵다는 단점이 있다. 즉, 비즈니스 요구 사항을 분석 및 정의하고, 데이터를 모델링하고, ETL 프로세스를 개발 및 테스트하여 데이터를 정리 및 통합하고 메타데이터 계층을 생성하며 분석 보고서 및 대시 보드를 개발 및 테스트하는 데 상당한 시간이 소요된다[55].

이런 문제가 발생한 가장 큰 이유는 전통적인 데이터웨어하우스가 모든 사용자를 일반 사용자로 취급하기 때문이다. 일반 사용자는 경영진, 관리자 및 일선 직원으로 다른 사람이 만든 정보를 주기적으로 소비한다. 매일 또는 매주 보고서를 모니터링하고 문제를 분석하거나 세부 정보를 얻기 위해 더 깊이 파고 드는 경우가 있다. 일반적으로 잘 설계된 차원 스키마를 사용하여 데이터웨어하우스로 뒷받침되는 잘 설계된 대화형 대시 보드 또는 매개 변수화된 보고서로 이러한 정보 요구를 충족할 수 있다.

반면 고급 사용자는 데이터를 탐색하여 예상치 못한 질문과 문제에 답을 찾는다. 그들은 사전 정의된 대시 보드, 보고서 또는 시멘틱 레이어에 만족하지 않을 수 있다. 또한 고급 사용자는 대부분의 분석 도구와 미리 정의된 지표 및 개체를 쉽게 이용할 수 있는 범위를 넘어 데이터웨어하우스 및 외부의 데이터에 접근해야 한다. 그런 다음 데이터를 분석 도구에 덤프하여 새롭고 독특한 방식으로 데이터를 병합하고 모델링할 수 있다.

이것이 수년간 동일한 데이터 파이프라인 아키텍처 내에서 일반 사용자와 고급 사용자를 조정하려고 시도했지만 해결책을 찾지 못한 핵심적인 원인이다. 고급 사용자는 데이터웨어하우스의 성능을 저하시키는 "런 어웨이 질의(run-away query)"를 생성하고 일반 사용자를 압도하는 수백 또는 수천 개의 보고서를 생성하기도 한다. 결과적으로 일반 사용자는 셀프서비스 분석을 받아들이지 않고 정보기술 부서에서 사용자 정의 보고서를 요청하거나 직감에 의존하는 오래된 습관으로 되돌아간다. 한편 고급 사용자는 셀프서비스 분석 도구를 활용하여 기업 정보 일관성을 약화시키는 사설 데이터마트를 확산시킬 수도 있다.

이에 대한 해결책은 가장 극단적인 고급 사용자의 요구를 충족시키기 위해 별도의 분석 환경을 만드는 것이다. 고급 사용자가 신속한 분석을 가능하게 하도록 환경을 별도로 구축하여 제공하려는 목적으로 제안된 기술이 분석샌드박스(analytics sendboxs)다[56].

분석 샌드박스 구현 방법

물리적 샌드박스

물리적 샌드박스는 새로운 플랫폼(데이터웨어하우스 어플라이언스, 열 데이터베이스, 대규모 병렬 처리 데이터베이스)을 사용하여 고급 데이터 분석가를 위한 별도의 샌드박스를 만드는 방법이다. 복잡한 질의를 데이터웨어하우스에서 이러한 고급 분석 환경으로 이전하고 분석가가 개인 또는 외부 데이터를 해당 시스템에 올려놓을 수 있도록 한다. 이는 자원을 많이 사용하는 질의 실행에서 데이터웨어하우스를 보호하고 데이터 분석가를 해방하여 중앙에서 관리되는 정보 환경에서 대량의 이기종 데이터를 제한없이 탐색할 수 있도록 지원하기 위한 것이다.

가상 샌드박스

다른 접근 방식은 워크로드 관리 유틸리티를 사용하여 데이터웨어하우스 내에 가상 샌드박스를 구현하는 것이다. 데이터 분석가는 자신의 데이티를 이러한 가상 파티션에 업로드하고 회사 데이터와 혼합하며 복잡한 SQL 질의를 실행할 수 있다. 이 가상 샌드박스는 일반과 고급 사용자가 서로의 처리 영역을 침해하지 않도록 섬세한 처리가 필요하다. 그러나 물리적 샌드박스와 비교할 때 비표준 플랫폼에서 실행되는 보조 환경으로 회사 데이터를 복제 및 배치하지 않아도 된다는 장점이 있다.

데스크톱 샌드박스

데스크톱 샌드박스는 강력하고 인 메모리의 데스크톱 데이터베이스(예 Microsoft PowerPivot, Lyzasoft, QlikTech, Tableau 또는 Spotfire)를 통해 데이터 분석가가 데이터 세트를 다운로드할 수 있도록 지원한다. 데이터웨어하우스 및 기타 소스를 통해 빠른 속도로 데이터를 탐색할 수 있다. 데이터 분석가는 높은 수준의 로컬 제어 및 빠른 성능을 제공하지만 다른 두 가지 접근 방식에 비해 데이터 확장성을 지원하지는 않는다. 여기서 해결해야 할 과제는 분석가가 분석 결과를 기업의 정보 일관성을 저해하는 임시 방식으로 게시하지 못하게 하는 것이다.

클라우드 샌드박스

클라우드 기반 분석 서비스를 사용하면 데이터 탐색을 위한 쉽고 빠른 샌드박스 생성이 가능하다. 완벽하고 포괄적인 솔루션을 제공하는 클라우드 기반 분석 공급 업체는 샌드박스에 대한 정보기술 부서와 비즈니스 부서의 요구 사항을 충족시킬 수 있다. 정보기술 부서의 경우 포괄적인 솔루션은 ETL, 데이터웨어하우징, 데이터 분석 및 보고와 같은 필요한 모든 셀프서비스 분석 구성 요소를 통합하여 제공한다. 통합 메타데이터 모델은 전체 데이터 분석 스택에서 일관성을 보장하고 메타데이터를 통합하고 유지·관리할 필요가 없다. 내장된 ETL 및 데이터웨어하우징 기능은 사용자가 깨끗하고 관리된 엔터프라이즈 데이터 소스를 활용하여 임시 분석을 위해 즉시 샌드박스를 생성할 수 있음을 의미한다. 주문형 분석 도구를 사용하면 지능형 소스 데이터 분석, 데이터 추출, 로드 및 변환을 통해 전체 ETL 및 데이터웨어하우스 프로세스가 자동화되어 스테이징 및 데이터웨어하우스 테이블이 자동으로 생성된다.

결과적으로 정보기술 부서는 그들이 할 수 있는 데이터를 기반으로 분석 샌드박스를 신속하게 설정할 수 있다. 샌드박스 자체도 중앙에서 관리할 수 있으므로 최종 사용자는 적절한 양의 정보에 접근할 수 있으며 정보기술 부서는 데이터의 무결성과 보안을 확신할 수 있게 된다. 클라우드 기반 솔루션은 기존 분석 솔루션을 보완하면서 기존 데이터 분석·유지·관리 및 지원이 훨씬 적다. 즉, 기존 정보기술 투자와 충돌이 없으며 솔루션에는 최소한의 정보기술 시간과 주의가 필요하다.

분석샌드박스의 활용

샌드박스는 많은 이익을 제공한다. 샌드박스는 비즈니스에 데이터를 가지고 먼저 작업을 할 수 있도록 하고 지표와 분석 보고서를 적절히 정의할 수 있게 한다. 샌드박스는 외부의 데이터를 데이터웨어하우스의 데이터와 통합을 활성화한다. 샌드박스는 또한 일회성 탐색을 지원하고, 고급 사용자가 다른 분석 사용자에게 영향을 미치지 않고 데이터 탐색을 수행할 수 있도록 지원한다. 마지막으로 샌드박스는 데이터가 데이터웨어하우스에 입력이 완료되기 전까지 안정 밸브로서 역할을 할 수 있다.

기존의 데이터웨어하우징 환경과 비교할 때 분석샌드박스는 참여 규칙이 적어 훨씬 더 자유롭다. 데이터는 엄격한 정리, 매핑 또는 모델링이 필요하지 않으며 셀프서비스 분석가는 데이터에 접근하기 위해 제한이 없다. 데이터 분석가는 분석샌드박스에서 소스 데이터를 이해하고 적절한 필터를 적용하며 결과를 이해할 수 있어야 한다. 이것은 확실히 사용자가 책임을 져야 하는 환경이다.

분석샌드박스를 구현한 회사의 경험을 바탕으로 모범 사례에는 명확한 규칙과 지침을 설정하여 사용자가 분석샌드박스 환경을 프로덕션 데이터웨어하우스처럼 취급하지 않도록 한다. 즉, 분석샌드박스의 사용을 통해 근무 외 시간 지원 불가, 정기적인 백업 불가, 제한적이고 고정된 디스크 공간을 사용 등의 제약이 해결된다.

데이터 가상화

데이터 가상화는 사용자가 원시 데이터 자체와 상호 작용하지 않고 데이터를 추상화하거나 가상화된 뷰를 조작하여 분석을 할 수 있게 해주는 데이터 관리 기술이다. 원시 데이터와 분석 사이의 간접적인 계층으로 분석이 훨씬 쉬워지고 데이터 허브가 빠르게 변화하는 비즈니스 환경을 따라갈 수 있게 한다.

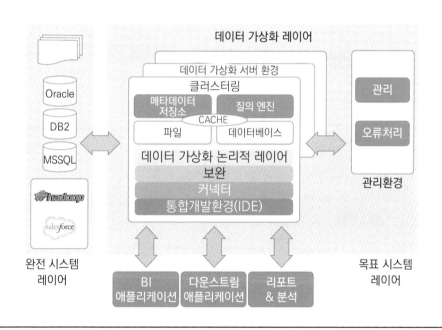

그림 6-3 데이터 가상화 아키텍처

데이터 가상화 기술은 개발 및 접근을 위한 사용자 인터페이스인 통합 개발 환경(IDE), 가상화 도구의 커널인 가상화 서버 환경, 모니터링, 관리 및 오류 처리 같은 관리 환경 등으로 구성된다. 가상화 기술의 핵심인 데이터 가상화 서버 환경에는 다음 요소가 포함되어 있다[57].

- **가상화 논리적 계층**(data virtualization logical layer): 데이터 가상화 데이터 가상화 응용프로그램을 서로 다른 데이터베이스에 연결하여 생성되는 이 계층은 엔터프라이즈 데이터 모델을 나타내며 단일 버전의 진실을 제공한다.
- **질의**(query): 대상 응용프로그램은 DV 서버를 통해 소스 시스템에서 질의를 실행할 수 있다.
- **캐시**(cache): 결과 세트는 수신되면 캐시 데이터베이스 또는 파일에 저장되므로 나중에 사용할 수 있다. 만일 같은 질의가 대상 응용프로그램에 의해 다시 시작되면 질의는 캐시된 데이터베이스에 대해 작동하여 소스 데이터베이스에 과도한 히트가 발생하지 않도록 한다. 이 캐시는 트리거 또는 타이머 또는 요청 시 새로 고칠 수 있다. 데이터 가상화 서버는 Oracle, SQL Server 또는 DB2와 같은 표준 데이터베이스 또는 메모리 내 데이터베이스에 캐시를 저장할 수 있다.
- **질의 엔진**(query engine): 데이터의 연합 뷰(federated view)를 구체화한다. 비용 기반 및 규칙 기반 최적화 실행자를 사용하여 질의를 최적화할 수 있다.
- **보안 계층**(security layer): 표준 권한 부여 및 인증 메커니즘 외에도 보안 계층은 행 수준의 보안을 제공한다.
- **객체**(objects): 데이터 가상화에서 생성되고 사용되는 기본 개체는 뷰 및 데이터 서비스이다. 이러한 개체는 원본 데이터에 접근하고, 연합하고, 변형하고, 추상화하고 소비자에게 데이터를 전달하는 데 필요한 논리를 캡슐화한다. 개체 정의는 범위와 요구 사항에 따라 변경된다. 개체는 일반적으로 공급망, 재고, 공급 업체 등과 같은 비즈니스 기능을 기반으로 생성된다.
- **커넥터**(connectors): 서로 다른 데이터 소스에 연결한다.
- **메타데이터 저장소**(metadata repository): 연결 세부 정보, 데이터 구조 등을 저장한다. 최적의 캐시 성능을 얻기 위해 데이터 가상화 서버를 클러스터링할 수 있다.

가상화의 성공 요인

특정 조직의 가상화 기술의 성공 여부는 소스 시스템의 다음 특성에 따라 다르다.

- **안정성**(Stability): 원본 시스템과 응용프로그램이 안정적이지 않은 경우에 가상화의 형태로도 상속이 만족스럽지 않고 다운스트림 응용프로그램에 영향을 미친다.
- **복잡성**(Complexity): 소스 시스템이 복잡할수록 추출 논리가 더 복잡해진다. 추출을 더 쉽게 하려면 복잡한 질의를 작성하거나 데이터를 보다 세부적으로 작성해야 한다.
- **데이터 품질**(Data Quality): 소스 시스템 내의 데이터 품질이 수용 가능한 수준보다 낮으면 데이터 가상화 레이어를 통해 향상시킬 수 있다. 즉, 데이터 가상화 레이어는 몇 가지 유효성 검사, 표준화 및 강화를 제공할 수 있다. 그러나 심층적인 데이터 품질 처리를 위한 적절한 장소는 아니며, 개선에 대한 이러한 한계를 감안할 때 소스 데이터의 품질은 데이터 가상화의 성공에 영향을 미칠 수 있다.
- **세분성**(Granularity): 때로는 서로 다른 두 소스의 데이터가 서로 다른 세분화 수준으로 유지된다. 예를 들어, 회사의 공급망 응용프로그램은 구매 주문서를 매일 세분화하여 보관할 수 있으며 재무 응용프로그램은 결제 데이터를 매월 세분화하여 저장한다. 세분성의 차이는 데이터 가상화 계층을 사용하여 데이터를 통합할 수 없음을 의미하므로 이 예에서는 구매 주문에 대해 특정 공급자에게 지불된 금액을 보고하기가 어려울 것이다.

또한 성공적인 데이터 가상화의 가능성을 높이기 위해서는 다음과 같은 몇 가지 원칙을 준수해야 한다.

- **법적 제약 조건 준수**(Observe legal constraints): 데이터 사용에 대한 제약은 데이터가 가상화된 경우에도 계속 적용된다. 예를 들어 북미 지역의 유럽 및 기타 데이터에서만 특정 데이터를 사용할 수 있는 경우 데이터 가상화를

사용할 때 이러한 제약 조건을 준수해야 한다.

- **일관성 보장**(Ensure consistency): 여러 시스템의 데이터를 통합하려는 경우 일관성을 유지하기 위해 공유 메타데이터가 필수적이다. 마스터 데이터 관리는 솔루션일 수 있으며, 예를 들어 고객, 항목, 조직 및 지리적 콘텐츠에 적용될 수 있다.
- **실시간 업데이트 방지**(Avoid real−time updates): 실시간으로 소스 시스템을 업데이트하기 위해 데이터 가상화 레이어를 사용해서는 안 된다. 모든 응용프로그램에는 업데이트를 처리하기 위한 자체 프레임워크가 있다. 데이터 가상화 레이어가 해당 프레임워크를 우회할 수 있으면 결과를 예측할 수 없고 일관성이 없어질 수 있다.
- **현실감 있는 통합**(Be realistic about integration): 데이터 가상화는 실시간 및 라이브 데이터를 위한 좋은 솔루션이다. 그러나 비즈니스 규칙 적용이나 세분화된 데이터 변환의 형태로 광범위한 데이터 통합이 필요한 기록 또는 특정 시점 보고 솔루션에 사용해서는 안 된다. 그 이유는 데이터가 데이터 가상화 레이어에 유지 될 수 없으며 데이터 품질 규칙을 기록 데이터에 적용하는 것이 복잡하고 잠재적으로 큰 작업이기 때문이다.

조직은 이러한 성공 요인에 대해 데이터 가상화의 제안된 사용을 검토해야 한다. 검토 결과 가상화 된 계층에 기반하여 순전히 진행할 수 없다고 제시되면 가상화된 계층과 실제 계층을 결합한 하이브리드 방식을 채택하는 것이 가능할 수 있다. 예를 들어, 데이터웨어하우스가 이미 존재하지만 실시간으로 데이터를 제공할 수 없는 경우, 데이터웨어하우스를 향상시키거나 재구성 할 필요가 없도록 데이터 가상화 레이어로 그 요구 사항을 충족시킬 수 있다. 순수 보고 및 분석은 기존 비즈니스 인텔리전스 계층 및 데이터웨어하우스를 통해 계속 수행 할 수 있다.

데이터 가상화 구축을 위한 제언

데이터 가상화는 데이터웨어하우스가 구축될 때까지 여러 데이터베이스와 관련하여 단일 버전의 진실성에 대한 중간 솔루션을 제공하는 가장 좋은 방법이다. 데이터 가상화는 운영 체제의 데이터를 실시간 요구에 사용할 수 있는 매우 효율적인 방법이며 비즈니스 인텔리전스 데이터베이스에서 이전 데이터를 가져 올 수도 있다. 즉, 비즈니스 인텔리전스 도구는 현재 및 과거의 모든 회사 비즈니스 정보에 통일된 방식으로 접근할 수 있다. 뿐만 아니라 데이터 가상화를 사용하면 동일한 비즈니스 용어 및 동일한 KPI 집합 규칙을 사용하여 여러 비즈니스 인텔리전스 도구가 동일한 방식으로 데이터에 접근할 수 있다. 조직은 모든 사용자가 동일한 데이터를 사용할 수 있도록 보장할 수 있지만 다양한 요구 사항, 위치 및 라이센스 계약에 맞게 보고서, 대시 보드 또는 예측 분석의 혼합 도구를 배치할 수 있다. 결과적으로 데이터베이스와 비즈니스 인텔리전스 도구 간에는 직접적인 연결이 없으므로 기술 종속성이 없다. 따라서 데이터베이스 또는 비즈니스 인텔리전스 도구를 쉽게 업그레이드, 마이그레이션, 변경 또는 해제할 수 있다.

요약하면 데이터 가상화는 여러 비즈니스 인텔리전스 솔루션을 사용하는 경우에도 단일 버전의 진실을 제공할 수 있고, "가상 데이터웨어하우스"는 다른 솔루션보다 빠르게 사용 가능하며, 통제된 방법으로 정보를 제공하는 동시에 기록 및 실시간 데이터를 결합할 수 있는 능력이 있으며 데이터베이스와 데이터베이스를 사용하는 응용프로그램 간에 중립적인 계층을 적용하여 공급 업체 및 기술 종속성을 완화한다는 장점이 있다.

데이터 가상화 비즈니스 인텔리전스 요구 사항을 신속하게 처리하려는 모든 기업이 고려해야 한다. 데이터웨어하우스를 개발중인 조직의 경우에도 데이터 가상화를 사용하여 이러한 개발을 보완할 수 있으며 요구 사항을 모델링하고 비즈니스와 함께 요구 사항이 올바르게 정의되었는지 확인할 수 있는 편리한 방법이다. 이러한 접근 방식은 데이터웨어하우스의 배송 주기(delivery cycle)를 상당히 단축할 수 있다.

요약

본 장에서는 데이터 허브와 관련된 기술에서 데이터마트, 데이터 분석 샌드박스, 데이터 가상화 등의 기술에 대해 살펴보았다. 데이터마트는 데이터웨어하우스와 함께 개발된 전통적인 데이터허브 기술로 데이터웨어하우스 내의 데이터를 주제별로 특화해 데이터 소비자에게 제공한다. 데이터 분석 샌드박스와 데이터 가상화는 최근의 데이터 분석의 발전과 더불어 신속하게 데이터 분석가의 요구에 따라 데이터를 제공하기 위해 개발된 데이터 허브 기술이다.

데이터 허브는 셀프서비스 분석가가 데이터를 얻을 수 있는 궁극의 장소여야 한다. 데이터 소비자가 분석에 필요한 데이터를 얻기 위해 스스로 무엇인가를 해야 한다면, 다른 곳에서 데이터를 얻어야 한다면 데이터 허브는 기능을 상실했다고 보아야 한다. 셀프서비스 분석가는 데이터 허브로부터 데이터를 얻는 방법에 대해서 정통해야 하고, 조직은 적절한 데이터 접근 도구를 제공해야 한다. 다음 장에서 논의하는 데이터 허브는 셀프서비스 데이터 준비나 데이터 카탈로그 도구를 적극적으로 활용해야 한다.

이제까지 우리는 데이터 소스, 데이터 착륙/대기 지역 지원 기술, 데이터 허브 기술 등 데이터 파이프라인과 관련된 다양한 기술을 살펴보았다. 이들을 잘 조합하여 데이터 파이프라인을 성공적으로 구축하는 것은 셀프서비스 분석의 성공에 필수적이다. 다음 장에서는 이제까지 배운 다양한 기술을 조합하여 실제로 데이터 파이프라인을 어떻게 성공적으로 구축하고 운영할지에 대해 논의할 것이다.

07 데이터 파이프라인 구축 전략

서론

데이터 원천에서 데이터를 수집하여 저장한 후 데이터 사용자들에게 고품질의 데이터를 안정적으로 제공하는 데이터 파이프라인을 잘 구축하는 것은 셀프서비스 분석의 성공에 필수적인 요건이다. 그러나 성공적인 데이터 파이프라인을 구축하는 것은 단순하지 않고 매우 복잡하다. 단순히 하드웨어나 소프트웨어만을 구입하여 설치하는 것만으로 데이터 파이프라인을 성공적으로 구축하기 어렵다.

이번 장에서는 데이터 파이프라인을 구축하는 전략과 평가 방법에 대해서 논의하고자 한다. 먼저 성공적인 데이터 파이프라인 구축이 왜 어려운지 이해해보자. 다음으로 성공적으로 데이터 파이프라인을 구축하려면 어떤 전략을 가져가야 할지 생각해보자. 마지막으로 데이터 파이프라인이 제대로 운영되고 있는지 평가할 수 있는 방법에 대해 생각해보자.

데이터 파이프라인의 복잡성

현대의 데이터 파이프라인의 구축이 왜 어려울까? 한마디로 말하자면 현대의 데이터 파이프라인이 복잡하기 때문에 구축하는 것이 어렵다. 어떤 요인이 데이터 파이프라인을 복잡하게 만드는 것일까? [그림 7-1]에서 보는 것처럼 데이터 파이프라인의 복잡성은 데이터 소스, 데이터 허브, 데이터 소비 측면에서 발생한다.

　데이터 파이프라인의 복잡성은 데이터 소스의 다양하고, 양이 많고, 빠르게 변화하고 있다는 특성 때문에 발생한다. 사실 이 특징은 우리가 빅 데이터의 특징을 나타내는 3V, 즉 Volume, Variety, Velocity로 자주 표현된다. 다양성 측면에서 보면 이제 데이터 소스는 단순히 데이터베이스에 저장되거나 문서로 저장된 것뿐만 아니라 기계, 사람, 장비 등에 부착된 센서, 카메라로 수집되는 이미지와 영상, 인터넷 또는 모바일 기기의 사용 이력 등 다양한 데이터가 수집된다.

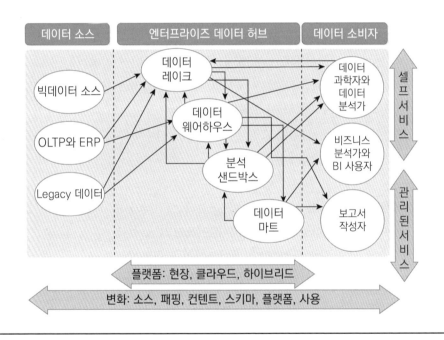

그림 7-1 데이터 파이프라인 복잡성[58]

　양적인 측면에서 데이터는 새로운 데이터 용량을 측정하는 기준들이 새롭게 등장하는 것에서 알 수 있듯이 양이 급격히 증가하고 있다. 기가 바이트란 용어가 한 때는 매우 큰 것으로 느껴진 적이 있지만, 이제는 페타, 제타, 요타 같은 생소한 데이터 크기 측정 단위가 데이터의 크기를 나타내기 위해 일반적으로 사용되고 있다.

데이터의 생성 속도도 엄청 빠르게 증가하고 있다. 1초에 얼마만큼의 유튜브 비디오가 생성되는지, 1초에 얼마나 많은 트윗이 생성되고 있는지, 1초에 얼마나 많은 검색이 이루어지는지 생각해보면 데이터가 얼마나 빠르게 생성되는지 느낄 수 있다. 현대의 데이터 파이프라인은 빅 데이터를 수용하기 위해 개발되었기 때문에 이런 특징을 갖는 빅 데이터를 모두 처리해야 한다. 이러다 보니 데이터 파이프라인이 복잡해질 수밖에 없는 것이다.

현대의 데이터 파이프라인을 복잡하게 하는 요인은 데이터 착륙/대기와 데이터 허브를 지원하는 다양한 기술로부터 발생한다. 전통적으로 데이터 착륙/대기에는 데이터웨어하우스가 사용되었고, 데이터 허브로는 데이터마트가 사용되었다. 데이터웨어하우스는 회사의 다양한 데이터베이스 기반으로 한 비즈니스 시스템 또는 일부 외부 정보 소스로부터 수집된 데이터를 한 곳에 모아 저장하는 역할을 했고, 데이터마트는 데이터웨어하우스에서 특정한 분석 목적을 위해 데이터를 제공하는 역할을 수행하였다(그림 7-2).

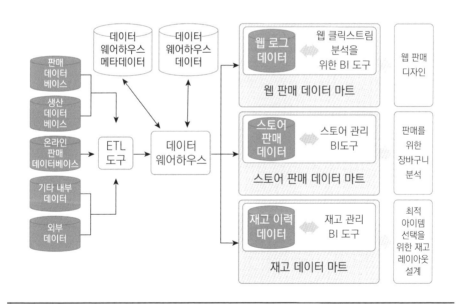

그림 7-2 데이터웨어하우스와 데이터마트

전통적인 데이터 허브 시스템은 정해진 형식을 갖는 데이터 처리에는 매우 효율적이고 효과적이다. 그러나 이런 전통적인 데이터 허브 시스템은 최근 데이터가 갖는 비정형 또는 특수한 데이터 형태를 갖는 데이터를 처리하는 데는 한계가 있다. 또한 분석에 중점을 두고 다양한 분석 수요에 능동적으로 대응하는 데도 한계가 있다.

이를 보완하기 위해 최근 많이 사용되는 데이터 착륙/대기와 데이터 허브를 위한 기술은 데이터 레이크와 데이터 분석 샌드박스다. 이제 데이터 파이프라인은 데이터웨어하우스와 데이터마트의 단순한 시스템이 아니고, 데이터웨어하우스, 데이터마트, 데이터 레이크, 데이터 샌드박스 등이 데이터의 유형에 따라 처리 방법에 따라 복잡하게 얽힌 문제의 장이 되어가고 있다.

마지막으로 데이터 파이프라인이 복잡하게 되는 것은 데이터 소비 측면에서 파악할 수 있다. 이전에 데이터를 활용하는 사용자는 단순했다. 비즈니스 인텔리전트 시스템 또는 맞춤 보고 시스템을 통해 데이터를 활용하는 소비자, 특정한 데이터 분석 프로젝트를 수행하려는 데이터 분석가 등이 데이터의 사용자였고, 이들의 데이터에 대한 수요는 정보기술 부서를 통해 충족되었다. 이들은 정보기술 부서가 데이터를 만들어 줄 때까지 기다리든가 데이터웨어하우스와 데이터마트만을 통해 데이터를 소비했다.

그러나 이제 이런 관행은 바뀌고 있다. 데이터는 기존의 데이터 소비자뿐만 아니라, 셀프서비스 데이터 분석가가 이제 주체적으로 민첩하게 데이터를 소비하고 있다. 분석의 민첩성과 민주화, 셀프서비스, 조직 분석 그룹의 압력으로 인해 여러 복잡한 데이터 파이프라인이 빠르게 혼란에 빠질 수 있다. 데이터 거버넌스의 어려움은 증가하고 데이터 사용의 불확실성이 확대된다. 이제 데이터 파이프라인은 비즈니스 인텔리전스에서 셀프서비스 분석에 이르기까지 모든 업무를 지원해야 한다[58].

데이터 파이프라인의 복잡성의 증가함에 따라 안정되고 효율적인 데이터 파이프라인의 구축이 매우 중요한 문제가 되었다. 특히 셀프서비스 분석은 안정적인 데이터 공급 없이는 불가능하기 때문에 어떤 조직이든지 셀프서비스 분석을 도입하고자 한다면, 데이터 파이프라인의 구축에 노력을 해야 할 것이다. 이제 셀프서비스 분석을 지원하는 데이터 파이프라인을 어떻게 구축해야 할지 구체적인 전략을 알아보자.

데이터 파이프라인 구축 전략

데이터 필요 이유 명확화

데이터 파이프라인 구축의 첫 번째로 중요한 전략은 데이터가 필요한 이유를 명확히 해야 한다는 것이다. 수집해 놓은 데이터가 많다고 좋은 것은 아니다. 어떤 회사와 스마트 팩토리 관련 데이터 분석 프로젝트를 한 적이 있다. 그 회사는 나름대로 데이터에 대한 중요성을 인식하고 있었고, 데이터 수집을 위해 예산도 투입했다. 그래서 생산 설비에서 매 20초 간격으로 대략 4,000개 정도의 센서 데이터를 수집하고 있었다. 정말 엄청난 데이터가 쌓이고 있었다. 그런데 문제는 이 데이터를 어떤 목적으로 수집하는지 명확하지 않다는 점이 문제였다. 그들이 해결하고자 하는 문제와 어떤 데이터가 관련 있는지 알 수 없었다. 데이터는 많지만 쓸 만한 데이터가 없다. 이런 일이 생기는 것은 데이터 파이프라인을 설계할 때 왜 데이터를 수집하는지에 대한 명확한 생각이 없었기 때문이다.

데이터 소스 탐색

데이터를 왜 수집하는지 명확하게 결정되면 다음 작업은 필요한 정확한 데이터 소스를 찾는 것이다. 즉, 데이터를 수집하는 위치, 방법, 주기 등을 명확히 해야 한다. 최근 다양한 데이터 수집 방법이 소개되고 있다. 카메라, 센서, 정보시스템 등 다양한 정보 수집 방법, 오디오, 이미지, 영상, 텍스트, 신호 등의 다양한 유형, 웹 사용 이력, 신체활동, 기계 작동 등의 다양한 데이터 발생 형태 등이 수집된다. 이런 다양성을 반영하여 어떻게 분석에 필요한 데이터를 수집할 것인지가 데이터 분석의 기반이 된다. 더 나아가 이런 데이터를 어떤 주기로 수집해야 할 것인가에 대한 의사결정이 필요하다. 1초 간격으로 수집할지, 1분 간격으로 할지, 1시간 간격으로 할지, 1일 단위로 할지 간격을 정해야 한다. 물론 좀 더 자주 하는 것이 좋을지 모르지만, 분석의 필요에 따라 조정하는 것이 바람직하다.

데이터 흐름 설계

데이터의 수집 목적과 데이터의 소스 명확히 되었다면 이제 어떻게 데이터가 데이터 파이프라인을 타고 흘러갈지를 적절히 정의하는 데이터 흐름(data flow)을 설계해야 한다. 데이터 흐름은 입력이 파이프라인을 통해 이동하여 출력이 되는 방법, 즉 데이터가 원천에서 타깃으로 이동하는 일련의 프로세스와 데이터 저장소로 구성된다. 데이터 저장소는 모든 입력이 동시에 준비되지 않은 경우, 한 프로세스가 다른 프로세스의 완료까지 기다려야 하는 경우, 저장된 데이터가 여러 용도로 이용되는 경우에 사용한다. 이런 경우 데이터 저장소는 파이프라인을 통한 지속적인 흐름과 다른 프로세스에서 저장된 데이터에 대한 접근을 지원한다. 데이터 흐름은 데이터 원천부터 목적지까지 하나의 데이터 파이프라인을 만드는 것보다 데이터 저장소가 한 파이프라인의 목적지가 되고, 그것이 다른 파이프라인의 원천이 되는 모듈 방식으로 데이터 흐름을 사용하는 것이 바람직하다[50].

데이터 저장 방법 선택

데이터 흐름이 설계되고 나면 적절한 데이터 저장 방법 선택해야 한다. 현대의 데이터 파이프라인에 수집되고 처리되는 데이터는 다양한 형태, 특성, 처리 요구 사항을 가진다. 따라서 데이터를 단일 데이터 저장소에 저장하는 것이 최선이 아니며, 다양성을 반영하여 적합한 데이터 저장소를 선택하는 것이 좋다는 것을 의미한다. 기술적 측면에서 데이터 저장소는 관계형 데이터베이스와 NOSQL 데이터베이스가 있다. 데이터 분석용 데이터 저장소에는 데이터 레이크, 데이터 웨어하우스, 분석 샌드박스, 마스터 데이터 저장소(master data repository), 운영 데이터 저장소(operational data store) 등이 있다. 데이터 저장소를 선택할 때 데이터 구조와 지원하는 작업 유형과 데이터 관리 요구 사항에 가장 적합한 저장소 모델을 고려하여야 한다. 그런 다음 기능, 비용, 관리 용이성과 같은 요소를 기반으로 특정 데이터 저장소를 고려해야 한다.

데이터 처리 설계

데이터 저장소에 대한 선택이 완료되면 데이터 요구 사항에 맞추어 데이터 처리 방법을 설계해야 한다. 데이터 처리는 데이터 파이프라인에서 데이터를 실제로 다루는 방법을 말한다. 데이터 처리는 데이터 수집 처리, 데이터 변환 처리, 데이터 전송 처리로 구분할 수 있다.

데이터 수집은 배치 처리 또는 스트림 처리로 수행된다. 수집 처리 기법은 분석에 사용하고자 하는 데이터의 특성에 따라 결정해야 한다. 데이터 변환 처리는 데이터를 사용하려는 요구와 목표에 맞게 데이터를 변경하여 적합한 형식의 데이터를 얻는 작업을 말한다. 대표적인 데이터 변환 기법에는 표준화, 준수, 데이터 정제, 품질 보증, 중복 제거, 파생, 추가, 집계, 정렬과 순서화, 피벗, 샘플링, 필터링, 마스킹, 조립과 구축 등이 있다[50].

데이터를 변환하는 방법에는 스크립트를 이용하는 방법과 ETL 도구를 사용하는 방법이 있다. 스크립트 방법은 SQL 또는 Python을 사용하여 데이터 변환을 위한 스크립트 작성한 후 이를 실행하여 데이터 변환을 수행한다. 스크립트 방법은 프로그램을 할 수 있는 지식을 가지고 있는 기술자만 할 수 있어서 일반 사용자들이 하기에는 한계가 있다.

전달 처리는 대상과 데이터 사용에 따라 여러 유형이 있다. 게시(publishing)는 보고서와 데이터베이스에 대한 발표하는 데 사용된다. 카탈로그(cataloging)는 데이터 자산의 게시와 함께 잘 작동한다. 분석 모델링(analytic modeling)은 대상이 분석 응용프로그램인 경우 일반적인 전달 프로세스다. 시각화(visualization)는 대량의 복잡한 데이터를 소모품 형태로 제공한다. 스토리텔링(storytelling)은 데이터 시각화에 대한 해석과 설명을 추가한다.

운영 워크플로 설계

데이터 저장 방식과 처리 설계가 완료되면 데이터 파이프라인의 운영을 위한 워크플로를 설계해야 한다. 워크플로 설계는 시작되고 처리되어야 할 연속적 작업을 그리는 것으로, 이를 통해 전체 프로세스를 볼 수 있고 단계별로 데이터가 어떻게 흘러가는지를 볼 수 있다. 워크플로 설계는 요구 사항을 정의하는 것으로부터 시작한다. 이것은 매우 기초적인 것으로 보인다. 그러나 바른 산출물을 얻으려면 원하는 것을 명확히 해야 한다.

수행되어야 할 작업의 연속성과 의존성 정의하고 관리해야 한다[50]. 연속성은 한 작업 이후에 어떤 작업을 수행해야 할지 관리하는 것을 말한다. 종속성은 작업 또는 과제를 실행하기 전에 어떤 이전 작업 또는 과제를 성공적으로 완료해야 할지, 현재 작업 또는 과제가 성공적으로 실행되면 무슨 후속 작업 또는 과제를 실행해야 할지, 어떤 다수의 작업 또는 과제를 병렬로 처리해야 할지 등의 측면에서 작업을 고려하는 것을 말한다. 작업을 위한 순서와 의존 관계가 정리되면, 누가 어떤 작업을 수행할 것인지 역할을 지정해야 한다. 이것은 개인별로 지정되기보다는 팀 또는 집단으로 적용될 수 있다.

운영과 모니터링

데이터 파이프라인을 구축했다고 일이 끝나는 것은 아니다. 실제로 데이터 파이프라인을 운영하다 보면 여러 가지 이유로 문제가 발생한다. 로드 시간이 증가하여 지체가 발생하고 예상 시간에 데이터를 전달할 수 없을 수도 있다. 데이터 소스를 변경하면 데이터를 추출하는 작업이 중단될 수 있다. 데이터를 담당하는 사람은 이러한 문제가 항상 있을 수 있는 일이라고 알고 있으며, 예상치 못한 일이 발생했을 때 이를 가장 먼저 알고 싶어한다. 따라서 데이터 파이프라인을 모니터링하는 것이 필요하다.

데이터 파이프라인 모니터링은 신뢰할 수 있고 안정적이며 효율적인 파이프라인을 보장하기 위해 데이터 파이프라인을 관찰하는 작업이다. 데이터 파이프라인 모니터링을 위해서는 모니터링 대상, 모니터링 주체, 모니터링 도구, 적용 가능한 임계와 한계, 임계값에 도달할 경우 조치를 취할 책임이 있는 인물 등에 대해 고려해야 한다.

데이터 파이프라인 운영과 모니터링

앞에 전략에서 데이터 파이프라인의 운영과 모니터링이 전략의 하나로 논의했다. 여기서에서는 운영과 모니터링이 어떤 방식으로 수행되어야 하는지 좀 더 자세히 알아보자. 운영과 모니터링은 아래와 같은 과정을 거쳐 수행된다.

핵심 성과 지표 선정

데이터 파이프라인의 모니터링을 위해 핵심 성과 지표(key performance indicator: KPI)를 선정하여야 한다. 데이터 파이프라인의 개별 작업/단계에 대해서는 평균 런타임, 성공/실패 등을 측정하고, 테이블 수준에서는 행 삽입/갱신/삭제, 공간 활용, I/O 비용 등이 KPI의 사례다. 이러한 KPI가 정상적이지 않은 경우 문제가 아닐 수도 있지만 일반적으로 조사가 필요하다. KPI에 대해 서비스 수준 협약서(service level agreement; SLA)를 보유하고 있는 경우 해당 SLA 내에서 약속된 지표는 모니터링을 수행해야 할 좋은 지표가 된다.

핵심성과지표 저장 방법 결정

KPI가 선정되면 각 KPI를 계산하는 데 필요한 데이터와 로그 작성 방법을 결정해야 한다. 일반적으로 이 데이터는 텍스트 파일이나 데이터베이스 테이블에 직접 로그로 저장된다. 두 경우 모두 이 데이터를 표준 KPI 데이터베이스 테이블로 중앙 집중화하여 대시 보드를 활용해 결과와 경고를 표시하기 위해 쉽게 질의할 수 있도록 해야 한다.

대시 보드는 몇 가지 사항을 주시하고 데이터를 드릴 다운하며 시간이 지남에 따라 패턴을 다시 살펴볼 수 있는 좋은 방법이다. 대시 보드를 보지 않아도 상황이 발생할 수 있음을 알 수 있도록 자동 모니터링을 설정할 수도 있다. 또한 여러 서비스의 상태를 추적해야 하는 경우 자동화된 모니터링이 실제로 이를 수행할 수 있는 유일한 방법이라는 것을 알 수 있다. 많은 대시 보드 도구에는 기본 알림 기능이 내장되어 있지만 모니터링과 알림을 위해 제작되지 않았으므로 파이프라인에서 어떤 일이 발생하는지 파악하는 데 필요한 서비스를 제공하지는 않는다.

모니터링 및 경고 설정

데이터 파이프라인에 대한 모니터링 및 경고를 설정해야 한다. 이 기능은 대시 보드를 항상 볼 수 없거나 관리해야 할 작업이 너무 많고 파이프라인이 많을 때 수동으로 추적하지 않는 것이 좋다. 리베레(Revere)[1]와 스냅 로직(SnapLogic)[2] 같은 솔루션은 분석 테이블에 대한 읽기 전용 접근 권한을 부여하고, 모니터링할 데이터를 식별하고 알림을 받을 조건을 정의하면 자동으로 알림을 받을 수 있다.

요약

안정적인 데이터 파이프라인의 구축은 데이터 중심을 지향하는 조직들의 최우선의 관심사이다. 셀프서비스분석은 안정적인 데이터 파이프라인 위에서 적용되어야 효과를 얻을 수 있다. 분석할 수 있는 데이터가 없다면 아무리 좋은 셀프서비스 분석도 결국은 아무짝에도 쓸모 없는 것이 될 것이다. 점점 더 복잡해지는 데이터 환경 때문에 성공적으로 데이터 파이프라인을 구축하려면 적절한 전략을 필요로 한다. 이번 장에서는 데이터 파이프라이닝 구축을 위한 전략을 살펴보았다.

이제 분석을 위한 데이터가 준비되었다. 이제는 데이터를 가지고 분석을 수행해야 한다. 데이터 분석은 쉽지 않다. 셀프서비스 분석을 가능하게 하기 위해서는 이 쉽지 않은 데이터 분석을 쉽게 만드는 해결 방안이 있어야 한다. 셀프서비스 분석 기술은 이를 강조한다. 다음 파트에서는 셀프서비스 분석을 지원하는 다양한 기술에 대해서 알아보도록 하자.

---

1) https://revere.ai/
2) https://www.snaplogic.com/

셀프서비스 분석 지원 기술

셀프서비스 분석은 현장의 비즈니스 전문가가 사용하기 쉽게 개발된 다양한 셀프서비스 분석 지원 소프트웨어를 사용하여 분석을 수행하는 것을 말한다. 파트 3는 셀프서비스 분석가를 지원하는 셀프서비스 분석 지원 기술에 대해 살펴볼 것이다. 제8장에서는 데이터의 준비 및 관리를 지원하는 통계적, 시각적, 예측적 분석 기술과 셀프서비스 분석 지원 소프트웨어에 대해 논의할 것이다. 마지막으로 제11장에서는 데이터 분석 도구인 Rapidminer를 활용한 셀프서비스 분석 사례를 제시할 것이다.

08 데이터 준비와 카탈로그

서론

셀프서비스 분석가는 분석에 활용할 데이터를 잘 구축된 데이터 파이프라인의 데이터 허브를 통해 얻을 수 있다. 그러나 셀프서비스 분석가는 데이터 허브에서 얻은 데이터를 그대로 사용하지는 않는다. 데이터를 통합하기도 하고, 변환하기도 하고, 새로 만들기도 해서 분석에 적합하도록 준비한다. 데이터 준비 소프트웨어는 이런 작업을 쉽게 할 수 있도록 지원한다.

데이터 분석에 사용되는 데이터는 그것이 데이터 허브에 저장된 데이터이든 데이터 준비 과정에서 생성된 데이터이든 보관되고 공유되어야 한다. 이런 기능을 지원하는 소프트웨어가 데이터 카탈로그이다. 데이터의 양이 증가하고 복잡해짐에 따라 일관된 데이터 관리의 중요성이 증가하는데 데이터 카탈로그는 데이터 거버넌스를 지원하고 데이터를 좀 더 쉽게 찾을 수 있도록 지원한다.

데이터 준비와 데이터 카탈로그 소프트웨어는 셀프서비스 분석가를 지원하는 더 나아가 셀프서비스 분석을 도입하려는 조직에서는 필수적인 것이다. 이번 장의 목적은 이 두 소프트웨어를 자세히 살펴보고 어떻게 도입할지에 대해 논의하는 것이다.

데이터 준비 소프트웨어

데이터 분석에서 데이터 준비 과정은 효율적이지 않다. 모든 데이터 분석가들은 모든 비즈니스 분석에서 데이터 준비를 위해 전체 분석 시간의 70~80%를 소비한다. 데이터 준비는 실제 통계 모델링, 기계 학습, 비즈니스 통찰력 부분과 비교할 때 일반적으로 힘든 작업으로 간주된다[59].

TDWI 연구소의 연구 결과에 설문 응답자의 24%는 분석에 필요한 데이터를 준비하는 데 2~6일이 소요된다고 하였고 18%는 1~2주가 걸린다고 하였다. 1만 명이 넘는 직원이 있는 대규모 조직의 경우에는 2~3개월이 소요되는 비율이 19%나 된다고 하였다[60]. 물론 이렇게 시간이 많이 걸리는 이유는 데이터 파이프라인의 문제이기도 하지만, 데이터 준비를 정보기술 부서가 담당하기 때문이기도 하다. 정보기술 부서는 데이터 분석이 가장 우선순위에 있지 않다 보니 데이터 준비는 지체되기도 한다.

그런 이런 문제를 어떻게 해결할 수 있을까? 셀프서비스 분석가가 스스로 데이터를 준비하는 것이 좋은 대안이 될 수 있다. 그러나 정보기술 전문가들이 수행에 사용했던 기술을 셀프서비스 분석가에게 요구한다면 목적을 달성할 수 없다. 셀프서비스 분석가가 쉽게 쓸 수 있고 강력한 기능을 지원하는 셀프서비스 데이터 준비 도구가 필요하다.

데이터 준비 도구의 주요 기능

데이터 원본 접근과 연결

셀프서비스 데이터 준비 도구는 데이터 소스에 대한 접근을 쉽게 할 수 있도록 지원해야 한다. 셀프서비스 데이터 준비 도구는 광범위한 응용프로그램 프로그래밍 인터페이스(API)와 커넥터를 사용하여 클라우드 응용프로그램과 데이터 원본, 엔터프라이즈 온−프레미스 데이터 원본, 데이터베이스(관계형 또는 NoSQL) 또는 파일 시스템(XML, JSON, .csv)에서 데이터 소스를 간단하게 선택할 수 있게 한다. 데이터 준비 도구는 다양한 파일 형식과 데이터 형식을 처리한다. 개방형, 프리미엄, 또는 큐레이팅된 데이터에 대한 기본 접근(native access) 서비스를 제공한다. 많은 데이터 준비 도구들이 간단한 스프레드시트 스타일의 인터페이스를 제공한다.

데이터 탐색과 프로파일링

셀프서비스 데이터 준비 도구는 사용자가 대화식으로 데이터 자산을 준비, 검색, 샘플링, 프로파일링, 카탈로그, 목록 작성 작업을 할 뿐만 아니라 향후 검색을 위해 데이터에 태그를 지정하고 주석을 달 수 있는 시각적 환경을 제공한다. 고급 기능에는 자동 추론, 민감한 속성 검색과 제안, 일반적으로 사용되는 속성(예 지리 데이터, 제품 ID) 식별, 의미화 조정, 변환의 데이터 계보 탐색과 기록, 데이터 자동 완성 소스가 포함된다[61]. 데이터 분석가가 집계 또는 변환된 데이터를 분석 데이터베이스에 로드할 때 데이터 계보가 중요하다. 이러한 도구 중 많은 것은 사용자가 수락한 변경 제안을 추적하고 결과로 생성되는 새로운 변환 규칙 또는 매핑을 기록한다. 이는 데이터 계보를 유지하는 데 도움이 될 뿐 아니라 흐름 자동화에도 도움이 된다.

데이터 품질 분석

셀프서비스 데이터 준비 도구는 데이터 수집과 집계 후에 일관성과 품질 수준을 나타내는 진단을 자동으로 실행할 수 있다. 도구는 분석 결과를 대시보드 형태로 전달하거나 데이터 요소 위의 헤더 행에 표시할 수 있다. 데이터 품질 분석을 위한 기본적인 기술 통계 분석도 자동으로 수행된다. 속성별로 중심 값(예 평균, 최빈값, 중앙값)과 흩어짐 정도를 나타내는 분포 값(예 분산, 표준편차) 등에 대한 결과를 제공한다.

시각적으로 데이터를 탐색할 수 있게 하기 위해 다양한 차트 기능을 제공하기도 한다. 차트 기능을 통해 데이터의 분포에 대한 통찰을 얻을 수 있고, 예측하고자 하는 변수와의 상관 관계를 확인할 수 있다. 일반적으로 데이터 준비 단계의 시각화는 전문 시각적 분석 소프트웨어의 기능만큼 고급 기능을 제공하지는 않지만, 데이터를 이해하고 적합한 준비 작업을 수행한 결과를 확인할 수 있는 수준의 기능을 제공하는 것이 바람직하다.

데이터 변환, 블랜딩 및 모델링

셀프서비스 데이터 준비 도구는 데이터를 결합하고 목적에 부합하는 데 필요한 많은 추측과 수동 분석을 수행한다. 데이터 세트를 매핑하고, 중복을 식별하고, 데이터를 표준화와 정리하는 방법을 제안한다. 데이터 풍부화(data enrichment), 데이터 매시업(data mashup)과 블랜딩(data blending), 데이터 클랜징(data cleansing), 필터링(data filtering), 사용자 정의 계산, 그룹과 계층 구조를 지원한다. 여기에는 사용자가 데이터 유형 및 관계를 지정할 수 있는 민첩한 데이터 모델링과 구조화가 포함된다. 고급 기능은 데이터 소스에서 구조를 자동으로 추론하고, 논리적 데이터 모델(logical data model), 하이브 스키마(Hive schema)와 같은 의미론적 모델, 온톨로지 등의 생성을 지원한다.

데이터 준비 도구의 아키텍처

일반적으로 셀프서비스 데이터 준비 도구는 셀프서비스 분석가가 데이터 준비를 보다 쉽게 할 수 있도록 도움을 주는 소프트웨어라는 점에서는 대부분이 동의하지만, 실제로 셀프서비스 데이터 준비 도구가 어떤 구조를 가질 지에 대해서는 업체마다 다르다[62].

예를 들어 [그림 8-1]은 데이터 준비 솔루션 제공업체인 탈랜드(Talend)의 데이터 준비 시스템의 아키텍처를 보여준다. 탈랜드의 데이터 준비 시스템은 다섯가지 기능 블록이 정의된다. 클라이언트 블록(Client block)은 웹 브라우저에서 탈랜드 데이터 준비 웹 응용프로그램에 접근하는 방법을 정의한다. 서버 블록 (Server block)은 데이터 준비 응용프로그램 서버, 카탈로그 서버, 사전 서비스 서버, 스트림 실행 서버를 포함한다. 데이터베이스 블록(database block)은 사용자 계정 및 권한을 관리하고 데이터 세트 및 준비 사항과 응용프로그램에서 데이터의 유효성을 검사하는 데 사용된다. 실행 서버 블록(Execution server block)은 하둡 클러스터상에서 수행될 것을 관리하기 위해 사용되는 스파크 작업 서버를 포함한다. 마지막으로 하둡 클러스터 블록(Hadoop cluster block)은 데이터 준비 도구가 빅데이터 맥락에서 사용될 때 HDFS 또는 JDBC로부터 가져온 데이터에 데이터 준비를 실행한다[63].

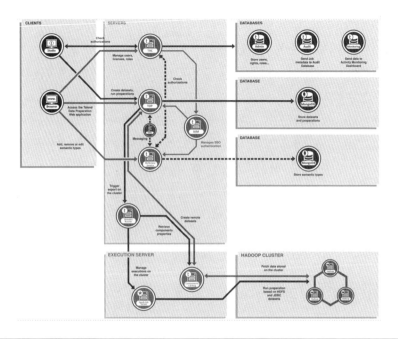

그림 8-1 Talend 데이터 준비 시스템의 아키텍처

셀프서비스 데이터 준비 사례

셀프서비스 데이터 준비에 대한 실제 사례를 보자. 여기에서는 RapidMiner
에서 제공하는 데이터 준비 기능을 통해 데이터 준비를 하는 과정을 살펴볼 것
이다. RapidMiner는 비록 예측적 분석 도구이지만 탁월한 데이터 준비 도구를
제공한다.

여기에서 분석하고자 하는 과제는 대구지역의 날씨와 대기 오염이 특정 질병
의 발생 빈도와 어떻게 관련 있는지 분석한다고 하자. 대기 정보와 질병 정보는
공공 데이터 포털(https://www.data.go.kr)에서 수집했고 지역별 인구 현황은 통
계 포탈(http://kosis.daegu.go.kr)에서 수집하였다.

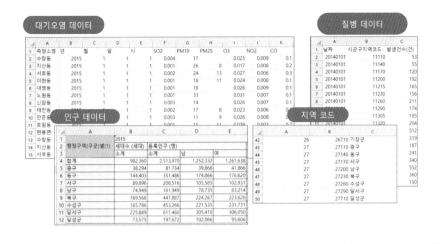

그림 8-2 데이터 세트 - 대기오염, 질병, 인구, 지역 코드

　[그림 8-2]는 개별 데이터 소스로부터 얻어진 데이터를 보여주고 있다. 데이터 분석을 하려면 먼저 이 데이터를 통합을 하여 하나의 데이터 세트로 만들어야 한다. 원본 데이터에는 여러 가지 문제점을 포함하고 있다. 예를 들어 대기오염 데이터와 질병 데이터에 쓰인 날짜 표기법이 다르고, 데이터 수집 간격도 다르다. 대기 오염 데이터의 경우 연, 월, 일, 시 단위로 별로의 속성(열)을 가지고 있고 1시간 간격으로 데이터가 수집되었다.

　반면에 질병 데이터의 경우에는 년, 월, 일이 하나로 표기되어 있고(예 20140101), 데이터는 일 단위로 수집되었다. 질병 데이터와 인구 데이터의 경우에는 행정구역 표기가 다르게 되어 있다. 질병 데이터의 경우에는 시군구 지역 코드로 되어 있는 반면에 인구 데이터의 경우에는 행정구역 이름으로 되어 있다. 지역 이름과 코드를 매핑하기 위해 지역코드 테이블을 수집했다.

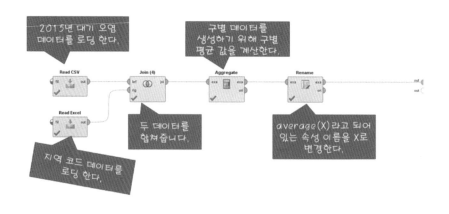

그림 8-3 대기오염 데이터 준비

먼저 대기 오염 데이터를 준비해 보자. [그림 8-3]은 대기오염 데이터를 측정소 이름을 기준으로 구 수준으로 데이터를 통합하고, 시간 단위로 생성되었던 데이터를 일 단위 데이터 변환하는 분석 과정을 보여준다. 평균을 사용하는 것에 대해 이의가 있을 수 있다. 평균보다 최대 또는 최소 등 다른 지표가 더 나을 수 있지만, 논의를 단순화하기 위해 일 평균 데이터만 전환했다.

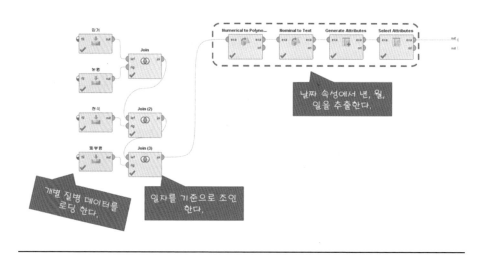

그림 8-4 질병 데이터 준비

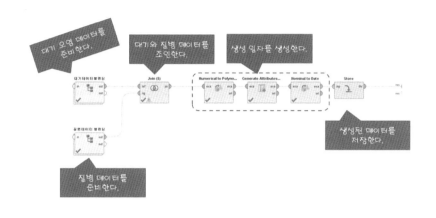

그림 8-5 대기오염과 질병 데이터 통합

질병 데이터는 일자 별 감기, 눈병, 천식, 피부병 등 4가지로 구성되어 있는데, 이를 일자 별로 통합한 후 날짜 속성에서 년, 월, 일을 추출하여 대기 오염 데이터와 통합할 수 있도록 한다. [그림 8-4]는 질병 데이터를 통합하는 과정을 보여준다. 마지막으로 [그림 8-5]처럼 전처리가 종료된 대기오염 데이터와 질병 데이터를 통합하여 분석에 사용할 데이터 세트를 생성한 데이터를 저장한다. 생성된 데이터는 [그림 8-6]과 같이 정리되었다.

Row ...	년	월	일	구코드	구이름	인구수	CO	NO2	O3	PM10	PM25	SO2	감기발생건수	눈병발병	천식건수	피부병발병건수	생성일자
1	2015	1	1	27110	중구	81734	0.100	0.010	0.021	53.417	?	0.004	38	0	15	0	Jan 1, 2015
2	2015	1	1	27140	동구	351486	0.204	0.007	0.024	42.083	12.583	0.003	405	10	76	18	Jan 1, 2015
3	2015	1	1	27170	서구	208516	0.100	0.006	0.023	44.250	11.708	0.001	135	5	30	7	Jan 1, 2015
4	2015	1	1	27200	남구	161949	0.108	0.009	0.023	36.458	?	0.001	102	3	31	2	Jan 1, 2015
5	2015	1	1	27230	북구	447887	0.194	0.007	0.024	49.958	13.042	0.002	299	2	39	11	Jan 1, 2015
6	2015	1	1	27260	수성구	453256	0.269	0.008	0.019	42.938	12.958	0.002	437	9	64	8	Jan 1, 2015
7	2015	1	1	27290	달서구	611460	0.213	0.003	0.026	47.542	11.750	0.001	458	24	61	18	Jan 1, 2015
8	2015	1	1	27710	달성군	197672	0.300	0.003	0.024	42.625	12.958	0.001	223	11	36	5	Jan 1, 2015
9	2015	1	2	27110	중구	81734	0.100	0.022	0.017	29.250	?	0.007	752	78	71	131	Jan 2, 2015
10	2015	1	2	27140	동구	351486	0.296	0.017	0.020	30.625	16.667	0.003	4400	391	443	496	Jan 2, 2015

그림 8-6 데이터 분석용 데이터 세트 생성 결과

이상에서 셀프서비스 분석 도구인 RapidMiner를 활용해 데이터를 준비하는 과정을 살펴보았다. 실제 데이터 분석에서는 이보다 복잡한 과정을 통해 데이터 준비가 이루어질 수 있다. 여기에서는 기술적 상세한 설명보다는 셀프서비스 데이터 준비 도구를 활용해 데이터 준비하는 과정을 보여주는 데 중점을 두었다.

데이터 카탈로그

제품 카탈로그처럼 필요한 데이터를 쉽게 찾는 것을 돕기 위해 개발된 도구가 데이터 카탈로그(data catalog)다. 즉, 데이터 카탈로그는 셀프서비스 분석가가 필요한 데이터를 쉽게 찾는 것을 돕기 위해 개발되었다. 더 나아가 데이터 카탈로그는 데이터에 발생한 변화를 추적하고 어떤 변화가 있었는지 확인할 수 있도록 한다.

데이터 카탈로그를 왜 사용할까? 데이터 카탈로그를 사용하는 이유는 사람마다 다를 수 있다. 셀프서비스 분석가는 데이터를 쉽게 찾고 활용하기 위해 데이터 카탈로그가 필요하다. 데이터 카탈로그를 도입하기 이전에 대부분의 셀프서비스 분석가는 어떤 데이터가 있는지, 데이터가 어떻게 사용되었는지, 어떤 품질을 지니고 있는지에 대한 정보가 없이 데이터를 사용하였다. 따라서 셀프서비스 분석가는 데이터를 찾고, 데이터를 이해하고, 이미 존재하는 데이터 세트를 다시 생성하는 데 많은 시간을 소비하니[64], 자연스럽게 분석의 효율은 떨어질 수밖에 없었다[65].

정보기술 부서에 있는 사람들은 데이터 카탈로그가 데이터 거버넌스 문제를 해결해 줄 것으로 기대한다. 셀프서비스 분석은 데이터 분석가에게 많은 자율성을 부여하기 때문에 좀 더 다양한 데이터 활용이 발생한다. 데이터의 활용 또는 분석의 측면에서는 이것이 바람직할 수 있으나 데이터의 전반적인 품질을 관리하고 데이터의 보안을 중요하게 생각하는 정보기술 부서의 입장에서는 매우 곤혹스러운 상황에 처하게 된다. 특히 최근 GDPR(General Data Protection Regulation), BCBS239(Basel Committee for Banking Supervision 239), HIPAA(Health Insurance Portability and Accountability Act) 등은 개인의 데이터 보호를 강화하고 통합하기 위한 새로운 요구 사항을 제시하고 있는데 데이터 카탈로그는 민감한 데이터의 보호에 기여할 수 있다고 본다.

조직 입장에서는 자신들이 보유하고 있는 데이터 자산을 관리하기 위해 데이터 카탈로그를 사용하기 바란다. 현대의 조직은 기업들은 데이터를 효율적으로 활용하고 싶지만 현실은 그렇지 못했다. 어떤 데이터가 존재하는지, 누가 그것을 가지고 있는지, 어떻게 활용되는지 명확하지는 않았다. 따라서 많은 기업에 있어 데이터는 아직까지 매우 활용도가 낮은 자산이었다[66]. 이런 문제를 해결하기 위한 한 가지 방법이 데이터 카탈로그를 구현하는 것이다. 최고 데이터 책임자와 최고 분석 책임자는 데이터 카탈로그를 데이터 자산 관리, 분석 품질 향상, 생산성 향상을 위한 핵심적인 전략 자원으로 간주한다. 조직적 측면에서 데이터 카탈로그는 중앙집권적인 정보기술 부서 중심의 데이터 관리로부터 비즈니스 협력하며 커뮤니티 중심의 데이터 큐레이션으로 이동하는 데 있어 매개체로서 역할을 수행할 것이다[67].

데이터 카탈로그의 기능

데이터 카탈로그가 데이터 분석가들을 지원하는 도구라는 것은 분명한데, 구체적으로 어떤 기능을 지원해야 할까? TDWI의 필립 러썸(Philip Russom)은 데이터 카탈로그가 다음과 같은 역할을 수행해야 한다고 한다[68].

데이터에 대한 통일된 관점 제공

데이터 카탈로그는 데이터에 대한 통일된 준 관점(a unified view of data)을 제공한다. 통일된 데이터는 회사가 여러 조각화된 데이터 소스를 하나의 단일 중앙 보기로 병합하는 것을 말한다. 통일된 데이터는 회사의 데이터를 보다 완전하고 정확하게 파악할 수 있지만 데이터를 통합하는 것은 간단한 일은 아니다. 데이터 소스를 함께 연결하려면 분석 플랫폼과 같은 데이터 소스를 통합할 수 있는 시스템이 필요하다.

비록 데이터 카탈로그가 기업 데이터 자산의 전체를 나타낼 수는 없지만, 기업 수준의 가시성을 제공하고 데이터에 대한 접근을 정보기술 부서에 의존하는 관행을 개선할 수 있는 단일의 통일된 관점을 제공하는 역할을 수행한다. 또한 데이터 카탈로그는 처리된 데이터를 브라우징 또는 검색할 수 있는 기능과 데이터에 관한 모든 정보를 공유할 수 있는 기능을 제공해야 한다.

메타데이터 자원 관리 지원

데이터 카탈로그는 메타데이터(metadata) 관리의 현대화를 지원한다. 메타데이터는 데이터를 기술하는 데이터를 말한다. 메타데이터는 기술적 메타데이터(technical metadata), 비즈니스 메타데이터(business metadata), 운영 메타데이터(operational metadata), 소셜 메타데이터(social metadata) 등으로 구분할 수 있다. 기술 메타데이터에는 데이터 스키마, 데이터 스타일, 데이터 모델과 구조 등이 있다. 비즈니스 메타데이터에는 온톨로지(ontology), 비즈니스 관계에 대한 매핑 등과 관련된 메타데이터가 있다. 운영 메타데이터에는 데이터, 성능, 프로세스 출력, 데이터 작업 등이 있다. 마지막으로 소셜 메타데이터에는 사람과 데이터와 관계 메타데이터, 부족 지식, 사용자 생성 컨텐츠에 대한 메타데이터 등이 있다[69].

메타데이터 관리의 현대화는 일반적으로 데이터 카탈로그의 기능 중 가장 우선순위가 높은 요소다. 효과적인 재무관리를 위해 재무에 대한 데이터가 필요한 것처럼, 효율적인 데이터 관리를 위해 데이터에 관한 데이터, 즉 메타데이터가 필요하다. 데이터 카탈로그는 조직 내외에 흩어져 있는 데이터의 메타데이터를 수집한 후 중앙집중화된 플랫폼에 저장하여 서비스로 사용자에게 제공된다. 이를 통해 메타데이터는 기업 전반에 걸쳐 개선되고 공유될 수 있을 것이다. 빅데이터, 웹 데이터, 사물 인터넷의 많은 형태는 메타데이터가 부족한데, 데이터 카탈로그는 인공지능을 활용하여 데이터의 메타데이터를 자동으로 생성하여 데이터 분석가가 검색, 질의, 프로파일, 개발 등에 사용할 수 있게 한다.

데이터 자산의 문서화 지원

데이터 카탈로그는 다양한 방법으로 모든 데이터의 문서화를 지원한다. 분류(classification)는 데이터 소스, 구조, 컨테이너 등을 불문하고 데이터 카탈로그 내에 모든 데이터에 적용되어야만 한다. 이상적으로는 데이터 세트는 데이터 영역

(data domain)과 비즈니스 실체(business entity)에 따라 분류되고 색인이 생성 되어야 한다. 데이터 카탈로그가 완료되면 많은 유형의 사용자와 도구는 더 폭넓지만 더 많은 도움을 받아 탐색할 수 있고 특별한 사용 사례에 필요한 적합한 데이터를 더 쉽고 정확하게 찾을 수 있게 된다. 완벽한 데이터 카탈로그의 수준은 구조화되지 않은 데이터와 빅데이터의 카탈로그를 생성하고 의미 검색(semantic search)을 지원해야 한다.

지능적 서비스 제공

데이터 카탈로그 시스템은 다양한 데이터 소스, 목표, 구조 등의 증가에 대응할 수 있는 지능적인 서비스를 제공해야 한다. 즉, 인공 지능을 활용하여 데이터 관리자 또는 데이터 분석가가 반복적으로 수행해야만 하는 많은 일을 자동화해야 한다. 인공 지능 기반의 지능형 데이터 카탈로그 시스템은 메타데이터 관리, 추천, 데이터 매핑, 데이터 계보, 데이터 이상치 감지, 상관관계 분석 등의 기능을 지원한다. 지난 몇 년간 인공지능의 도움으로 데이터 카탈로그 기술이 크게 발전했다. 지능형 데이터 카탈로그는 단지 메타데이터를 관리하고 태그를 생성하고 저장하는 작업만 지원하는 것이 아니라 데이터를 더 깊고 더 넓게 이해할 수 있도록 지원한다[69].

데이터 자산 관리의 자동화

데이터 카탈로그는 데이터 거버넌스(data governance), 데이터 스튜워드십 (data stewardship), 데이터 큐레이션(data curation) 등을 자동화한다. 데이터 거버넌스는 데이터의 포착, 저장, 접근, 목적 재설정, 최종 사용자의 사용 등에 관한 정책을 생성하고 강제하는 프로세스를 만든다. 데이터 카탈로그와 그것에 통합된 데이터 관리 인프라는 데이터 거버넌스에 자동화 기능을 제공한다. 데이터 카탈로그는 데이터 자산의 현황에 대한 정보를 제공하기 때문에 스튜어드의 역할을 수행하는 데 필수적인 도구이다. 강력한 의사 소통 및 협업 기술은 데이터 관리자에게도 가치가 있다[70]. 데이터 카탈로그는 지능적인 데이터 관리 기능으로 데이터 큐레이터가 수행하는 데이터 수명 주기 전체에 대한 데이터 관리를 지원한다[71].

데이터 카탈로그 아키텍처

데이터 카탈로그의 구현은 데이터 준비와 마찬가지로 솔루션을 제공하는 업체마다 다양하기 때문에 일반화된 모델을 제공하기는 어렵다. 따라서 사례를 살펴보는 것이 도움이 된다. 데이터 카탈로그 솔루션 업체인 탈랜드(Talend)의 솔루션 아키텍처를 살펴보자.

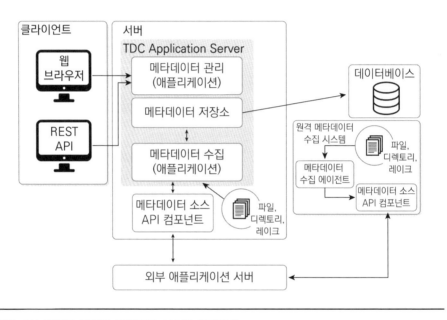

그림 8-7 탈랜드 데이터 카탈로그 시스템 아키텍처

[그림 8-7]은 탈랜드 데이터 카탈로그(Talend data catalog; TDC)의 기능 블록과 이들 간의 상호 작용을 보여 준다. 아키텍처 내에는 클라이언트 블록, 서버블록, 데이터베이스 블록, 원격 메타데이터 수집 에이전트 블록 등 다양한 기능블록이 정의되어 있다.

클라이언트 블록에서는 웹 브라우저 또는 REST API에서 TDC 웹 응용프로그램에 접근할 수 있다. 여기에서 모델 생성, 메타데이터 가져 오기, 계보 추적, 메타데이터 저장소 관리, 엔터프라이즈 아키텍처 설계와 관리 작업이 처리 된다.

서버 블록에는 탈랜드 데이터 카탈로그 웹 응용프로그램이 포함하고 있다. 내장 아파치 톰캣(Apache Tomcat) 서버를 사용하며 표준 웹 응용프로그램으로 실행한다. TDC 웹 응용프로그램은 메타데이터 관리, 데이터 거버넌스, 데이터 카탈로그를 위한 메타데이터 관리 응용프로그램, 메타데이터 저장을 위한 메타데이터 저장소, 메타데이터 가져 오기와 내보내기를 위한 메타데이터 수집 응용프로그램 등으로 구성된다.

데이터베이스 블록에는 메타데이터를 저장과 검색하고 계산을 실행하는 데 사용되는 데이터베이스가 포함된다. 데이터베이스는 Oracle, PostgreSQL, MS SQL Server 등이 사용된다.

원격 메타데이터 수집 에이전트 블록은 원격 컴퓨터에 하나 이상의 메타데이터 수집 서버가 설치되어 있다. 탈랜드 데이터 카탈로그는 이 시스템을 메타데이터 소스 기술에서 가져 오거나 내보내는 에이전트로 사용한다.

데이터 카탈로그 사용 사례

다양한 데이터 카탈로그 제공 업체가 있다. 여기에서는 마이크로소프트의 Azure 데이터 카탈로그(Azure Data Catalog; ADC)의 사용 사례를 보도록 하자. 여기의 사용된 사례는 Azure에서 제공하는 연습 문서를 기반으로 작성하였다. 자세한 내용은 Azure 연습 문서를 참조하도록 하라[72]. ADC는 클라우드 기반 데이터 카탈로그로 이 서비스를 사용하여 마이크로소프트 Azure의 사용자로 등록되어 있어야 한다.

1) 데이터 등록

사용자는 퍼블릭 API 또는 원클릭 등록 도구를 사용하거나 ADC 웹 포털에 정보를 직접 입력하여 메타데이터를 게시 할 수 있다. ADC는 관계형 데이터베이스, 하둡 기반 저장소, 클라우드 기반 저장소 등 다양한 데이터 소스에 접근하여 데이터를 얻을 수 있으며 데이터 소스 참조 규격(data source reference specification)의 데이터 소스 위치 정보(data source location structure; DSL structure)를 통해 제시한다.

[그림 8-8]과 [그림 8-9]는 ADC에서 데이터베이스의 테이블에서 데이터를 등록 하는 예시를 보여준다. 홈페이지에서 데이터베이스에 연결한 후 등록할 테이블을 선택하고(그림 8-8①), 데이터로 등재할 필드를 선택한다(그림 8-8②, ③). 등록한 데이터 파일에 메타데이터와 관련된 추가 사항을 설정한다(그림 8-9).

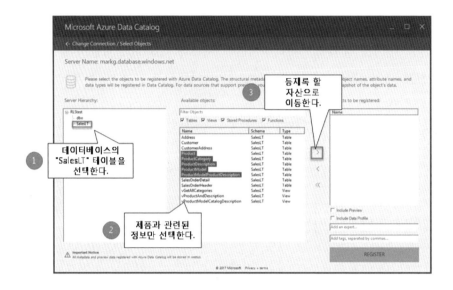

그림 8-8 ADC에 데이터 등재(1)

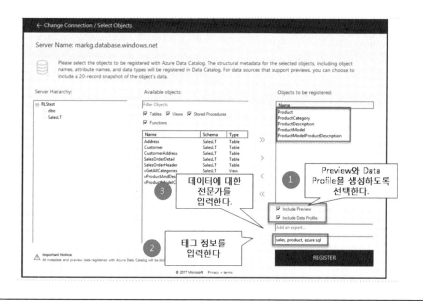

그림 8-9 ADC데이터 등록(2)

2) 데이터 탐색

ADC의 검색은 검색 및 필터링이라는 두 가지 기본 메커니즘을 사용한다. 검색은 직관적이고 강력하도록 설계되었다. 기본적으로 검색어는 사용자 제공 주석을 포함하여 카탈로그의 모든 속성과 일치한다. 필터링은 검색을 보완하도록 설계되었다. 전문가, 데이터 소스 유형, 객체 유형 및 태그와 같은 특정 특성을 선택하여 일치하는 데이터 자산을 보고 검색 결과를 일치하는 자산으로 제한할 수 있다. 검색 및 필터링 조합을 사용하면 ADC에 등록된 데이터 원본을 빠르게 탐색할 수 있다. 예를 들어, 검색 창에 'product'키워드를 입력하여 검색을 실행하여(그림 8-10①), 검색어를 포함하고 있는 데이터 세트를 보여준다(그림 8-10②). 더 나아가 필터를 사용하면 검색 결과 내에서 관심 대상이 되는 결과만을 볼 수 있다(그림 8-10③).

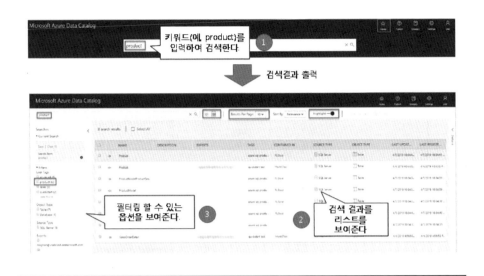

그림 8-10 ADC 데이터 검색

3) 데이터에 주석 추가

사용자는 ADC를 사용하여 카탈로그 내에 존재하는 데이터 세트에 설명, 태그, 전문가 같은 정보를 추가하는 주석을 사용할 수 있다. 주석은 데이터를 등록하는 동안에 데이터 소스로부터 추출된 구조 메타데이터(structural metadata)를 보완한다. 주석은 데이터 세트를 더 쉽게 탐색하고 이해할 수 있도록 한다. 데이터를 등록할 때 자동으로 데이터 세트에 대한 주석이 생성된다. 사용자는 임의의 주석을 생성할 수 있다. 예를 들어, "ProductPhoto"라는 단일 데이터 세트에 주석을 추가하는 사례를 보자. 사용자는 ProductPhoto란 데이터 세트에 사용자에 친숙한 이름과 설명을 추가할 수 있다.

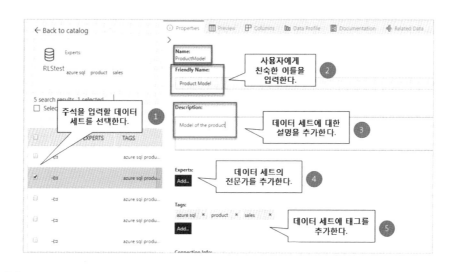

그림 8-11 ADC 데이터 주석 추가

4) 데이터 사용

ADC 내에 있는 데이터는 연결 정보를 사용하여 통합 클라이언트 도구(Excel) 및 비통합 도구(SQL Server Management Studio)에서 열 수 있다. 여기에서는 데이터를 찾아 엑셀에 로드하여 사용하는 과정을 살펴보자. 검색된 결과에서 사용하고자 하는 데이터를 선택한 후에(그림 8-12①), 메뉴 바에서 Open In … 메뉴를 선택한 후 "Excel"을 선택한다. 엑셀의 데이터 가져오기(data import) 기능을 사용하면 [그림 8-13]과 같이 엑셀로 데이터가 로드되어 사용할 수 있게 된다.

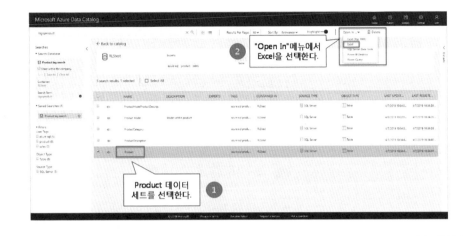

그림 8-12 ADC 데이터 사용(1)

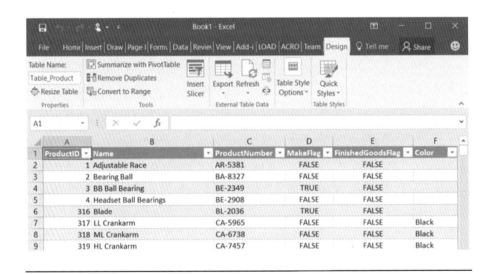

그림 8-13 ADC 데이터 사용(2)

데이터 준비와 카탈로그 선택

데이터 준비와 데이터 카탈로그는 셀프서비스 분석을 조직에서 도입하는데 핵심적 역할을 담당하는 도구들이다. 그런데 이 도구들을 공급하는 다양한 업체들이 있고 각자 장단점이 있다. 따라서 이 도구들을 잘 선택하는 것이 필요하다. 어떤 도구를 사용할지는 사실 조직의 현황 또는 지원하는 기능 등을 종합적으로 고려하여 판단해야 할 것이다. 여기에서는 데이터 준비와 데이터 카탈로그 도구의 유형에 대해서 먼저 알아보고, 이들 도구들을 선택하는 방안에 대해서 논의하고, 마지막으로 이런 도구의 도입과 데이터 거버넌스와 관계에 대해서 생각해볼 것이다.

도구의 유형

데이터 카탈로그와 데이터 준비 도구는 독립형, 결합형, 통합형으로 구분할 수 있다. 독립형 시스템은 데이터 카탈로그와 데이터 준비만 별도로 지원하는 시스템을 말한다. 결합형은 데이터 카탈로그와 데이터 준비를 묶어서 하나의 시스템으로 제공하는 유형을 말한다. 통합형은 데이터 분석 플랫폼에 데이터 카탈로그와 데이터 준비를 모듈로서 통합을 하였다. [그림 8-14]는 이런 기준에 따른 각 유형별로 현재 시장에 나와있는 제품들을 보여 준다. 분석 라이프 사이클 전반에 걸친 끊김 없는 사용자 경험의 가치는 중요하기 때문에 데이터 카탈로그는 통합형 도구를 발전할 것으로 예상된다.

그림 8-14 데이터 카탈로그와 데이터 준비 시스템 유형(출처: Bloor)

도구의 선택

위에서 본 것처럼 이미 시장에는 다양한 데이터 준비와 카탈로그 도구가 있다. 모든 규모에 맞는 데이터 준비와 카탈로그 도구는 없다. 도구 선택은 최상의 도구를 선택하기 위해 요구 사항을 이해하고 많은 변수 사이에서 최상의 균형을 이루기 위한 올바른 절충점을 만드는 프로세스이다.

현황 파악

시스템 선택을 위한 첫 번째 단계는 환경에 대한 현황을 작성하는 것으로부터 시작한다. 데이터 카탈로그와 준비 시스템이 사용될 용도, 사용자, 데이터, 조직 및 문화를 완전히 이해하지 않으면 올바른 선택을 할 수 없다. 모든 사용 사례, 사용자 유형, 데이터 유형 또는 기타 환경 요인에서 다양성은 많은 상충 관계가 있음을 의미한다. 데이브 웰스는 환경 현황 파악을 위해 다음과 같은 8가지 요소를 제안하였다[73].

- **사용 사례**(Use Cases): 데이터 카탈로그와 준비 시스템은 다양한 사용 사례를

지원해야 한다. 사용 사례는 운영 보고(operational report), 비즈니스 분석 (business analysis), 데이터 분석(data analysis), 고급 애널리틱스(advanced analytics) 등이 있다. 데이터 카탈로그와 준비 시스템을 선택할 때는 이 스펙트럼에서 현재 및 향후 사용 사례의 경계를 알아야 한다.

- **사용자 유형**(User Types): 데이터 카탈로그와 준비 시스템을 선택할 때 현재 사용자와 기대되는 사용자를 파악해야 한다. 데이터 준비 도구를 선택할 때는 현재 및 예상되는 사용자 기반의 범위를 알아야 한다. 기술 능력과 데이터 활용 능력은 일부 도구를 사용할 때 필수적인 기술이며, 다른 기술은 기술 수준이 낮은 사용자를 위해 특별히 설계되었다. 도구 채택은 사용자 요구와 기능에 직접적으로 의존한다.

- **사용자 인터페이스**(User Interface): 사용자 인터페이스는 사용자 유형과 밀접하게 연결되어 있다. 사용자에게 적절한 인터페이스가 있는지 파악해야 한다. 비기술적인 사용자는 직관적이고 그래픽적인 인터페이스를 선호하지만, 보다 기술적인 사용자는 때때로 그것이 고급 데이터 준비 기능에 장애가 된다고 생각한다.

- **데이터 유형**(Data Types): 다양한 데이터 유형에 연결, 접근, 구문 분석 및 처리할 수 있는지 파악해야 한다. 모든 데이터 준비 도구는 파일, 스프레드시트, 테이블 등 보다 일반적인 데이터 형식과 함께 작동하며 모든 최신 도구는 NoSQL 데이터와 함께 작동한다. 데이터 카탈로그와 준비 시스템의 가장 큰 차이점 중 하나는 보다 복잡한 데이터 형식으로 작업할 수 있다는 것이다.

- **데이터 소스**(Data Sources): 데이터 소싱 요구는 사용 사례와 밀접한 관련이 있다. 예를 들어, 운영 보고는 ERP 데이터베이스, CRM 시스템 및 레거시 데이터베이스에 연결해야 한다. 분석은 NoSQL 및 빅 데이터 소스에 연결될 가능성이 높다. 실시간 분석에는 데이터 스트림 연결이 필요할 수 있다. 사용 사례와 필요한 데이터 소스를 고려한 다음 고려중인 각 도구에 사용할 수 있는 사전 구축된 커넥터를 고려해야 하며, 맞춤형 커넥터의 기능 및 프로세스에 대해서도 검토해야 한다.

- **배치**(Deployment): 데이터 카탈로그와 준비 시스템의 배치는 인프라, 아키텍처 및 조직 문화에 잘 맞아야 한다. 아키텍처 및 인프라 관점에서 클라우드

배치는 클라우드 호스팅 데이터 소스의 우세에 적합하다. 클라우드 구현은 대규모 데이터 볼륨 또는 프로세스 집약적 데이터 조작으로 작업하기 위해 확장성이 필요하고 데이터 준비 워크로드의 극심한 변동을 관리하기 위해 클라우드 탄력성이 필요한 경우에도 효과적이다. 데스크톱 배치는 소수의 독립적이고 자율적인 사용자에게 적합하다. 서버 구현을 통해 더 많은 셀프 서비스 사용자가 더 잘 지원된다. 씬 클라이언트 서버/브라우저 배치는 관리 오버 헤드를 최소화하면서 자율성을 지원한다.

- **거버넌스**(Governance): 데이터 카탈로그와 준비 시스템은 데이터 거버넌스에 대한 접근 방식이 매우 다양하다. 거버넌스 기능에는 계보(lineage), 보안 (security), 규정준수(compliance), 품질(quality), 큐레이션(curation), 협력적 거버넌스(collaborative governance) 등의 관리를 포함한다. 현재 사용 가능한 데이터 카탈로그와 준비 시스템은 모든 데이터 거버넌스 요구 사항을 충족하지 않는다. 목표는 데이터 거버넌스 프로세스 및 관행에 가장 적합한 도구 기능을 찾는 것이다.

- **프로젝트**(Projects): 대부분의 조직에는 다양한 규모의 여러 보고 및 분석 프로젝트가 있다. 프로젝트는 개인 프로젝트에서 다양한 그룹 프로젝트가 있다. 모든 규모의 팀에 있어 협업 및 공유 기능은 프로젝트를 가속화하고 결과 품질을 향상시킨다. 따라서 공유 질의(sharing query), 공유 워크플로 (sharing workflow), 공유 모델(sharing model), 사용자 검토 및 데이터 세트 평가 및 데이터 준비 절차와 같은 기능이 있는지 검토해야 한다.

기능 파악

다음으로 데이터 준비와 카탈로그의 특징과 기능을 살펴보아야 한다. 먼저 셀프서비스 분석의 성공에 가장 중요한 것을 식별하고 요구 사항 목록에서 최우선 순위를 부여한다. 그런 다음 2~3년 동안 미래의 성공에 중요한 기능을 식별한다. 사용자 증가, 사용 사례, 데이터 소스, 데이터 유형 및 기술 발전으로 예상되는 것을 고려해야 한다. 마지막으로, 나머지 특징과 기능을 세 번째 우선 순위 요구 사항으로 추가하여 절대 확실하지 않은 요구 사항만 제거해야 한다.

데이브 웰스는 데이터 준비와 카탈로그 도구가 제공하는 12가지 기능 요소를 제안하였다[74].

- **시각적 데이터 탐색**(Visual Data Exploration): 데이터 탐색은 데이터 세트의 주요 특징을 식별하고 요약한다. 데이터 탐색은 데이터의 내용, 구조, 패턴을 비기술적이고 쉽게 소비되는 형식으로 보는 시각적 활동을 말한다. 데이터 탐색을 통해 데이터 소비자는 데이터 세트 내용을 이해하고 분석 및 보고 기능을 식별하며 데이터 품질을 평가하고 데이터 세트의 유용성을 판단할 수 있다. 데이터 이해는 데이터 준비의 첫 번째 단계이며 시각적 탐색은 이해를 용이하게 한다. 기능의 강도와 사용 편의성을 기반으로 데이터 탐색 기능을 평가해야 한다.

- **데이터 변환**(Data Transformation): 데이터 변환은 특정 요구와 목표를 충족시키기 위해 데이터를 변경하는 프로세스를 말한다. 보고 및 분석에 적합한 형태와 형식으로 데이터를 얻는다. 데이터 변환은 데이터를 개선하고 데이터를 보강하며 데이터를 형식 지정하는 것이다. 데이터 변환은 데이터 준비의 핵심이다. 기능의 강력함과 사용 편의성을 기반으로 데이터 변환 기능을 평가해야 한다.

- **데이터 클랜징**(Data Cleansing): 데이터 정리는 데이터 품질의 결함을 감지하고 수정하는 변환 처리를 말한다. 결함이 있는 데이터는 때때로 제거되고 때로는 파생, 기본값 또는 가장 가능성이 높은 값으로 대체된다. 데이터 정리를 위해 특별히 설계된 기본 제공 데이터 변환 작업과 데이터 정리 작업을 권장하는 지능형 기능을 가지고 있는지 검토해야 한다.

- **데이터 블랜딩**(Data Blending): 데이터 블랜딩은 여러 소스의 데이터를 상호작용과 수요를 기반으로 단일 보기 또는 파일로 결합하는 프로세스를 말한다. 데이터 블랜딩은 일상적이고 도전적인 데이터 준비 활동으로 강력한 데이터 혼합 기능이 중요하다. 데이터 블랜딩 기능의 장점, 풍부성 및 사용 편의성을 검토해야 한다. 고급 데이터 준비 도구는 머신 러닝 기능을 사용하여 블랜딩 기술을 추천하고 워크플로 디자인의 일부로 코드 없는 블랜딩 사양을 포함한다.

- **머신 러닝**(Machine learning): 머신 러닝은 지능형 데이터 카탈로그와 준비 시스템의 매우 중요한 요소다. 머신 러닝 알고리즘은 특성과 패턴을 찾기 위

해 데이터를 분석한다. 머신 러닝은 또한 사용자의 데이터에 대한 작업 경험에 기반을 두고 데이터 카탈로그와 준비 역량을 개선하기 위해 적용된다. 머신 러닝이 데이터 카탈로그와 준비 작업을 개선하고 쉽게 하기 위해 적용된 방법을 기반으로 머신 러닝 역량을 평가해야 한다.

- **데이터 계보 추적**(Data Lineage Tracking): 데이터 계보 추적은 데이터 파이프라인의 완전한 기원에서 응용프로그램을 제공한다. 계보 추적은 효율적인 데이터 거버넌스를 위한 핵심 역량이고 데이터 소비 신뢰를 위한 중요한 기능이다. 데이터 소스와 전체 데이터 준비 워크플로를 통해 수행된 모든 작업을 아는 것은 신뢰 받는 데이터의 기초다. 계보 추적은 데이터의 연원을 따지는 것, 문제 해결, 데이터 조정 등에 중요하다. 계보 메타데이터의 상세 수준, 계보의 시각적 표현, 새로운 워크플로 설계를 위한 모델로서 재사용 능력에 기반해서 역량을 검증해야 한다.

- **공유와 재사용**(Sharing and Reuse): 데이터 준비의 많은 질의, 데이터 세트, 작업 및 워크플로를 재사용하고 다른 사람과 공유할 수 있다. 입증된 데이터 준비 구성 요소를 공유하고 재사용하면 보고 및 분석 속도가 빨라지고 오류 빈도가 줄어들며 품질이 향상되며 사용자 간의 협업이 촉진된다. 재사용 가능한 작업 및 워크플로는 수정없이 새로운 사용 사례에 적용할 수 있으며, 다른 경우에는 새 작업 및 워크플로를 구성하기위한 빌딩 블록 템플릿 역할을 한다. 질의, 데이터 세트, 운영 및 워크플로 등 재사용할 수 있는 대상, 재사용 및 노출을 위해 노출 및 표시 방법, 재사용 가능성과 재사용 간 격차를 해소하는 방법 등을 고려하여 공유 및 재사용 기능을 평가해야 한다.

- **사용자 정의 함수**(User-Defined Functions): 모든 데이터 준비 도구는 구문 분석, 문자열 조작, 계산, 변환, 조회 등의 작업과 같이 데이터를 조작할 수 있는 즉시 사용 가능한 기능을 제공한다. 많은 조직에서는 분석 및 보고 요구, 데이터, 시스템 또는 산업에 고유한 사용자 지정 작업을 정의해야 한다. 사용자 정의 함수를 사용하면 일반적으로 셀프서비스 분석가도 스크립팅이 필요한 복잡한 작업을 수행할 수 있다.

- **메타데이터와 카탈로그 작성**(Metadata and Cataloging): 메타데이터는 데이터 소비자가 데이터를 찾을 때 사용할 수 있는 수단이며 검색 가능한 메타데이터는 올바른 데이터 세트를 찾는 데 핵심적인 요소다. 데이터 카탈로그는

분석 시대에 메타데이터를 생성, 유지 관리 및 검색하는 표준 방법이 되었다. 메타데이터의 풍부함과 완전성, 손쉬운 접근, 소스 메타데이터를 수집하고 큐레이터 주석을 추가하는 기능을 평가해야 한다. 가장 중요한 것은 메타데이터가 데이터를 찾고 준비하는 프로세스를 가속화하고 분석 프로젝트의 낭비와 반복적인 작업을 제거하는 정도를 평가해야 한다.

- 데이터 모델링(Data Modeling): 지능형 데이터 준비 시스템은 머신 러닝 기법을 사용하여 데이터 세트 콘텐츠, 데이터 유형, 구조, 관계를 발견할 수 있고, 데이터 모델을 추론할 수 있다. 모델 추론은 메타데이터가 부족한 데이터 레이크 콘텐츠의 큐레이션과 스튜어드십에 특별한 가치가 있고 데이터 변환에 중요한 지침이 될 수 있다. 이 기능은 거버넌스 이해 관계자에 가치가 있고, 기술 사용자가 높이 평가하며 때로는 기술이 아닌 사용자에게도 흥미를 가질 수 있다.

- 통합과 상호운용성(Integration and Interoperability): 데이터 소스로부터 분석에 데이터를 활용하여 결과를 얻기 위해 다양한 도구가 사용될 때, 그것들은 긍정적이고 생산적인 사용 경험을 위해 매끄럽게 상호 작용해야만 한다. 분석 도구가 많은 조직의 경우 각 분석 도구와 데이터 준비의 상호운용성 수준을 평가해야 한다. 통합 도구는 본질적으로 완벽한 사용자 경험을 제공한다. 그러나 통합 도구를 사용하더라도 상호운용성의 수준을 평가해야 한다.

- 확장성과 신뢰성(Scalability and Reliability): 작업할 가장 큰 데이터 세트에 대해 예상되는 데이터 양에 대한 도구 확장성을 평가해야 한다. 또한 동시에 작업할 것으로 예상되는 최대 활성 사용자 수를 고려하여 동시 사용자 확장성을 확인해야 한다. 그런 다음 도구의 확장 기능을 고려해야 한다. 내결함성(fault tolerance), 오류 처리(error handling), 재시작(restart), 복구(recovery)와 같은 안정성 기능을 평가하여 업무상 중요한 분석 프로젝트의 위험 수준에 맞는 기능 강도를 보장하는지 점검해야 한다.

데이브 웰스의 기준은 위에서 기술한 데이터 카탈로그의 주요 기능과 밀접한 연관이 있지만 중요한 것은 모든 기준이 똑같이 중요하지는 않다는 점이다. 가능하다면 기준의 우선 순위를 정하고 가중치를 지정하여 조직의 요구와 목표에 맞추어야 한다[75].

데이터 준비는 오늘날 데이터 공급 사슬의 중요한 부분이다. 올바른 데이터 준비 도구를 선택하는 것은 쉽지 않지만 중요하다. 조직의 요구 사항을 체계적으로 평가한 다음 해당 요구 사항에 대해 도구를 테스트하기 위한 시간과 노력을 투자하면 최선의 선택을 하는 데 도움이 된다.

셀프서비스 데이터 준비와 거버넌스

셀프서비스 데이터 준비의 위험성은 자유도의 수준에 있다. 가트너의 신디 호손(Cindi Howson)은 "이러한 셀프서비스 역량은 여러 버전의 진실을 만들어 낼 수 있고, 보고에서 오류를 증가시키고, 기업을 일관성이 없는 정보에 노출시킬 수 있다"고 경고하였다[76].

셀프서비스 데이터 준비가 없는 셀프서비스 분석은 정보기술 전문가가 설계하고 유지하는 데이터웨어하우스의 범위 내에서 민첩성을 제공하는 반면, 셀프서비스 데이터 준비가 도입되면, 최종 사용자가 중앙집중화된 데이터웨어하우스의 부분이 아닌 원시 데이터에 연결할 수 있게 하는데 이것은 데이터의 품질과 보안 측면에서 문제를 유발할 수 있다.

최종사용자가 이런 수단을 효율적으로 사용함에 따라 데이터웨어하우스를 갖는 핵심 이익을 손상시킬 수 있다. 데이터웨어하우스의 목표는 진실의 단일 원천(single source of truth) 측면에서 데이터 사일로(data silos)를 제거하는 것이고, 셀프서비스 데이터 준비는 이런 데이터 품질 표준을 위협하는 것처럼 보인다. 따라서 서로 충돌하는 데이터는 심지어 기본 정의에 대해서도 혼란을 야기한다. 만약 판매직원의 절반이 데이터웨어하우스 기반의 정의에 따라 운영되고 나머지 절반이 셀프서비스 데이터 준비에 따른다면 회사는 결과적으로 손실을 입게 될 것이다.

셀프서비스 데이터 준비를 도입하면서 이 문제를 해결할 수 있는 절대적인 방법은 없다. 그러나 셀프서비스 데이터 준비로 인해 발생하는 데이터 세트를 지속적으로 모니터링하면서 많이 사용되는 데이터의 경우 중앙집중화된 데이터 관리에 노력을 기울여야 할 것이다. 이를 위해서는 셀프서비스 데이터 준비 도구는 자동화된 메타데이터 파일 생성만 아니라 내장된 모니터링과 감사 기능이 필요하다.

더 중요한 것은 셀프서비스 데이터 준비에서 생성된 데이터의 소비자에게 해당 데이터의 출처를 알려주는 것이다. 데이터 세트가 선별되고 각 셀프서비스 데이터 준비 데이터 세트는 계보 및 출처 메타데이터(작성자, 생성 일자, 보안 레벨, 기본 소스, 변환 등)의 태그가 생성되어 소비자가 통찰을 갖도록 해야 한다. 일반적으로 사용하는 데이터와 어떻게 다른지, 필요한 경우 의미론적 질문으로 작성자에게 접근해야 한다는 점이다.

보안 문제는 전문적인 교육을 받은 사람에게도 어려운 문제이지만, 일반적으로 낮은 수준의 보안 의식을 보유한 비즈니스 사용자들은 더욱더 많은 보안 문제를 유발할 가능성이 있다. GDPR과 같은 데이터 프라이버시와 관련하여 점점 더 엄격해지는 규정이 확산되면서 프라이버시 침해 비용은 천문학적일 수 있다. 그렇다고 이런 이유로 해서 셀프서비스 데이터 준비를 포기할 수는 없다. 따라서 문제는 안전하게 기술을 배치하는 방법이 된다.

보안 문제를 해결하기 위해 필터를 사용할 수 있는데 대략 세 가지 방법을 생각할 수 있다[77]. 첫 번째 방법은 필터는 사용자가 원천적으로 중요한 정보를 접근하지 못하고 그들에게 허락된 데이터만 접근하도록 하는 방법이 있다(방법 1). 또 다른 방법은 정보기술 관리자가 사용자가 셀프서비스 데이터 준비를 사용하기 전에 검색하는 데이터를 자동으로 필터링하는 중간 보안 계층을 구축할 수 있다(방법 2). 마지막으로는 셀프서비스 분석가가 민감한 정보를 검색을 하여 셀프서비스 데이터 준비를 할 수 있게는 하지만 다른 사용자가 이것을 접근할 수 없도록 차단하는 방법이 있다(방법 3).

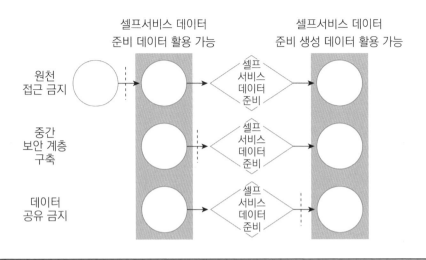

그림 8-15 셀프서비스 데이터 준비에서 보안 데이터 차단 방법

이상에서 논의한 것처럼 셀프서비스 데이터 준비는 보안과 진실의 단일 원천 측면에서 세심하게 준비하여 도입해야 한다. 셀프서비스 데이터 준비 솔루션을 채택한 조직은 함부로 뛰어들기 전에 이러한 솔루션이 데이터 보안 및 품질 위험으로부터 보호되는지 여부, 방법 및 범위를 면밀히 고려해야 한다[77].

요약

데이터 카탈로그는 셀프서비스 분석가가 원하는 데이터를 쉽게 찾고 다른 동료들과 공유할 수 있는 플랫폼을 제공한다. 반면에 데이터 준비 도구는 셀프서비스 분석가가 정보기술 부서의 도움 없이 직접 데이터를 준비할 수 있도록 한다. 이런 측면에서 데이터 카탈로그와 데이터 준비는 셀프서비스 분석의 성공에 없어서는 안 될 필수적인 고려 사항인 것이다.

데이터 준비와 카탈로그 도구는 셀프서비스 분석가의 분석 역량을 강화하는 데 도움이 된다. 그러나 어느 것 하나만을 사용하는 것은 문제가 있을 수 있다. 특히, 데이터 준비 도구만을 사용하는 것은 자칫 데이터의 일관성과 품질을 떨어뜨리고 데이터의 신뢰성을 잃게 만들 수 있다. 따라서 데이터 준비 도구는 반드시 데이터 카탈로그와 함께 사용되어야 한다.

    이제 우리는 데이터 준비와 데이터 카탈로그와 관련된 내용을 살펴보았다. 데이터가 준비되었다면, 이제 실제로 데이터 분석을 수행하는 것이 필요하다. 다음 장에서는 이 문제를 다루어 보도록 하자.

09 셀프서비스 분석 기술

서론

데이터가 있다고 해서 그 자체로 의미가 있는 것은 아니다. 데이터는 분석을 통해 의미 있는 통찰을 이끌어 내야 비로소 가치가 생긴다. 따라서 분석이 중요하다. 그러나 분석이 중요하다고 하더라도 누구나 쉽게 분석을 수행할 수 있는 것은 아니다. 데이터를 분석하는 기술은 오랫동안 발전해 왔다. 문명이 발전한 이래로 사람들은 데이터를 수집하고 분석하는 일을 해왔다. 생산량을 측정하고 비즈니스의 성과를 측정하는 많은 분석이 수행되어 왔다. 그런데 최근 수 십년에 데이터의 양과 질이 폭발적으로 증가함에 따라 데이터를 분석하는 기술도 획기적으로 발전하고 있다. 이런 기술은 원래 수학, 통계학 및 공학의 지식을 가진 사람들의 전유물이었지만, 셀프서비스 분석은 일반인들도 이런 기술들을 사용하여 분석을 수행할 수 있게 만들었다. 이런 이유로 해서 셀프서비스 분석을 '분석의 민주화 과정'이라고 부르는 이들도 있다.

이번 장에서는 셀프서비스 분석을 지원하는 분석 기술에 대해서 논의하고자 한다. 먼저 오랜 전통을 갖고 있는 통계적 분석 기술을 살펴보고, 최근에 소프트웨어가 많이 지원하는 시각적 분석과 예측적 분석을 살펴볼 것이다. 마지막으로 분석 결과를 구현하는 기술에 대해서 살펴볼 것이다.

통계 분석 기술

통계 분석은 매우 오랜 전통적을 갖는 데이터 분석 기술이다. 최근 빅데이터에 대한 관심이 고조되어 상대적으로 주목을 덜 받고 있지만, 규모가 작은 스몰 데이터(small data)를 분석하는 데 있어서는 중요한 분석 방법이다. 기술 통계(descriptive statistics)과 추론 통계(inferential statistics) 분석은 통계 분석에서 가장 중요한 분석 기법이다.

기술 통계

기술 통계는 중심 위치 주변의 관측치 군집 정도는 중심 경향에 대한 설명과 극단으로의 확산은 분산 정도에 의해 설명한다. 중심 위치 주변의 관측치 군집 정도는 중심 경향에 의해 설명되고 극단으로의 확산은 분산 정도에 의해 설명된다.

중심 경향의 척도(measures of central tendency)는 평균(mean), 중앙값(median) 및 모드(mode)가 있다. 평균(또는 산술 평균)은 모든 점수의 합을 점수 개수로 나눈 값이다. 평균은 극단적 변수에 의해 크게 영향을 받을 수 있다. 중앙값과 모드는 평균을 보완하는 중심 경향 값이다. 중앙값은 순위가 매겨진 데이터에서 분포의 중간으로 정의되며 모드는 분포에서 가장 자주 발생하는 변수를 말한다.

범위(ranges)는 표본의 확산 또는 변동성을 정의한다. 변수의 최소값과 최대값으로 설명된다. 데이터의 순위를 매긴 후 관측 값을 백분위수로 그룹화하면 변수 확산 패턴에 대한 더 나은 정보를 얻을 수 있다. 백분위수에서 관측치는 100개의 동일한 부분으로 순위가 매겨진다. 그런 다음 25%, 50%, 75% 또는 기타 백분위 수를 설명 할 수 있다. 중앙값은 50번째 백분위수이다. 사분위수 범위(interquartile range)는 중앙값에 대한 관측치의 중간 50%(25~75번째 백분위수)의 관측치이다. 분산(variance)은 분포가 얼마나 퍼져 있는지 측정한 것이다. 개별 관측치가 평균값에 얼마나 근접한 지를 나타낸다. 분산의 제곱근은 표준 편차(standard deviation)이다.

추론 통계

추론 통계에서 더 많은 모집단 집합을 추론하기 위해 표본으로부터 데이터를 분석한다. 목적은 가설에 답하거나 테스트하는 것이다. 가설(복수의 가설)은 현상에 대한 제안된 설명이다. 따라서 가설 검정은 관측된 효과의 현실에 대한 합리적인 결정을 내리는 절차를 말한다. 확률은 사건이 발생할 가능성의 척도인데, 0과 1 사이의 숫자로 정량화 된다. 여기서 0은 불가능을 나타내고 1은 확실성을 나타낸다.

추론 통계에서 '귀무 가설'(H0, 'H−naught', 'H−null')이라는 용어는 해당 모집단 변수 사이에 관계(차이)가 없음을 나타낸다. 대립 가설(H1과 Ha)은 변수 사이의 진술이 참일 것으로 예상됨을 나타낸다. P값(또는 계산된 확률)은 귀무 가설이 참인 경우 우연히 발생하는 사건의 확률이다. P값은 0과 1 사이의 숫자이며 귀무 가설을 기각할지 유지할지 결정하기 위해 사용된다. P값이 임의로 선택한 값(α 또는 유의 수준이라고 함)보다 작으면 귀무 가설(H0)이 기각된다. 그러나 귀무 가설(H0)이 잘못 기각된 경우 이를 유형 I 오류라고 한다. 알파 에러, 베타 에러, 이들에 영향을 미치는 표본 크기와 계산과 관련된 문제들이 있다.

정규 분포된 수치 데이터(정량 변수)는 모수 테스트(parametric tests)로 분석된다. 모수 통계 분석을 위한 가장 기본적인 두 가지 전제 조건은 정규성 가정과 등분산 가정이 있다. 정규성 가정(assumption of normality)은 표본 그룹의 평균이 정규 분포를 따른다는 가정이고, 등분산 가정은 표본과 해당 모집단의 분산이 동일하다는 가정이다. 그러나 표본의 분포가 한쪽으로 치우치거나 작은 표본 크기로 인해 분포를 알 수 없는 경우 비모수 통계 기법이 사용된다. 비모수적 테스트는 순서 및 범주형 데이터를 분석하는 데 사용된다.

모수 검정은 데이터가 기본 모집단의 정규 분포와 함께 양적(숫자) 척도라고 가정한다. 표본의 분산은 동일하고(분산의 동질성), 표본은 모집단에서 무작위로 추출되며 그룹 내 관측치는 서로 독립적이다. 일반적으로 모수 검정은 스튜던트 t−검정(Student−t), 분산 분석(ANOVA), 반복 측정 ANOVA등이 사용된다.

정규성 가정이 충족되지 않고 표본 평균이 정규화 되지 않은 경우 분산 모수 검정은 잘못된 결과를 초래할 수 있다. 비모수적 검증(분산 무관 검증)은 정규성 가정이 필요하지 않은 상황에서 사용된다. 비모수적 검증은 모수적 검증과 비교할 때 유의한 차이를 감지하지 못할 수 있다. 즉, 일반적으로 검증력이 낮다. 모수 검정에 대해 수행된 것처럼 검정 통계량은 해당 통계량의 샘플링 분포에 대한 알려진 값과 비교되며 귀무 가설은 허용되거나 거부된다.

통계 분석 도구

통계 분석을 위해 다양한 통계 소프트웨어를 사용할 수 있다. 일반적으로 사용되는 소프트웨어 시스템에는 SPSS(IBM Corporation 제조), SAS(미국 SAS Institute North Carolina에서 개발), R(Ros Ihaka 및 Robert Gentleman이 설계), Minitab(Minitab Inc 개발), Stata(StataCorp 개발) 및 MS Excel(Microsoft 개발) 등이 있다.

최근 소개되고 있는 셀프서비스 분석 도구는 기술 통계량을 자동으로 생성해 주는 기능을 포함하고 있다. 예를 들어 셀프서비스 분석 도구인 RapidMiner의 경우를 보자. [그림 9-1]은 RapidMiner을 활용하여 데이터를 읽어들이는 과정을 보여준다. 사용자는 Read CSV라는 오퍼레이터를 사용하여 CSV에 저장되어 있는 '포도주 품질' 데이터를 읽어 들여 결과를 출력하도록 분석 절차를 구성할 수 있다. 분석 프로세스를 실행하면 [그림 9-2]에 보는 것처럼 데이터가 로딩된 결과를 보여준다. 첫 행은 데이터 세트의 속성을 보여주는 반면, 두 번째 행부터는 개별 속성에 대해 값을 갖는 사례를 보여준다. 이렇게 데이터가 로딩이 되면 시스템은 자동적으로 데이터 세트의 기본 통계를 계산한다. [그림 9-3]에서 보는 것처럼 통계(Statistics) 메뉴를 클릭하면, 각 속성에 대한 요약 통계량을 볼 수 있다.

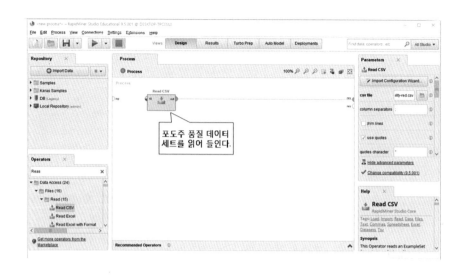

그림 9-1 RapidMiner의 기술 통계 데이터 예시(1)

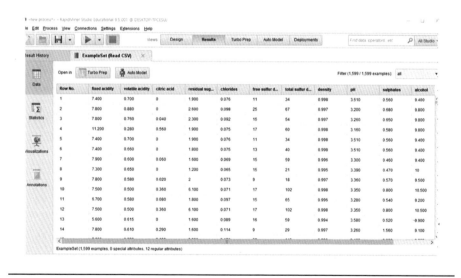

그림 9-2 RapidMiner의 기술 통계 데이터 예시(2)

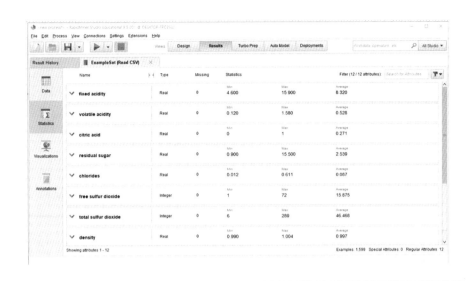

그림 9-3 RapidMiner의 기술 통계 데이터 예시(3)

시각적 분석 기술

시각적 분석은 데이터를 그림 또는 그래픽 형식으로 데이터를 표시하여 분석을 수행하는 것을 말한다. 의사결정자는 데이터를 시각적으로 보면 어려운 개념을 파악하거나 새로운 패턴을 식별하는 작업을 쉽게 할 수 있다. 대화형 시각화를 사용하면 기술을 사용하여 차트와 그래프로 세부 정보를 자세히 볼 수 있으며, 보고 있는 데이터와 처리 방법을 대화식으로 변경할 수 있다.

라킨(Larkin)과 사이먼(Simon)은 "왜 다이어그램이(가끔은) 10,000단어의 가치가 있는가?"[78]에서 시각화는 어려운 논리적 추론을 위해 신속한 지각 추론의 대체를 가능하게 하고 작업 완료를 위해 필요한 정보 검색을 감소시켜 더 효율적인 과제 성과를 지원할 수 있게 한다고 하였다.

시각적 분석 프로세스

[그림 9-4]는 일반적인 시각적 분석 프로세스를 보여준다[79]. 박스는 컨테이너를 나타내고, 원은 입력을 출력으로 변환하는 프로세스를 나타낸다. 이 모델의 목표는 어떤 시각화 방법을 적용할 것인가 보다 시각화가 작동하는 상황을 설명하는 것이다.

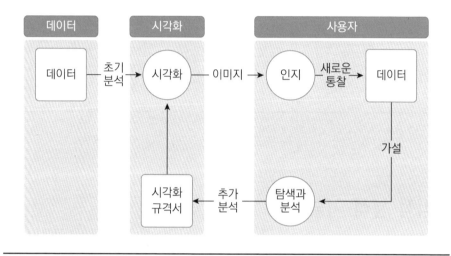

그림 9-4 일반적인 시각적 분석 프로세스[79]

다양한 데이터에 대한 초기 분석을 한 후 시각화(visualization)를 수행하면, 이미지가 산출된다. 여기서 이미지는 보통 일반적인 의미의 이미지이지만, 애니메이션이나 청각 또는 촉각 피드백일 수도 있다. 사용자는 이 생성된 시각화 결과를 보고 새로운 통찰을 얻게 되는데, 이 새로운 통찰은 사용자의 지식을 증가시키게 된다. 사용자는 지식을 기반으로 새로운 가설을 설정하고 탐색과 분석을 수행한다. 이를 기반으로 추가적인 분석을 수행하기 위한 분석 규격서(specification)를 작성하게 되며 이를 기반으로 새로운 시각화가 수행된다. 분석가는 데이터를 완전히 이해할 때까지 이 과정을 반복적으로 수행한다.

시각적 보고와 시각적 분석

시각적 보고(visual reporting)와 시각적 분석(visual analytics)은 구분해야 한다 [80]. 시각적 보고는 차트와 그래픽을 사용하여 일반적으로 측정 지표와 시계열 정보로 정의되는 비즈니스 성과를 나타낸다. 시각적 보고의 주요 유형은 대시 보드 또는 스코어 카드로 사용자에게 성능에 대한 시각적 스냅 샷을 제공한다. 대시 보드와 스코어 카드를 통해 사용자는 하나 이상의 레벨을 자세히 분석하여 측정 지표에 대한 보다 자세한 정보를 볼 수 있다. 본질적으로 대시 보드는 시각적 예외 보고서로서 시각화 기법을 사용하여 성능 아웃라이어를 강조한다.

시각적 분석을 통해 사용자는 시각적으로 데이터를 탐색하여 새로운 통찰력을 발견할 수 있다. 시각적 보고는 미리 정의된 측정 지표 주변의 데이터 탐색을 구조화하지만 시각적 분석은 훨씬 높은 수준의 데이터 상호 작용을 제공한다. 시각적 분석을 통해 사용자는 생각의 속도로 데이터를 시각적으로 필터링, 비교, 상관 등을 시킬 수 있다.

시각적 분석 도구는 예측, 모델링과 통계, 가정과 예측 분석 등과 통합되며 정보기술 담당자가 차원 데이터 모델을 설계할 필요가 없다. 이 도구는 분석자가 여러 소스의 원시 데이터를 로드하고 공통 키를 따라 테이블을 연결하여 데이터 세트의 통합된 뷰를 얻는 "로드 앤 고(load-and-go)" 방식을 사용한다. 결과적으로 대부분의 시각적 분석 도구는 데이터 소스의 수, 복잡성 및 품질에 따라 몇 시간 또는 몇 일 또는 몇 주 내에 배치할 수 있다.

셀프서비스 시각적 분석

시각적 분석을 현장 사람들이 직접 할 수 있게 하자는 것이 셀프서비스 시각적 분석이다. 셀프서비스 시각적 분석이 무엇인지에 대해서는 다양한 정의가 제시되었다. 데이터 분석 솔루션 업체인 던다스(Dundas)는 '모든 사용자가 하나의 유연한 플랫폼에서 단일한 경험으로 자신의 데이터를 작성, 소비, 시각화할 수 있도록 지원하는 것'이라고 한다[81]. 던다스가 말하는 하나의 유연한 플랫폼이라는 것을 가트너는 '승인되고 지원되는 아키텍처와 도구 포트폴리오'라고 좀 더 구체적인 설명을 제시한다. 따라서 셀프서비스 시각적 분석은 현장 실무자들이 정보기술 개발자의 개입 없이 시각적 분석을 보다 강력하게 제어할 수 있음을 의미한다.

시각적 분석을 지원하는 다양한 그래프가 있다. 대표적인 그래프 유형에는 선형 차트, 막대 차트, 히스토그램, 산포도, 박스 플롯, 누적 막대 차트, 영역 차트, 히트 맵 차트 등이 있다. 데이터 특성에 따라 서로 다른 차트 유형을 선택할 수 있다. 범주 유형 데이터인 경우에는 막대 차트가 주로 사용되고, 수치 유형의 경우에는 히스토그램과 박스 차트 등을 사용한다. 구체적으로 어떤 차트가 사용될지는 시각화 목적에 따라 다르다. 시각화 목적에는 비교(comparison), 구성(composition), 관계(relationship), 분포(distribution) 등의 목적을 가지고 수행된다 (그림 9-5).

비교를 위한 시간화에서는 시각화를 값의 크기를 서로 비교하는 데 사용하며 데이터에서 가장 낮은 값과 가장 높은 값을 쉽게 찾을 수 있게 한다. 또한 현재 값과 이전 값을 비교하여 값이 증가 또는 감소하는지 확인할 수 있다. 일반적인 질문은 "어떤 제품이 가장 많이 팔렸는가?" 또는 "작년과 비교하여 올해 판매량은 어떠한가?" 등이 있다. 어떤 경우에는 데이터가 시간 경과에 따라 나타내기도

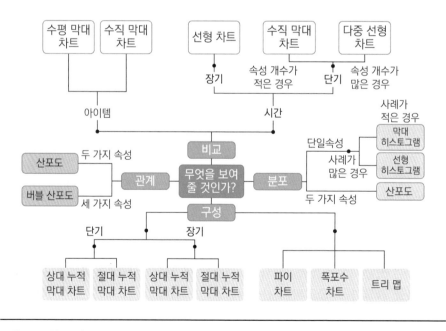

그림 9-5 차트 선택

하고, 다른 경우에는 항목별로 분류되기도 한다. 이런 경우에 사용할 수 있는 차트에는 막대 차트, 선형 차트, 막대 차트 등이 사용될 수 있다. 항목 간의 범주가 적을수록 막대 차트의 길이는 각도보다 데이터의 차이를 더 잘 표시한다. 그것이 우리가 비교할 때 원형 차트보다 막대 차트를 선호하는 이유다.

구성을 위해 시각화를 하는 경우에는 부분과 전체를 비교하는 방법과 전체 값을 부분으로 나누는 방법이 있다. 구성 차트는 상대 값을 보여 주지만 부분 차트는 절대 차이를 표시하는 데 사용될 수 있다. 차이점은 총 백분율과 총 값을 보는 것이다. 구성 차트와 관련된 일반적인 질문은 "지역에서 우리가 시장에서 차지하는 비중이 얼마나 되는지" 또는 "예산이 어느 영역으로 나누어져 있는지" 등이다.

분포를 보기 위한 시각화는 정량적 값이 축을 따라 가장 낮은 값에서 가장 높은 값으로 어떻게 분포되는지 확인하기 위해 사용한다. 사용자가 데이터 범위를 살펴보면 값의 범위, 중심 경향, 모양 및 이상치와 같은 특성을 식별할 수 있다. "연령 그룹당 고객 수" 또는 "지급 지연 기간"과 같은 질문에 답변할 수 있다. 분석 시각화에 사용하는 차트에는 막대 히스토그램, 선형 히스토그램, 산포도 등을 사용한다.

관계를 보기 위해 시각화를 사용할 수 있다. 데이터 간의 관계를 확인하는 데 사용되며 상관 관계, 특이치, 데이터 군집을 찾는 데 사용할 수 있다. 일반적인 질문은 "제품에 대한 광고 지출과 판매 사이에 상관 관계가 있는가?" 또는 "지역마다 지출과 수입이 어떻게 다른가?" 등이다. 관계형 시각화에 많이 쓰이는 차트에는 막대/선형 히스토그램과 산포도가 있다.

시각화 방향이 결정되면, 이제 실제로 시각화 작업을 해야 한다. 실제 시각화 작업은 어떤 셀프서비스 시각화 도구를 사용하는가에 따라 다르게 진행된다. 셀프서비스 시각적 분석 도구는 어떤 기능을 지원해야 할까? 카이 웨흐너(Kai Waehner)는 현재 시장에 나와 있는 셀프서비스 시각화 소프트웨어(예 Tableau, Qlik, Spotfire 등)에서 제공하는 기능을 중심으로 어떤 기능이 지원되어야 하는지 다음과 같이 정리하였다[82].

• 소프트웨어는 비즈니스 사용자가 사용하기 쉽고 직관적인 사용자 인터페이스로 대화형 시각화(interactive visualization)의 생성을 지원해야 한다.

- 막대 차트, 원형 차트, 막대 그래프, 산점도, 트리 맵, 격자 차트 등과 같은 다양한 시각화 구성 요소를 보유해야 한다.
- 다양한 데이터 소스(예 Oracle, NoSQL, Hadoop, SAP Hana, Cloud Services)에 대한 연결 방법을 제공해야 한다.
- 진정한 임시 데이터 탐색을 지원해야 한다. 즉, 데이터 세트를 단지 시각화하는 대신 상호 작용을 통한 실제 대화식 분석이 가능하도록 지원해야 한다.
- 대체 접근 방식을 사용하여 데이터 로딩과 분석을 지원해야 한다. 즉, 인 – 메모리(예 RDBMS, 스프레드 시트), 데이터베이스 내(예 하둡) 또는 온 – 디 멘드(예 이벤트 데이터 스트림) 등의 방법을 지원해야 한다.
- 추가 분석에 필요한 형식과 품질로 데이터를 입력할 수 있는 인라인 (in – line)과 임의(ad – hoc) 데이터 작업을 지원해야 한다.
- 지리 분석(Geo – analytics)은 위치 기반 기능을 사용하여 단순한 레이어 맵 시각화(예 공간 검색, 위치 기반 클러스터링, 거리, 경로 계산)를 넘어 위치 기반 분석을 가능하게 한다.
- 코딩 없이 '간단한' 분석(예 예측, 클러스터링, 분류)을 위한 즉시 사용 가능한 기능을 제공해야 한다.
- 추가 도구 없이 고급 분석 사용 사례를 구현할 수 있는 즉시 사용 가능한 기능을 보유해야 한다.
- 추가적인 고급 분석과 기계 학습 프레임워크(예 R, Python, Apache 스파크, H20.ai, KNIME, SAS 또는 MATLAB)를 통합하기 위한 지원을 해야 한다.
- 맞춤 구성 요소 및 기능을 통한 확장성과 향상된 기능을 지원해야 한다.
- 타사 도구를 추가하지 않고도 동일한 도구 내에서 비즈니스 사용자, 분석 가 및 데이터 과학자 간의 공동 작업(예 팀에서 함께 작업하고 다른 사람들과 분석을 공유하고 의견 및 토론 추가)을 지원해야 한다.

시각적 분석 소프트웨어 현황

가트너는 "Magic Quadrant for Analytics and Business Intelligence Platforms" 보고서를 통해 매년 셀프서비스 시각적 분석 도구에 대한 평가를 제공한다. 가 트너는 분석 및 비즈니스 인텔리전스(BI) 플랫폼이 "데이터 준비 및 수집에서 시각적 탐색 및 통찰력 생성에 이르는 전체 분석 워크플로를 지원하는 사용하기 쉬운 도구"라고 정의한다. 더 나아가 그 도구는 "IT 직원이 데이터 모델을 사전 정의하거나 기존 데이터웨어하우스에 데이터를 저장하기 위해 많은 비용을 들이지 않아도 되므로 기존 BI 플랫폼과 차별화"된다고 말한다. 따라서 가트너에서 말하는 분석 및 BI 플랫폼은 셀프서비스 시각적 분석 도구와 같은 것으로 볼 수 있다. [그림 9-6]은 2019년의 평가 결과를 정리해서 보여준다. 현재 시장에서 리더 그룹에 들어있는 도구로는 Microsoft의 Power BI, Tableau, Qlik, ThoughtSpot 등이 있다.

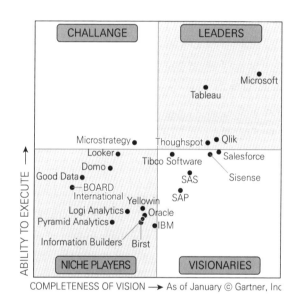

그림 9-6 셀프서비스 시각적 분석 도구(출처: 가트너)

시각적 분석의 미래

시각적 분석 소프트웨어는 데이터 분석가가 자신이 작업하는 데이터의 추세, 패턴 및 관계를 식별하도록 돕는다. 패키지 시각적 분석 소프트웨어 도구를 사용하면 분석 매개 변수 설정 및 수정을 위한 드래그 앤 드롭 옵션을 포함하여 기술자가 아닌 사용자도 쉽게 사용할 수 있다. 시각적 분석 응용프로그램은 다양한 소스 시스템에서 가져온 데이터를 통합, 통합 및 표준화하기 위해 효과적인 데이터 관리 전략을 통합해야 한다.

시각적 분석은 대규모 데이터 분석 및 데이터마이닝과 같이 높은 수준의 모니터링 및 상호 작용이 필요한 크고 복잡한 데이터 세트 및 분석 프로세스가 필요한 응용프로그램에 특히 유용하다. 시각적 분석 기능을 배치할 수 있는 기회는 모바일 비즈니스 인텔리전스 및 위치 정보 소프트웨어와 같은 기술을 광범위하게 채택함으로써 계속 발전하고 성장할 수 있다.

예측적 분석 기술

예측 분석은 데이터에 통계 모델링 및 기계 학습과 같은 분석 기술을 적용하여 향후 결과에 대한 예측을 하는 데이터 분석을 말한다. 예측 분석 기술은 상당한 수준의 정확성으로 미래의 통찰력을 창출할 수 있다는 점에서 중요하다. 시각적 분석은 무슨 일이 일어나고 있는지, 어떤 일이 일어나고 있는지 등의 질문에 대답할 수 있도록 데이터를 잘게 썰고 자르는 역할과 대시 보드와 탐색을 위한 시각화를 제공할 수 있지만 관심 대상(결과 또는 레이블이라고 함)을 추정 할 수는 없다[83].

예측 분석은 대용량 데이터 시스템의 출현과 더불어 중요성이 커졌다. 기업들이 하둡 클러스터와 기타 대형 데이터 플랫폼에서보다 광범위하고 광범위한 데이터를 축적함에 따라 예측 통찰력을 얻을 수 있는 기회가 증가했다. 정보기술 업체에 의한 기계 학습 도구의 개발과 상용화가 진전됨에 따라 예측 분석 기능이 확장되었다.

시온 마켓 리서치(Zion Market Research)는 예측 분석은 2022년까지 약 10억 9천만 달러에 달할 것으로 예상하며 전 세계 시장이 2016년에서 2022년 사이에 약 21%의 연평균 성장률로 성장할 것으로 전망했다[84]. 예측 분석은 이제 널리 보급되고 있다. 최근 TDWI의 데이터 과학 설문 조사에서 응답자의 약 35%는 이미 예측 분석을 어떤 방식으로든 구현했다고 답했다. 2017년 TDWI 교육 설문 조사에서 예측 분석은 응답자가 더 많이 배우고 싶은 가장 중요한 분석 관련 주제였다[83].

예측적 분석 절차와 기법

예측 분석을 위해서는 먼저 예측에 사용될 데이터를 수집해야 한다. 예측 분석은 예측하고자 하는 과제와 관련이 있는 데이터를 수집한다. 빅데이터를 활용하여 예측 분석을 수행할 때 간혹 어떤 데이터를 수집할 것인지에 대한 신중한 고려 없이 수행하는 경우가 있다. 그러나 신중한 고려 없이 수집한 데이터는 잘못하면 쓰레기가 될 가능성이 높다.

데이터 수집이 완료되면 정확한 결과를 산출하기 위해 필요에 따라 모델링 알고리즘(modeling algorithm)을 지정하여 예측 모델을 학습한다. 예측에 활용할 수 있는 다양한 모델링 알고리즘이 있고, 알고리즘의 모델 학습에 영향을 미치는 다양한 파라미터를 조정해 주어야 한다. 학습된 모델을 사례에 적용하면 미래에 대한 예측을 생성한다. 모델 학습을 위해 전체 데이터를 사용할 수도 있지만 데이터 표본 추출을 통해 학습 프로세스를 간소화할 수도 있다. 학습된 데이터 모델링은 추가 정보가 있을 때에도 계속 유효할 수 있으나 수정될 수도 있다.

예측 분석 절차는 항상 선형적이지 않으며 데이터 분석가가 찾고 있지 않은 상관 관계가 종종 나타날 수 있다. 따라서 데이터 분석을 위해서는 열린 마음을 가지고 과학적 방법을 적용하여 분석을 수행해야 한다. 이런 이유로 일부 기업은 물리학과 기타 공학 분야의 학문적 배경을 가진 사람, 즉 과학적 방법론에 익숙한 사람들을 고용하여 데이터 분석가 직책을 맡기기도 한다.

예측 모델링이 실행 가능한 결과를 산출하면 분석 팀은 대개 대시 보드와 보고서를 통해 비즈니스 임원과 정보를 공유하고 결과를 기반으로 향후 비즈니스 기회를 강조할 수 있다. 또한 학습된 모델을 운영 응용프로그램과 데이터 제품에 구축하여 온라인 소매 웹 사이트의 추천 엔진과 같이 실시간 분석 기능을 제공하여 고객을 검색 활동과 구매 선택에 따라 특정 제품으로 추천할 수 있다.

예측적 분석의 응용분야

기업은 다양한 데이터 유형에 대해 예측 분석을 사용하여 더 큰 가치를 창출한다. 다음의 사례들은 예측적 분석을 활용하는 흥미 있는 사례들이다.

- **사기 탐지**(Fraud Detection): 많은 조직에서 예측 분석을 사용하여 사기 거래를 예측한다. 이것은 사기성 신용 카드 활동을 예측하는 금융 기관에서 사기성 전기 사용을 결정하는 유틸리티 회사에 이르기까지 다양하다. 또한 세무 당국은 예측 분석을 사용하여 세금 사기를 식별한다.

- **위험 분석**(Risk Analysis): 위험 분석에는 다양한 유형이 있다. 금융 기관은 예측 분석을 사용하여 포트폴리오와 투자 위험을 파악하기도 한다. 보험 회사는 가격 보험에 대한 미래의 청구율을 예측하기 위해 이를 사용한다. 분석가들은 건강 관리와 같은 분야에서 예측 분석을 실시하여 환자가 감염되거나 병원에 재입원 되는 위험을 파악한다. 교육 분야에서는 예측 분석을 통해 학생들이 수업을 통과하지 않고 학교를 그만두는 위험을 결정하는 데 사용된다. 여러 산업 분야에서 인사 부서는 예측 분석을 사용하여 직원 이탈 위험을 예측한다.

- **고객 관련 분석**(Customer-related Analytics): 고객 행동을 이해하는 것은 예측 분석에 가장 널리 사용되는 사례 중 하나다. 온라인 마케팅은 예측 분석이 중요한 비즈니스 영향을 미치는 한 영역이다. 소매 업체, 마케팅 서비스 제공 업체, 기타 조직은 예측 분석 도구를 사용하여 웹 사이트 방문자의 인터넷 사용 기록에서 추세를 파악하여 광고를 개인화한다. 또한 소매업자는 고객 분석을 사용하여 소매 업체가 구매해야 하는 제품 유형에 대한 정보에 입각한 의사결정을 내린다. 고객 중심의 예측 분석을 위한 사용 사례는 이탈과 유지 분석(churn and retention analysis), 업셀링(upselling), 차선책(next-best offer), 고객 감성(customer sentiment), 고객 충성도(customer loyalty), 추천 엔진(recommendation engines), 고객 여정(customer journey) 등을 포함하여 다양하다.

- **예방적 유지 관리**(Predictive Maintenance): IoT(Internet of Things) 사용 사례인 예방적 유지보수는 예측 분석에서 급속히 보급되고 있다. 센서와 기타 장치의 데이터는 부품 오류가 발생할 시기를 결정하는 데 사용된다. 이는 예측 분석 및/또는 규칙 기반 논리를 사용하여 수행할 수 있다. 예를 들어 제조업체는 트럭의 센서 데이터를 사용하여 유지 보수의 필요성 여부와 시기를 결정할 수 있다. 회사는 문제가 있는지 판단하기 위해 특정 부품의 온도의 이동 평균 또는 실패한 부품의 이력 데이터를 사용하여 구축된 예측 모

델과 같은 분석을 사용할 수 있다. 예측 모델은 시스템에 내장되어 운영되고 새로운 데이터가 문제를 나타낼 때 경고를 생성하거나 자동화된 조치를 취할 수 있다. 이러한 종류의 적용은 석유 및 가스, 유틸리티, 제조, 의료 기기 및 운송을 포함한 많은 산업 분야에서 사용되고 있다.

- 스마트 응용프로그램(Smart Applications). 기계 학습은 추천 엔진에서부터 대시 보드에 이르기까지 많은 응용프로그램에 내장되고 있다. 또한 예측 분석은 새로운 비즈니스 모델과 지능형 응용프로그램을 지원하는 응용프로그램에 포함된다.

예측적 분석 도구의 기능

예측 분석 작업을 착수하거나 솔루션을 구축할 때 조직에서 고려해야 할 몇 가지 기능이 있다.

데이터 원본 처리

데이터는 다양한 모양과 크기로, 회사의 내부 및 외부의 여러 소스에서 제공된다. 일부 데이터는 상용 데이터베이스 또는 사내에 구축된 데이터웨어하우스에 저장되거나, 하둡 기반의 데이터 레이크에 있을 수 있으며, 일부 데이터는 공용 클라우드에 있을 수 있다. 따라서 예측적 분석 도구는 공급 업체가 지원하는 데이터 소스 및 플랫폼과 사용자가 해당 데이터에 접근하는 방법을 지원해야 한다. 최근 조직은 실시간, 대규모의 빅데이터를 수집하고, 이를 활용하여 분석을 수행하고자 한다. 따라서 조직에서 빅데이터를 활용한 분석을 수행하려는 경우 예측 분석 도구는 이런 요구 사항을 충족하기 위해 빅데이터 처리와 분석을 지원해야 한다. 본질적으로 이것은 분산 아키텍처에 대한 지원을 의미하며, 알고리즘이 이런 환경에서 빠르게 실행될 수 있음을 의미한다.

데이터 준비 지원

예측 분석 도구는 일반적으로 데이터 준비부터 모델 작성, 모델 관리 및 모델 업데이트에 이르기까지 전반적인 분석 라이프 사이클의 일부로 제공되는 기능 측면에서 점점 성숙해지고 있다. 예측 분석 도구의 기능은 데이터 관리, 모델 관리, 모니터링뿐만 아니라 데이터 준비도 포함한다. 데이터 준비에는 데이터 세트만 아니라 데이터 정리, 속성 선택, 속성 변환 등이 포함된다. 데이터 준비는 데이터 품질에 대한 데이터 프로파일링뿐만 아니라 분석을 위한 새로운 변수의 변환 및 파생을 포함하는 속성 엔지니어링(feature engineering)이 포함될 수 있다. 조직에서 텍스트 데이터와 같이 서로 다른 데이터를 사용하는 경우 예측적 분석 도구는 메타정보 추출을 지원하여 분석에 사용할 수 있도록 할 수 있다. 비율 또는 합계와 같은 집계 계산 등을 수행할 수 있다.

사용의 용이성과 분석 자동화

셀프서비스 분석에 사용되는 예측 분석 도구의 사용자는 프로그램 언어에 익숙한 개발자가 아니라 비즈니스 전문가이다. 따라서 너무 복잡한 프로그램 능력을 필요로 하는 예측 분석 도구는 유용하지 않을 수 있다. 셀프서비스 분석을 위한 예측 분석 도구는 사용자에게 편리한 사용자 인터페이스를 제공하여 사용자가 끌어다 놓기(drag-and-drop) 또는 포인트한 후 클릭(point-and-click) 기능을 사용하여 분석 작업을 수행할 수 있어야 한다. 더 나아가 예측 분석 도구는 자동화된 모델 구축 환경을 제공할 수도 있어야 한다. 예측 분석 자동화는 여러 가지 형태로 제공된다. 먼저 간단한 인터페이스를 통해 모델 구축 프로세스의 자동화를 달성할 수 있다. 또 다른 종류의 자동화에는 모델 구축에 대한 공장과 같은 접근 방식을 포함한다. 이 접근 방법에서는 모델 구축 모듈은 하나의 분석 프로세스를 생성한 후 다른 모델을 구축할 때 재사용할 수 있다. 때로는 동일한 모델이 다른 모델 일부로 사용될 수도 있다. 자동화는 모델 스케줄링에 사용될 수도 있고, 모델 관리 프로세스에서도 발생할 수 있다. 일부 도구는 모델 작성자가 모델의 성과가 저하되고 있고 다시 학습해야 한다고 조직에 경고하는 규칙을 지정할 수 있는 기능이 있다. 다른 도구는 정확도 또는 일부 다른 매개 변수를 기반으로 모델의 성능 저하를 자동으로 감지한다.

모델 설치와 관리 지원

예측 분석은 분석 결과인 모델을 적용하여 응용프로그램을 구축하는 방향으로 진화하고 있다. 이전에는 데이터 분석가는 비즈니스의 통찰을 얻어 의사결정에 도움을 주고자 데이터 분석을 수행했지만, 최근에는 개발자가 예측 분석 결과를 활용하는 응용프로그램을 구축한다. 예를 들어, 웹 사이트의 추천 엔진, 예측 유지 관리 응용프로그램, 고객 서비스 라우팅(음성 인식 관련) 등이 이런 사례다. 이런 경우에 모델을 시스템의 일부로 실무에 사용할 수 있도록 설치하여야 한다. 데이터를 활용해 모델을 만드는 것과 그것을 시스템에 넣어 실무에 활용하는 것은 다른 문제다. 따라서 성공적인 예측 분석 도구는 모델을 실무에 설치할 수 있는 방안을 제공해야 한다. 가능하면 쉽게 모델을 설치할 수 있도록 지원하는 것이 필요하다.

공급 업체는 모델을 보다 원활하게 생산할 수 있도록 다양한 설치 옵션을 지원하기 위한 움직임을 보이고 있다. 그러나 조직에서 누가 모델을 설치할지 결정해야 한다. 일부 조직에서는 직무를 분리하여 모델 작성자, 설치자, 모니터 담당자가 별도로 두는 경우도 있다. 이것은 종종 대규모 조직의 정보기술 부서 또는 개발 운영 담당자에게 돌아간다. 핵심은 누군가 또는 어떤 부서에 책임을 부여한다는 깃이다.

모델 수가 늘어 나면 기업에서 모델을 추적해야 한다. 조직이 종종 모델을 추적하지 못하면 모델에서 오류가 발생하기 때문에 모델 관리와 모델 갱신이 중요하다. 최소 공급 업체는 이제 이러한 문제를 해결하고 모델 배치를 포함한 분석 라이프 사이클을 처리하기 위한 도구와 기술을 제공하고 있다. 일부 공급 업체는 버전 관리를 지원하는 레지스트리 또는 기타 도구를 제공한다. 일부 공급 업체는 모델 성능을 시간 경과에 따라 추적하는 모델 모니터링 기능을 제공한다. 모델 성능이 저하되기 시작하면 조직에서 규칙 또는 경고를 설정할 수 있다.

다양한 알고리즘 지원

예측적 분석은 데이터를 분석하는 알고리즘을 데이터에 적용하여 이루어진다. 주어진 데이터에 적합한 분석 알고리즘을 개발하기도 하지만, 많은 경우에 데이터 분석은 이미 알려진 알고리즘을 데이터에 적용하여 수행된다. 데이터 분석을 위한 알고리즘은 이미 많이 알려져 있고, 예측 분석 도구는 이런 알고리즘을 구현해 놓은 모듈을 포함하고 있다. 따라서 예측 분석 도구를 선택할 때 도구가 얼마나 많은 알고리즘을 구현했고, 얼마나 정확하고 효율적인지 확인하는 것이 필요하다. 예를 들어, 조직이 딥 러닝에 큰 관심이 있거나 수직적 산업을 기반으로 한 특별한 요구사항이 있을 수 있는데, 이런 경우 예측 분석 도구가 해당 알고리즘을 지원해야 한다.

협업 지원

일반적으로 조직 내에서의 데이터 분석은 개인이 단독으로 수행되지는 않는다. 데이터 분석에 참여하는 사람들은 데이터 분석 목적을 달성하기 위해 공동 작업을 한다. 따라서 예측 분석 도구는 모델을 개발하거나, 생성된 모델을 공유하고 활용하는 공동 작업을 지원하는 기능이 필요하다. 이런 기능은 조직 내의 지식 관리와 공유를 개선한다는 측면에서 중요하다. 다른 한편으로 조직 내 권한이 없는 사용자들이 데이터 분석과 관련된 데이터, 알고리즘, 모델 등에 대한 접근을 통제하는 제한된 상호작용을 제공하기도 한다.

오픈 소스 지원

많는 데이터 분석 솔루션이 오픈 소스 형태로 제공된다. 대부분의 오픈 소스 제품에는 적극적이고 혁신적인 사용자 커뮤니티가 있어 많은 데이터 과학자와 응용프로그램 개발자에게 호소력이 있는 조직이므로 예측 분석을 위해 R, Scala, Python과 같은 오픈 소스 기술에 대한 관심이 증가하고 있다. 오픈 소스 도구는 종종 이러한 도구에 익숙한 취업 시장에 진출한 최근 졸업생들이 채택하고 그들이 직장에서 사용하는 도구를 선택할 수 있기를 원한다. 이와 같이 시장은 오픈 소스를 보다 잘 지원하기 위해 진화하고 있다.

오픈 소스는 최신의 다양한 알고리즘을 제공하는 반면 사용 시 별다른 비용이 지불되고 있지 않다는 장점이 있다. 물론 오픈 소스는 기술 측면에서 전적으로 지원을 해 주는 조직이 없어 일반 상업용 솔루션에 비해 한계가 있다. 오픈 소스는 셀프서비스 분석가 중에서도 프로그램을 기반으로 한 기능을 사용할 수 있는 사람들에게 적합하다. 최신 예측적 분석 도구들은 R, Python 및 스파크와 같은 오픈 소스 옵션을 지원하며, 주피터 노트북(Jupyter Notebook)과 같은 오픈 소스 노트북 환경도 지원한다.

예측적 분석 도구 시장

그랜드 뷰 리서치(Grand View Research, Inc)는 글로벌 예측 분석 시장 규모는 2025년까지 239억 달러로 예상 기간 동안 23.2%의 연평균 성장을 기록할 것으로 예상했다[85]. 인공지능, 머신 러닝 및 빅 데이터는 예측 기간 동안 예측 분석 솔루션에 대한 수요를 이끌 것으로 예상된다.

그림 9-7 예측적 분석 도구 시장(가트너)

예측적 분석 도구를 제공하는 다양한 솔루션 업체들이 있다. 가트너는 수 년 간 예측적 분석 도구 솔루션 업체에 대한 조사 후 결과를 제시하여 왔다. [그림 9-7]은 가트너가 2019년과 2020년에 제시한 예측적 분석 솔루션 업체들의 시장 내 위치를 보여준다. 2019년까지는 KNIME, SAS, Rapidminer, Alteryx, H2O.ai 등이 시장에서 리더 역할을 수행해 왔는데, 2020년의 경우에는 이들 중 SAS와 Alteryx를 제외한 다른 업체들은 비전 그룹으로 분류되고, 다른 업체들이 새롭게 리더 그룹에 진입한 것을 볼 수 있다. 가트너는 이동 업체들이 낮은 성장과 경쟁의 증가로 인해 재분류되었다고 밝히고 있다[86]. 앞으로 데이터 분석과 관련된 시장의 경쟁은 더욱더 첨예해질 것으로 예상한다.

셀프서비스 분석 구현

 셀프서비스 분석의 마지막 단계는 데이터 분석을 통해 얻은 통찰을 문제 해결을 위해 구현하는 것이다. 구현은 비즈니스 구현과 시스템 구현으로 구분할 수 있다. 비즈니스 구현은 셀프서비스 분석을 통에 얻은 통찰을 적용하여 비즈니스 프로세스, 비즈니스 구조, 비즈니스 조직 등에 변화를 주고 이를 통해 문제를 해결하는 것이다. 비즈니스 구현은 분석 보고(analytic reporting)를 통해 이루어진다. 시스템 구현은 데이터 분석을 통해 얻는 통찰을 활용하기 위해 정보 시스템을 개발하는 것이다. 시스템적 구현의 대표적은 유형은 대시보드(dashboard)와 분석 응용프로그램(analytics applications) 구축이다.

분석 보고

보고서 작성 목적

 분석 보고서는 정성 및 정량적 회사 데이터를 사용하여 비즈니스 전략 또는 프로세스를 분석하고 평가할 뿐만 아니라 직원이 증거 및 분석을 기반으로 데이터 중심 의사결정을 내릴 수 있도록 하는 비즈니스 보고서 유형을 말한다. 최근 몇 년 동안 분석 보고는 기업이 데이터 중심 통찰력을 기반으로 전략을 채택하도록 강요한 가장 중요한 분석 구성 요소 중 하나로 발전하고 있다. 분석 보고서는 통계, 과거 데이터를 기반으로 하고 특정 문제에 대한 예측 분석을 제공할 수 있지만 그 사용량은 광범위한 산업의 현재 데이터를 분석하는 데도 사용된다. 예를 들어, 병원은 특정 조치를 수행함으로써 평균 대기 시간을 줄일 수 있다는 보고서를 보았다. 하버드 대학교는 자체 연구에서 총 대기 시간이 121분이라고 밝혔다. 마케팅 대행사는 팀에서 가장 많은 트래픽이 다른 투자 예산 소스에서 발생하는 것을 확인한 후 예산을 다르게 할당하기로 결정할 수 있다. 이러한 종류의 보고서는 적용하는 것이 다르므로 쓰기 스타일과 데이터 생성은 모든 산업에서 적합해야 한다.

보고서 작성

보고서를 작성할 때는 청중을 염두에 두어야 한다. 일반적인 경험 규칙은 작문을 간결하고 간결하며 잘 정리하는 것이다. 이를 통해 잠재 고객은 보고서를 빠르게 살펴보고 원하는 정보를 찾을 수 있다. 다양한 청중을 위해 한 번에 글을 쓰고 있다고 상상해야 한다. 이 청중은 공동 작업자 또는 고객 같은 주요 청자와 임원 또는 기술 감독자 같은 부수적인 청자가 있다.

공동 작업자 또는 고객은 서론과 결론을 읽은 다음 특정 내용에 대해 보고서 본문을 뛰어넘는다. 서론과 결론을 읽고 자신이 한 일과 결론이 무엇인지 알아본 다음 본문을 통해 쭉 훑어 보면서 흥미롭거나 시선을 사로 잡은 부분에 대한 추가 정보가 있는 경우 멈추어 읽는다. 가장 일반적인 것부터 가장 구체적인 것, 가장 중요한 것부터 가장 중요하지 않은 것 등과 같이 자신의 데이터에 대해 배운 내용에 대해 이 사람과 대화를 나누기 위해 의제를 중심으로 보고서를 구성해야 한다. 본문에서 요점 또는 결론을 뒷받침할 주요 증거를 분석으로부터 표, 그래픽 또는 기타 형태로 제공한다. 그러나 자세한 증거 및 기타 보조 자료는 부록에 첨부한다.

임원은 당신이 한 일의 결론이 무엇인지 찾기 위해 서론과 결론을 빠르게 읽는다. 서론, 본론, 결론에 이런 사람들이 앞 뒤로 보면서 작업과 결론의 주요 논점을 찾을 수 있도록 표시를 남겨두어야 한다.

기술 감독자는 본문을 읽고 품질 관리를 위해 보고서의 부록을 검토한다. "흥미 있는 질문에 대한 답변을 하는 데 얼마나 잘 했는지?", "얼마나 효율적인지?", "방어 가능한 통계적 방법으로 합리적인 결론에 도달했는지?" 등을 질문한다. 본문과 부록의 특정한 부분 사이의 구체적인 상호 참조를 해서 이런 사람이 본문에서 각 주요 분석과 관련된 지지와 보조 자료를 쉽게 찾을 수 있게 하라. 부록에 기술적 자료에 텍스트를 추가하여 이런 사람이 당신이 부록에서 보여진 더 구체적인 작업을 수행한 방법과 이유를 알 수 있도록 해야 한다.

앞서 보고서를 작성하기 전에 모든 데이터를 수집하고, 데이터를 철저히 분석하고 결과를 평가해야 한다. 모든 데이터를 스프레드 시트에 넣는다. 최종 분석에 사용되지 않더라도 모든 데이터가 보고서에 포함되어야 한다. 다음으로 시각적 표현으로 데이터를 더 잘 이해할 수 있는지 생각해본다. 전략적 차트로 중요한 데이터를 강조 표시한다.

보고서 체계

필요한 준비를 마쳤으므로 보고서 작성을 시작할 수 있다. 시작하려면 따라야 할 간단한 구조가 있다. 아래에는 각 부분에 대한 설명과 함께 섹션이 순서대로 표시된다.

1) 서론

보고서의 목적을 요약하고 데이터와 주제를 요약한다. 보고서 이유에 대한 중요한 상황 정보를 포함한다. 분석 질문, 결론을 요약하고 보고서를 간략하게 설명한다.

2) 본문

본문을 다음과 같은 이름으로 서론과 같은 레벨에서 여러 섹션으로 나눈다.

- 데이터: 데이터에 대한 설명을 작성하고 관련 표를 제시
- 방법: 데이터 수집 및 분석 방법을 설명
- 분석: 무엇을 분석했는지 설명
- 결과: 분석 결과를 설명

이 형식은 심리 연구 논문을 작성한 사람들에게 매우 친숙하다. 이런 구성은 종종 데이터 분석 보고서에서도 잘 작동하지만, 한 가지 문제는 방법 섹션이 약간의 지루해질 수 있다는 것이다. 심리 연구 논문에서는 데이터를 얻기 위해 수행한 것을 설명해야 하지만, 데이터 분석 보고서에서는 수행한 분석을 기술해야만 한다. 따라서 결과가 없으면, 이것은 매우 지루할 수 있으므로 종종 이러한 "방법"과 "분석" 섹션을 병합하는 것이 바람직할 수 있다.

다른 형식도 가능하다. 형식이 무엇이든, 다음과 같은 두 가지 이유로 보고서 본문에 질문당 하나 또는 두 개의 잘 선택된 테이블 또는 그래프를 제공하는 것이 유용하다. 첫째, 그래프 및 테이블 표시는 단어보다 포인트를 더 효율적으로

전달할 수 있다. 둘째, 훑어보는 잠재 고객은 텍스트를 실행하는 것보다 재미있는 그래프나 표에 시선을 끌 가능성이 높다. 그러나 너무 많은 그래프와 테이블 형식의 자료는 텍스트의 흐름을 깨뜨리고 산만해진다. 나머지는 부록으로 옮겨야 한다.

3) 결론

결론은 서론에 대한 질문과 결론을 되풀이해야 하며, 분석 섹션에서 수집한 몇 가지 추가 관찰 또는 세부 사항으로 보완될 수 있다. 새로운 질문, 향후 작업 등도 여기에서 제기될 수 있다.

4) 부록

하나 이상의 부록이 세부 사항 및 보조 자료를 제공한다. 여기에는 다음과 같은 항목이 포함될 수 있다.

- 통계 절차에 대한 기술 설명
- 자세한 테이블 또는 컴퓨터 출력
- 보고서 본문에 제시된 주장의 중심이 아닌 수치
- 결과를 얻는 데 사용되는 컴퓨터 코드

모든 경우, 특히 컴퓨터 코드의 경우, 텍스트 문장을 주석 또는 주석으로 추가하여 독자가 자신이 하는 일을 쉽게 수행할 수 있도록 하는 것이 좋다. 부록에 넣을 내용과 본문에 넣을 내용 사이의 올바른 균형을 찾기가 어려운 경우가 많다. 일반적으로 본문에 충분한 내용을 적어두고 추가 그래프, 표 및 기타 세부 정보는 부록의 특정 섹션 또는 페이지 번호를 참조하도록 하는 것이 바람직하다.

5) 검토

새로 완성된 데이터 분석 보고서를 보내기 전에 다음 두 가지 중요한 특성이 있는지 확인한다. 먼저 보고서가 체계적으로 구성되었는지 검토해야 한다. 즉, 보고서가 다양한 잠재 고객이 보고서에서 관심있는 정보를 빠르게 읽고 찾을 수 있는지 검토한다. 다음으로 보고서는 작문 스타일이 간결하고 전문적이며 직접적이어야 한다. 이것은 글이 아니라 내용에 초점을 둘 수 있게 한다. 명확한 글쓰기 스타일을 달성하려면 추가 문장, 공식적인 산문, 캐주얼 한 언어, 철자와 문법 오류, 청중과 질문에 대해 너무 넓거나 너무 좁은 문맥 설정, 절차 및 결과 보고에서의 실패 등을 피해야 한다.

대시보드

대시보드는 현재 상태에 대한 그래픽 개요를 제공하는 단일 보기로 관련 정보를 구성하는 강력한 시각적 보고 도구를 말한다. 대시보드는 읽기 쉬운 실시간 사용자 인터페이스로 정의되어 조직의 현재 상태(스냅 샷)와 과거 추세를 그래픽으로 표시하여 의사결정을 가능하게 한다.

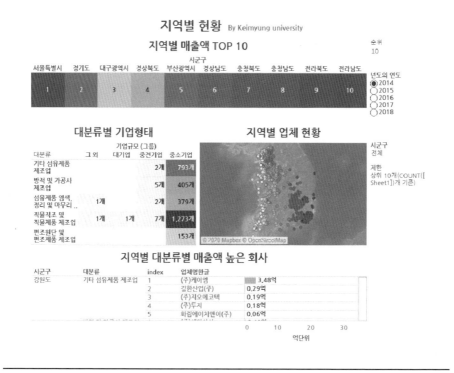

그림 9-8 섬유관련 업체 매출액 현황

[그림 9-8]은 섬유 관련 사업체의 매출액 현황을 보여주는 대시보드이다. 상단에는 연도별(2014~2018), 시도별 매출액 순위를 보여준다. 상단의 바에서 지역을 선택하면 중간 좌측 표에는 사업 유형별 기업 수를 정리하여 보여주고, 중간 우측에는 지도상에 업체의 위치를 표시한다. 하단에는 선택된 지역의 사업 유형에 따른 상위 5개 업체의 리스트와 매출액을 요약하여 보여준다. 이런 현황 표는 사용자가 지정하는 시도에 따라 하단의 내용들이 상호 작용에 따라 변경되어 쉽게 필요한 정보를 찾을 수 있다.

셀프서비스 대시보드

일반적으로 사용되는 대부분의 대시보드는 최종 사용자 관점에서 대시보드 디자인이 일관성을 유지하고 보다 쉬운 보고서 생성에 중점을 둔다고 가정한다. 새로운 대시보드를 생성하거나 기존의 대시보드를 커스터마이즈하기 위해서는 대시보드 디자이너에게 연락하거나 셀프서비스 분석가로서 시각화 소프트웨어를 사용하여 스스로 배워서 작성해야 한다. Tableau(Tableau), 스팟 파이어(Spotfire), 클릭(Qlik) 같은 소프트웨어는 셀프서비스 분석가가 스스로 대시보드를 생성할 수 있게 지원하는 쉬운 기능을 지원한다. 이러한 소프트웨어를 사용한 대시보드를 셀프서비스 대시보드(self-service dashboard)라고 한다[87].

셀프서비스 대시보드는 셀프서비스 분석을 활용하는 조직에게 확실히 필수적인 요소인데, 매우 다양한 수준으로 정의된다. 몇 가지 간단한 사용자 프롬프트가 있는 보고서도 기술적으로는 셀프서비스 대시보드이다. 또한 사용자가 여러 외부 및 로컬 데이터 소스에서 데이터를 수집하고 통합하여 사용자 정의 그래픽 및 시각화를 정의할 수 있는, 완전히 사용자 정의 가능한 보고서도 셀프서비스 대시보드이다. 한편 스펙트럼의 한쪽 끝에서 셀프서비스 접근 방식을 통해 사용자는 특정 보고 매개 변수를 정의하고 일회성 보고서를 생성할 수 있다. 스펙트럼의 다른 쪽 끝에서 사용자는 보고서의 내용과 보고서의 실행 또는 전달 빈도를 완전히 정의할 수 있을 뿐만 아니라 예측, 추세 검토, 그래프 작성 및 분석을 위한 다양한 분석 도구를 제공받고 차트를 작성하고 개별 데이터 포인트까지 드릴 다운하여 근본 원인 분석을 수행할 수 있다.

대시보드 선택 기준

셀프서비스 대시보드를 선택할 때 어느 정도의 상호 작용 사용자 또는 사용자 그룹이 필요한지를 우선적으로 결정하는 것이 중요하다. 많은 조직에서 대화형 작업이 너무 적은 셀프서비스 플랫폼을 선택하면 사용자가 갑자기 개인 데이터를 더 잘 이해하기 때문에 더 많은 유연성과 더 깊은 수준의 정보 접근을 요구하게 된다. 사용자가 시스템을 배우고 교육을 받고 교육을 스스로 진행함에 따라 대부분의 조직은 사용자가 심층적으로 뛰어들어 분석 도구를 적극적으로 사용하는 것 뿐만 아니라, 비즈니스 분석, 의사결정 및 조치 수행 계획 등을 위해 데이터 기반 접근 방식을 적극적으로 수용하려고 한다.

그러나 정교한 셀프서비스 대시보드는 사용자가 접근, 조작 또는 이해에 대한 경험, 교육 또는 컴퓨팅에 정통하지 않은 경우 유용성이 거의 없다. 셀프서비스 대시보드는 일반적으로 직관적으로 설계되고 웹 인터페이스는 일반적으로 지나치게 복잡하지 않지만 정보기술 의사결정자는 사용자의 일반적인 준비 상태를 평가해야 한다. 셀프서비스 대시보드는 유용성과 데이터 접근 및 활용에 대한 조직의 장벽을 무너뜨리는 데 있어 비약적인 발전이다. 기술의 발전에도 불구하고 사용자는 성공적인 구현의 열쇠다. 사용자별 교육이 마련되어야 하며 지속적인 코칭, 교육 및 멘토링이 사용자들의 수용을 높이는 데 도움이 된다 [87].

분석 응용프로그램

예측 모델

머신 러닝을 사용하여 구축된 모델은 사례의 속성을 활용하여 알려지지 않은 값을 예측한다. 그러나 실질적인 의사결정을 위해 모델을 사용하려면 모델이 실제 업무용 시스템에 설치되어야 한다. 모델 설치는 데이터 분석에서 가치를 얻는 가정 어려운 프로세스 중에 하나다. 조직의 실제 업무 환경에서 모델이 안정적으로 작동하도록 하려면 셀프서비스 분석가, 전문 데이터 분석가, 소프트웨어 개발자 간의 협력이 필요하다. 이는 머신 러닝 모델을 생성하는 프로그래밍 언어와 실제 업무 시스템이 이해할 수 있는 프로그래밍 언어 간에 차이가 있는 경우가 많으며, 모델을 다시 코딩하면 프로젝트 타임 라인을 몇 주 또는 몇 개월 연장할 수 있기 때문에 큰 문제가 된다.

모델 배치 방법

모델은 일괄 구현(batch deployment), 실시간 구현(real-time deployment), 에지 구현(edge deployment) 등의 방법으로 배치될 수 있다. 일괄 구현에서 머신 러닝 모델은 오프라인 방식으로 사용된다. 예를 들어, 관리자가 의사결정을 돕기 위해 예측이 포함된 일일 보고서가 생성된다. 실시간 구현에서 머신 러닝 모델은 시간에 민감한 의사결정을 자동화하는 데 사용된다. 예를 들어, 이런 배치 방법은 추천 시스템 및 사기 탐지 시스템에서 사용된다. 에지 구현에서는 머신 러닝 모델은 결정을 즉시 내려야 하는 시간이 중요한 시스템에 사용된다. 이전 배치 유형은 모두 머신 러닝 모델을 실행하는 중앙 시스템이 있지만 엣지 구현은 현장 시스템에서 모델이 직접 실행된다. 예를 들어 자율 무인 항공기에서는 엣지 구현을 사용한다.

어떤 구현 형식을 따를 것인지는 사용 사례에 따라 주로 의존한다. 예를 들어, 일괄 구현 시나리오에서는 하둡 클러스터에서 실행중인 스칼라 스파크(Scala Spark) 작업을 선택할 수 있다. 실시간 시나리오에서는 플링크(Flink) 또는 카프카 스트림(Kafka Stream)과 같은 스트림 처리 엔진을 필요로 한다. 마지막으로 에지 구현은 C/C++ 및 특정 프로세스 아키텍처에 맞게 다시 작성할 필요가 있다.

컨테이너화

각각의 모델 구현 형식은 특정 사용 사례에 해당하며 언어, 프레임워크, 라이브러리, 패키지 등 많은 특정 요구 사항이 있다. 때때로 모델은 이런 종속성을 필요로 한다. 이로 인해 종종 상충되는 여러가지 소프트웨어 사전 조건이 생성된다. 종속성과 다른 소프트웨어 추돌 간의 버전 불일치로 인해 클러스터 노드에 다른 소프트웨어를 설치하는 것이 장애물이 될 수 있다.

컨테이너화(containerization)를 활용하여 필요한 모든 소프트웨어가 이미 포함되어 있는 격리된 도커(Docker) 환경에서 머신 러닝 모델을 호스팅할 수 있다. 다른 버전의 프로젝트 코드는 다른 도커 이미지가 있는 여러 도커 컨테이너에 압축될 수 있다. 쿠버네티스(Kubernetes)는 확장 가능한 컨테이너화된 응용프로그램을 배치하고 관리할 수 있는 훌륭한 도구로 도커 컨테이너의 오케스트레이션에 일반적으로 사용된다[88].

모델 모니터링과 유지보수

학습 단계에서 실험을 추적하는 것과 마찬가지로 머신 러닝 모델은 실제 업무 머신 러닝에서도 추적해야 한다. 배치 시 모든 데이터를 수집해야 한다. 즉, 모델을 배치한 사람과 시기, 모델 유형, 모델 버전, 파라미터 등을 수집해야 한다. 배치된 모델의 성능을 모니터링하고 정확도, F1 점수, 비즈니스 KPI, 자원 사용량, 응답 시간 같은 다양한 측정지표를 수집해야 한다. 성능저하 모델을 식별하고 성능 지표를 분석해야 한다. 어떤 지표가 얼마나 언제 바뀌었는지 확인해야 한다.

실제 사용에서 기계 학습 모델의 추적은 데이터 분석 전문가가 모델을 재평가하고 선택된 알고리즘을 재고할 수 있어야 한다. 또한 모델의 몇 가지 변형을 배치한 후 성과를 비교할 수 있다. 비교는 사용 사례의 성능, 통계적 신뢰수준, 실질적인 신뢰 수준을 기준으로 실행되어야 한다. 머신 러닝 모델 관리만을 목적으로 하는 도구가 있지만, 더 일반적으로 데이터 분석 소프트웨어에 기능이 되고 있다.

요약

이번 장에서는 셀프서비스 분석의 핵심인 셀프서비스 분석 기술에 대해서 살펴보았다. 셀프서비스 분석 기술은 데이터로부터 문제 해결에 쓰일 수 있는 통찰을 도찰하기 위해 사용되는 기술을 말한다. 셀프서비스 분석 기술은 크게 보아 통계 분석 기술, 시각적 분석 기술, 예측적 분석 기술이 있다. 분석 결과는 적절한 구현 기술을 통해 구현되어야 한다. 많은 데이터 분석 프로젝트가 적절한 구현이 없어서 실패로 끝나는 경우가 많다. 셀프서비스 분석 기술의 발전은 셀프서비스 분석의 수용에 많은 긍정적인 영향을 미친다. 최근 인공지능의 발달에 따라 좀 더 지능적이며, 자동으로 분석을 수행할 수 있는 기술이 개발되고 있다.

셀프서비스 분석 기술 또는 도구만 있다고 셀프서비스 분석이 잘 이루어지지는 않는다. 앞에서 논의했던 데이터 파이프라인이 잘 구비되어 분석에 필요한 데이터가 제대로 공급될 때 셀프서비스 분석이 성공할 수 있을 것이다. 더 나아가 셀프서비스 분석이 제대로 수행될 때 성공할 수 있을 것이다. 이런 이유로해서 다음 장에서는 셀프서비스 분석을 어떻게 수행할 것인지, 즉 셀프서비스 분석 방법론에 대해서 알아보도록 하자.

10 셀프서비스 분석 방법론

서론

데이터 파이프라이닝 기술은 셀프서비스 분석가가 분석에 사용할 수 있는 안정적이고 품질이 좋은 데이터를 얻을 수 있도록 도와주고, 셀프서비스 분석 도구는 셀프서비스 분석가가 사용할 수 있는 도구를 지원한다. 그러면 이제 셀프서비스 분석을 어떻게 수행할까? '데이터 분석 방법론(data analytics methodology)'은 이런 질문에 대한 답을 제공한다. 데이터 분석 방법론은 어떤 단계를 밟아 분석을 수행해야 할지, 각 단계에서 수행할 작업은 무엇인지, 작업 수행의 결과로 무엇을 기대할 수 있는지를 정의해 놓고, 프로젝트를 수행하는 데이터 분석가가 따르도록 권장한다.

셀프서비스 분석 이전에 데이터 분석 방법론에 대한 논의가 있었다. 물론 이 데이터 분석 방법론을 셀프서비스 분석에 그대로 적용할 수 없지만, 셀프서비스 분석을 위한 기초로 사용할 수 있다. 이 장에서는 먼저 기존의 데이터 분석 방법론에 대해서 살펴보고, 셀프서비스 분석을 위해 어떤 변화가 필요한지에 대해서 논의할 것이다.

CRISP-DM 방법론

CRISP—DM 방법론은 셀프서비스 분석이 소개되기 전에 데이터마이닝 프로젝트를 수행하기 위한 방법론으로 1990년대 말에 제안되었다. 데이터 분석이 데이터마이닝만을 의미하는 것이 아니기 때문에 CRISP—DM 방법론을 그대로 사용하는 것에는 한계가 있다. 그렇지만 현재까지 제안된 많은 데이터 분석 방법론이 CRISP—DM에 기반을 두고, 데이터 분석 프로젝트가 CRISP—DM을 활용하여 수행할 수 있기 때문에 이에 대한 이해하는 것은 의미 있는 일이다. 이 장의 CRISP—DM에 대한 논의는 챔프맨(Chapman)이 저술한 "CRISP—DM 1.0—Step—by—Step Data Mining Guide"에 기반을 두고 있다[3].

CRISP—DM은 [그림 10-1]과 같이 여섯 단계로 구성된 참조 모델(reference model)을 제공한다. 그림에서 박스는 단계별로 수행되어야 할 핵심 작업을 나타내고, 화살표는 하나의 단계가 마무리될 때 이동할 다음 단계를 나타낸다. 단계별 이동은 고정되어 있는 것이 아니며, 주요한 전환을 나타내며 좀 더 유연하게 단계별 작업이 수행될 수 있다. 외부의 큰 원형 화살표는 이 단계들 반복된다는 것을 의미한다. 데이터 분석이란 것이 한 번 수행하고 끝내야 하는 프로젝트가 아니라 지속적인 작업을 필요로 한다는 점을 나타내고 있다. 이제 단계별 수행 작업의 상세 내용을 살펴보자.

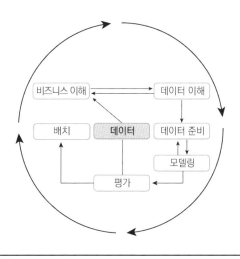

그림 10-1 CRISP-DM 참조 모델의 단계

비즈니스 이해

비즈니스 이해(business understanding) 단계에서는 비즈니스 목표 설정, 비즈니스 상황 평가, 데이터 분석의 목표 설정, 데이터 분석 프로젝트 계획 등의 작업을 수행한다(그림 10-2 참조).

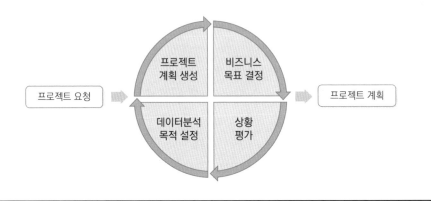

그림 10-2 비즈니스 이해 주요 과제

비즈니스 목표 설정

비즈니스의 목표를 설정한다는 것은 비즈니스 관점에서 실제로 달성하려는 것을 철저하게 이해하는 것을 말한다. 이 작업의 산출물에는 프로젝트 배경, 비즈니스 목표, 비즈니스 성공 기준 등이 있다.

1) 프로젝트 배경

프로젝트 배경은 프로젝트 초기에 비즈니스 상황에 대해 조직, 문제 영역, 해결방안 등을 기술한다. 조직 측면에서는 조직의 구조, 비즈니스 측면에서 중요 인물, 내부 지원자, 위원회와 구성원, 프로젝트에 의해 영향을 받는 부서 등을 기술한다. 문제 영역에서는 일반적인 용어로 프로젝트의 현재 상황과 사전요구 사항 등을 기술한다. 해결 방안에서는 현재의 문제 해결 방안의 장점과 단점, 사용자가 수용하는 수준 등을 기술한다.

2) 비즈니스 목표

비즈니스 목표는 비즈니스 관점에서 고객이 해결하고자 하는 중요한 문제가 무엇인지 기술하고, 이런 지식을 배경으로 비즈니스 용어로 예상되는 이익을 특정하는 것을 말한다. 비즈니스 목표는 달성 가능한 현실적인 것이어야 한다.

3) 비즈니스 성공 기준

비즈니스 성공 기준에서는 비즈니스 관점에서 프로젝트의 성공 또는 유용한 산출물이 무엇인지를 기술한다. 비즈니스 성공 기준은 특정한 비즈니스 목표 중 적어도 하나에 관련이 있어야만 한다.

상황 평가

상황 평가(assess situation)는 데이터 분석 목표 및 프로젝트 계획을 결정할 때 고려해야 할 모든 자원(하드웨어, 소프트웨어, 인재 등), 제약 조건, 가정 및 기타 요소에 대한 보다 자세한 사실 조사를 하는 작업을 말한다. 상황 평가로부터 기대되는 산출물에는 자원 현황, 요구사항/가정/제약요인, 위험과 대비 계획, 용어, 비용과 이익 분석 결과 등이 있다.

1) 자원 평가

상황 평가의 첫 번째 작업은 가용한 자원을 파악하는 것이다. 자원은 인력, 데이터와 지식, 컴퓨팅 자원 등을 말한다. 인력 측면에서 프로젝트 지원자, 시스템 관리자, 데이터베이스 관리자, 기술 지원 직원, 시장 분석가, 데이터 분석 전문가, 통계 전문가, 도메인 전문가 등에 대해 파악하고 이들을 활용가능한지 평가한다. 데이터와 지식 측면에서는 데이터와 지식의 원천과 유형(온라인 소스, 전문가, 문서 등) 등을 파악해야 한다. 분석 도구와 기법을 검토하고 관련된 배경 지식을 기술해야 한다. 마지막으로 컴퓨팅 자원 측면에서 자원을 파악하고 이런 것이 데이터 분석 프로젝트에서 사용 가능하도록 해야 한다. 컴퓨팅 자원을 파악할 때는 사용될 데이터 분석 도구를 사용할 수 있는지 여부를 파악해야 한다.

2) 요구사항/가정/제약조건

상황 평가의 두 번째 작업은 프로젝트 요구 사항, 가정, 제약 조건 등을 정리하는 것이다. 요구 사항의 정의를 이를 위해 먼저 목표 그룹을 정의하고 다음의 요구사항을 파악해야 한다.

- 일정에 대한 모든 요구사항
- 데이터 분석 프로젝트와 결과 모델의 이해도, 정확도, 배치 가능성, 유지보수 가능성, 반복성에 관한 요구사항
- 보안, 법률 제약, 개인정보보호, 보고 등에 대한 요구 사항

프로젝트의 가정은 데이터 분석 동안에 검증될 수 있는 데이터에 관한 가정과 비즈니스에 관한 검증할 수 없은 가정을 포함할 수 있다. 암묵적인 것을 포함해 모든 가정을 명확히 하고 명시적으로 만들어야 한다. 파악해야 할 가정은 아래와 같다.

- 데이터 품질(예 정확성, 가용성)에 관한 가정
- 외부 요인(예 경제적 문제, 경쟁 제품, 기술 진보 등)에 관한 가정
- 어떤 유형이든 추정과 관련된 가정
- 모델을 이해하고 기술 또는 설명하기 위해 필요한 가정

마지막으로 프로젝트에 관한 제약 조건을 정리해야 한다. 이것은 자원의 가용성에 관한 제약일 수 있지만 모델링을 위해 실질적으로 사용될 데이터 세트의 규모 같은 기술적 제약 조건을 포함한다. 검토해야 할 제약조건은 아래와 같다.

- 일반 제약(예 법률 문제, 예산, 시간, 자원 등)
- 데이터 소스에 대한 접근 권리(예 접근 제한, 암호 등)
- 데이터의 기술적 접근 가능성(예 운영시스템, 데이터관리시스템, 파일 또는 데이터베이스 형식 등)

• 관련 지식 접근 가능성, 예산 제약조건(고정비용, 구현 비용 등)

3) 위험과 대비 계획

상황 평가의 세 번째 작업은 위험 요인을 파악하고 대비 계획을 세우는 것이다. 프로젝트를 지연시키거나 실패를 유발할 수 있는 위험 또는 사건을 목록을 작성하고, 이런 위험 또는 사건이 발생한다면 무슨 행동이 이루어져야 하는지를 나타내는 대응 계획을 작성해야 한다. 파악되어야 할 위험은 아래와 같다.

• 비즈니스 위험(예 경쟁자가 더 나은 결과를 얻는 경우)
• 조직적 위험(예 프로젝트를 요청하는 부서가 프로젝트를 위한 예산이 없는 경우)
• 재무적 위험(예 추가 예산이 초기 데이터 분석 결과에 의존하는 경우)
• 기술적 위험, 데이터와 데이터 소스에 의존하는 위험(예 낮은 품질과 범위) 등이 있다.

대응 계획 개발은 어떤 상황에서 위험이 발생하는 결정하고 대응 계획을 개발하는 것이다.

4) 용어

상황 평가의 네 번째 작업은 프로젝트와 관련된 용어를 정리하는 것이다. 용어에는 비즈니스 관련 용어와 데이터 분석 용어 등 두 가지 유형이 있다. 비즈니스 관련 용어 목록은 비즈니스에 가용한 비즈니스 이행의 일부를 형성한다. 이 용어 목록을 작성하는 목적은 유용한 지식 추출과 교육 훈련에 있다. 데이터 분석 용어 목록은 해결하고자 하는 비즈니스 문제에 관련된 사례를 보여준다. 이런 목록을 만들기 위해서 먼저 목록이 이미 있는지 체크하고, 없다면 목록 초안을 작성하는 것을 시작한다. 현장의 전문가들과 대화를 통해 그들의 용어를 이해는 것이 필요하다.

6) 비용과 이익 분석

상황 평가의 마지막 작업은 프로젝트에 대한 비용−이익 분석(cost−benefit

analysis)을 수행하는 것이다. 이것은 프로젝트의 비용을 프로젝트 성공할 때 비즈니스에 제공할 수 있는 잠재적 이익을 비교하는 것이다. 비교는 가능하면 특정한 것이어야 한다. 예를 들어 비즈니스 상황에서는 금전적인 측정치를 사용할 수 있다. 비용과 이익의 추산은 데이터 수집에 대한 비용, 솔루션 개발과 설치 비용, 운영 비용 등을 추정하고 이익(例 고객 만족 증대, ROI, 수익 증가 등) 추산 등을 포함한다. 비용을 추정할 때 명시적인 비용뿐만 아니라 숨겨진 비용을 찾아 내는 데 주의해야 한다.

데이터 분석 목표 결정

1) 데이터 분석 목표

비즈니스 목표는 비즈니스 용어로 분석 프로젝트의 목표를 기술하지만 데이터 분석 목표는 기술적 용어로 프로젝트 목표를 기술한다. 예를 들어, 비즈니스 목표는 "현존하는 고객에 대한 카탈로그 매출 증가"라고 기술할 수 있지만, 데이터 분석 목표는 "과거 3년 동안에 구매, 인구학적 정보(例 나이, 급여, 도시 등)와 아이템의 가격 등을 기반으로 얼마나 많은 앱을 고객이 설치할 것인지 예측하는 것"일 수 있다.

데이터 분석 목표를 설정하기 위해서는 비즈니스 문제를 데이터 분석 목표로 해석하는 작업을 해야 한다. 예를 들어 마케팅 캠페인의 경우 어떤 고객에게 접근할 것인지 결정하기 위해 고객 분할이 필요한데, 분할의 수준과 크기가 결정되어야만 한다. 데이터 분석 목표 설정 작업은 데이터 분석 문제 유형을 결정하는 작업을 포함한다. 데이터 분석 문제 유형에는 분류, 기술, 예측, 군집 등의 작업이 있다.

2) 데이터 분석 성공 기준

데이터 분석 목표를 설정하게 되면, 데이터 분석 성공 기준을 정의할 수 있다. 이 기준은 기술적 용어로 프로젝트에 대한 성공적인 산출물에 대한 기준을 정의하는 것이다. 예를 들어 예측 정확도의 일정 수준이 데이터 분석 성공 기준이 된다. 비즈니스 성공 기준처럼 이것은 주관적 용어로 기술될 수 있는 경우도 있는데 이런 경우 누가 그런 주관적 판단을 할 것인지를 적시해야만 한다. 데이터 분석 성공 기준을 작성하기 위해 먼저 모델 평가 기준(예 모델 정확도, 성과, 복잡도 등)을 설정해야 하고, 평가 기준에 대한 기준점을 정의해야 하고, 주관적 평가 기준(예 모델 설명 능력과 모델에 의해 제공되는 데이터와 마케팅 통찰 등)을 해결하는 기준을 정해야 한다.

프로젝트 계획 생성

프로젝트 계획은 데이터 분석 목적을 달성을 위한 의도된 계획을 기술하는 것을 말한다. 계획은 분석에 사용할 도구와 기법의 초기 선택을 포함하여 프로젝트 기간 동안에 수행되어야 할 작업을 정의하는 것이다. 계획은 또한 시간 일정과 위험 간의 관계를 분석하는 것이 중요하다. 이런 것을 반드시 계획에 포함해야 하고, 위험이 나타났을 때 어떻게 대처해야 하는지를 포함하는 것이 바람직하다. 계획은 또한 평가 단계에서 어떤 평가 전략이 사용되어야 하는지 기술해야 한다. 프로젝트 계획은 각 단계 종료 시에 프로세스와 성취의 검토가 필요하고 프로젝트 계획에 대한 상응한 갱신이 권장된다는 측면에서 역동적인 문서이다. 어떻게 검토를 수행할 것인지 여부도 프로젝트 계획의 일부이다.

데이터 이해

데이터 이해(data understanding) 단계에서는 해결하고자 하는 문제와 데이터 분석 목표가 데이터를 활용해 해결할 수 있는지 여부를 확인하는 단계다. 이 단계에서는 통계 또는 시각화 등 데이터 탐색 기법을 통해 데이터의 현황을 이해하는 것을 목표로 하며, 구체적으로 데이터 형식(data format), 데이터 내용(data content), 데이터 품질(data quality) 등에 대한 이해를 목표로 한다. 데이터 이해를 수행하기 위해서는 데이터 분석가가 데이터를 읽고 탐색하는 데 충분한 권한이 있어야 한다.

데이터 이해 단계에서는 이전 단계에서 데이터 분석에 대한 프로젝트 계획을 입력받아 초기 데이터 수집, 데이터 기술, 데이터 탐색, 데이터 품질 검토 등의 작업 등의 작업을 수행한다. 이 단계가 완료되면 데이터 준비에 활용할 수 있는 원시 데이터 세트가 생성된다(그림 10-3 참조). 각 과제에 대한 작업 내용과 산출물을 살펴보도록 하자.

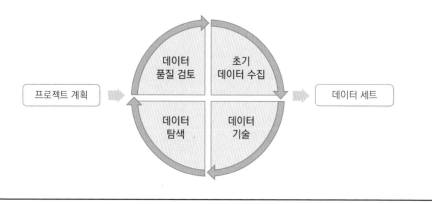

그림 10-3 데이터 이해 단계 주요 과제

초기 데이터 수집

초기 데이터 수집은 프로젝트 자원에 있는 데이터를 확보 또는 접근하는 것을 말한다. 초기 데이터 수집을 위해 데이터 로딩하는 작업이 필요하다. 예를 들어, 데이터 이해를 위해 Tableau 또는 RapidMiner 같은 특정한 도구를 사용하려 한다면, 이 도구에 데이터를 로딩하는 것이 논리적이다.

초기 데이터가 수집되면, 초기 데이터 수집 보고서를 작성할 수 있다. 이 보고서는 프로젝트를 위해 사용할 다양한 데이터를 기술하고, 더 자세한 데이터를 위해 필요한 선택 요구사항을 포함한다. 이 보고서는 또한 어떤 속성이 비교적 다른 것에 비해 더 중요한지 정의할 수 있다. 데이터 품질에 대한 평가는 개별 데이터 소스만 아니라 데이터 결합의 결과인 데이터에 대해서도 이루어져야 한다. 데이터 소스 간의 불일치 때문에 합쳐진 데이터는 개별 데이터 소스에 존재하지 않았던 문제가 나타날 수 있다.

초기 데이터 수집을 위해 먼저 어떤 데이터가 필요한지 계획을 수립하고, 모든 필요한 데이터가 실제로 가용한지 검토하며 선택 기준을 결정해야 한다. 선택 기준은 관심있는 테이블과 파일의 선택, 테이블과 파일 내에서 데이터 선택, 데이터 사용 기간의 선택을 포함한다. 데이터를 적절히 사용하려면 데이터와 관련된 전처리 작업이 필요하다는 점을 기억해야 한다.

데이터 기술

데이터를 '기술'한다는 것은 수집된 데이터의 전반적인 특징을 검토하고 그 결과를 보고하는 것을 말한다. 데이터 기술 보고서는 데이터의 형식, 데이터의 품질, 속성의 형식, 기타 발견된 특징 등 습득된 정보를 기술하는 것이다.

데이터 기술은 또한 데이터 습득 방법, 데이터 소스 접근 방법, 통계 분석, 테이블과 그것들 간의 관계, 데이터의 양, 복잡성 등을 포함한다. 속성 유형과 값을 기술하는 것은 속성의 접근 가능성과 가용성, 속성의 유형(수치, 기호, 범주 등), 값의 범위 또는 허용 가능한 값을 점검하는 것을 포함한다. 또한 속성 유형과 값의 기술은 속성 상관관계의 분석, 비즈니스 용어로 각 속성과 속성 값의 의미의 이해, 각 속성에 대한 기본 통계량(예 분포, 평균, 최대 값, 최소 값, 표준 편차, 분산, 중앙 값, 왜도 등) 계산, 기초 통계량을 분석하고 그 결과를 비즈니스 측면에서 의미와 연결 등을 포함한다.

마지막으로 속성이 특별한 데이터 분석 목적과 관련성이 있는지, 속성이 일관되게 사용되고 있는지를 결정해야 한다. 이를 검증하기 위해 도메인 전문가와 인터뷰를 수행할 수 있다. 필요하다면 데이터의 균형을 맞추는 것이 필요하다. 데이터 기술 작업의 마지막은 키(keys)를 찾고 그들의 관계를 분석하는 것이다. 테이블 전반에 걸쳐 키 속성 값의 중첩 정도를 검토해야 한다.

데이터 탐색

데이터 탐색은 질의, 시각화, 보고 등의 기법을 사용하여 해결할 수 있는 데이터 분석 문제를 다루는 것으로 탐색적 데이터 분석(exploratory data analysis: EDA)이라고도 한다. 이 분석은 데이터 분석 문제를 직접 해결할 수도 있지만 이것은 데이터 기술과 품질 보고서에 기여하거나 정제할 수 있고, 변환과 다음 단계 분석이 수행되기 전에 필요한 다른 데이터 준비 단계를 위해 제공될 수 있다.

데이터 탐색 보고서(data exploration report)는 초기 발견 또는 초기 가설과 그것들의 프로젝트 다른 부분에의 영향을 포함하는 데이터 탐색의 결과를 기술한다. 보고서는 데이터 특징을 보여주거나 추가 검토할 가치가 있는 흥미 있는 데이터 하위 집합을 표시하는 그래프를 포함할 수 있다.

데이터 탐색을 위해 상세하게 흥미 있는 속성의 특성(예 기본 통계량, 흥미 있는 하위 집단 등)을 분석하고 그런 하위 집단의 특징을 파악하는 작업을 수행한다. 또한 데이터 탐색은 미래 분석을 위한 가정 형성 작업을 포함한다. 이를 위해 먼저 데이터 기술 보고서 안에 있는 정보와 발견 사항을 고려하고 평가하여, 가설을 생성하고 행위를 판별해야 한다.

가설은 가능하면 데이터 분석의 목표로 변환하고 데이터 분석 목표를 명확히 하고 더 정확하게 해야 한다. 맹목적인 탐색이 유용할 수도 있지만, 비즈니스 목표를 향한 목적지향적인 탐색이 바람직하다. 생성된 가설을 검증하기 위해 기본 분석도 수행해야 한다.

데이터 품질 검증

데이터 품질 검증은 데이터의 완전성, 정확성, 결측 등에 대한 검증을 수행하는 것을 말한다. 완전성 검증은 데이터가 문제 해결할 만큼 충분한 정보 또는 사례를 포함하고 있는지를 검증하는 것이다. 정확성 검증은 데이터가 오류를 포함하고 있는지를 검증하는 것으로 오류가 포함되어 있는지 또는 포함되었다면 얼마나 많은 오류가 있는지 등을 검증한다. 마지막으로 결측 검증이란 데이터에 결측 값이 있는지, 있다면 얼마나 나타나고 어디에서 발생하는지, 얼마나 자주 발생하는지 등에 대한 것을 검증하는 것이다. 데이터 품질 보고서는 데이터 품질 검증 결과를 요약한 보고서로 데이터 품질 검증의 결과를 목록으로 만들고, 만약 품질 문제가 있다면 가능한 해결책을 제안한다.

데이터 준비

데이터 준비(data preparation) 단계의 목적은 데이터를 분석 도구를 사용하여 데이터를 모델링하기에 적합한 형식으로 변환하는 것이다. 데이터 준비 단계에서는 초기 데이터를 입력으로 받아 [그림 10-4]에 표시되어 있는 것처럼 데이터 선택(data selection), 데이터 정제(data cleansing), 데이터 구축(data construction), 데이터 통합(data integration), 데이터 형식 지정(data formatting) 등의 작업을 수행한다. 데이터 준비 단계를 종료하면 모델링에 사용할 수 있는 데이터 세트와 데이터 세트 기술서(dataset specification)가 생성된다. 데이터 준비 단계에서 수행되는 작업에 대해 좀 더 자세히 알아보자.

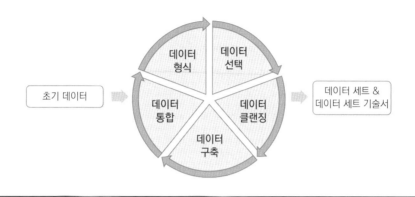

그림 10-4 데이터 준비 주요 과제

데이터 선택

데이터 선택은 분석을 위해 사용될 데이터를 목표, 품질, 양, 유형 같은 기술적 제약 조건 등과 관련된 기준으로 사용 여부를 결정하는 것이다. 데이터 선택 작업은 적절한 추가 데이터를 수집하고, 필드가 포함되어야 한다면 결정하기 위해 유의 수준과 상관관계 검증 같은 통계 작업을 수행할 수 있다. 데이터의 하위 세트를 선택하기 위해 표본 추출 기법을 사용할 수 있다. 데이터 선택 기준에 기반을 두고 하나 이상의 속성이 다른 것보다 더 중요한지를 결정하고, 따라서 속성에 가중치를 부과할 수 있다. 최종적으로 포함 또는 제외에 대한 논리를 문서화하는 것이 필요하다.

데이터 클랜징

데이터 클랜징은 선택된 데이터 분석 기법에 필요한 수준으로 데이터 품질을 향상시키는 작업을 말한다. 데이터 품질 검증을 수행하는 동안 보고된 데이터 품질 문제를 해결하기 위해 취해야 할 의사결정과 행동을 기술하는 데이터 클랜징 보고서를 생성한다. 보고서는 뚜렷한 데이터 품질 문제를 해결 방법과 이것이 데이터 분석 결과에 미칠 수 있는 가능한 영향을 포함한다. 데이터 클랜징 경험을 기반으로 데이터 선택 기준을 재고해야 한다. 데이터 클랜징을 지원하는 기법에는 정규화(normalization), 구간화(binning), 결측치(missing values) 처리, 중복(duplicates) 제거, 아웃라이어(outliers) 처리 등이 있다.

1) 정규화

이 기법은 값의 범위에 있어 차이를 망가트리지 않거나 정보를 읽지 않으면서 공통 단위(common scale)를 사용하기 위해 데이터 세트 내에 수치 속성의 값을 변경하는 것을 말한다. 예를 들어 하나의 속성이 0에서 1의 범위를 갖는 반면, 다른 속성은 10,000에서 100,000 사이의 값을 갖는다고 가정하자. 이럴 경우이 두 속성의 척도에서 큰 차이는 모델링 동안에 문제를 일으킬 수 있다. 정규화 기법에는 모든 값을 표준 점수(standard score)로 변환하는 기법과 최대-최소 정규화(min-max normalization) 기법을 많이 사용한다. 표준 점수 정규화에서는 통계학적으로 정규분포를 만들고 각각의 값이 표준편차상에 어떤 위치를 차지하는지를 보여주는 수치를 도출한다. 반면에 최대 최소 정규화에서는 개별 값에서 최소 값을 차감한 후 최대값과 최소값의 차이로 나누어서 얻는 수치를 사용한다. 때에 따라 어떤 알고리즘은 데이터를 정확히 모델링하기 위해 정규화 과정이 반드시 필요하다는 점에 유의해야 한다.

2) 구간화(binning) 또는 이산화(discretization)

이 기법은 수치 값을 범주 값으로 변환하는 프로세스를 말한다. 예를 들어 수치 값인 나이를 20~39, 40~59, 60~79 등의 범주로 변환할 수 있다. 수치 값은 일반적으로 빈도 테이블에 기반을 두고 모델링 기법 내에서 이산화될 수 있다. 더 나아가 구간화는 데이터 내의 노이즈 또는 비선형성을 감소시켜 예측 모델의 정확성을 개선할 수 있다. 마지막으로 구간화는 수치 변수의 이상 값, 유효하지 않은 값, 결측 값 등을 쉽게 찾을 수 있도록 한다. 구간화에는 동등한 넓이(Equal Width)와 동등한 빈도(Equal Frequency)를 활용한 비지도 기법과 엔트로피 기반 구간화(Entropy-based Binning)와 같은 지도 기법 등이 있다.

3) 결측 데이터(missing data)

이 기법은 현실 데이터에서 다양한 이유 때문에 발생하는 누락된 데이터를 적절히 처리하여 값을 생성하는 작업을 말한다.

결측값 문제를 해결하기 위한 가장 쉬운 방법은 결측값을 포함한 사례를 제거하는 것이다. 그러나 이 방법은 귀중한 정보를 가지고 있는 사례를 잃어버릴 수 있다는 문제가 있다. 따라서 결측값을 포함한 사례를 제거할 때 정말로 주의해야 한다.

결측값을 처리하는 또 다른 방법은 그냥 그대로 두고 알고리즘이 그것을 다루도록 하는 것이다. 어떤 알고리즘(예 XGBoost)은 결측 값을 고려하고 학습 손실 감소에 기반을 두고 결측 데이터에 대한 값을 가장 잘 추정할 수 있도록 학습할 수 있다. 다른 알고리즘은 결측값을 무시하도록 하는 것도 있다. 그러나 어떤 알고리즘은 결측값이 있는 경우 작동하지 않을 수도 있다. 이런 경우에는 결측값을 처리해서 그것을 알고리즘에 넣기 전에 깨끗하게 해야 한다.

결측값을 추정하는 가장 쉬운 방법은 알려진 값의 평균 또는 중간값 등을 사용하는 것이다. 이것은 쉽고 빠르지만 일반적으로 정확하지 않고 속성 사이의 상관성 또는 불확실성 등을 고려하지 않은 방법이라는 단점이 있다. 가장 빈번한 값, 영(zero) 또는 상수(constant) 등을 사용하는 방법도 있다. 이 방법은 범주형 속성에서 잘 작동하지만 평균 또는 중간값을 사용하는 방법과 유사한 한계가 있다. 마지막으로 예측 모델을 사용하여 누락 값을 대치하는 방법이 있다. 이 경우 결측값이 없는 사례를 학습 데이터로 사용하여, 결측값을 예측하기 위한 모델을 생성한 후 결측값을 모델의 예측값으로 대치한다.

결론적으로 결측값을 처리하기 위한 완전한 방법은 없다. 각각의 접근 방법이 더 낫게 또는 더 나쁘게 작동할 수 있다. 즉 결측값 처리가 반드시 더 나은 결과를 보장하지는 않는다. 따라서 실험과 검증을 통해 데이터 세트에 가장 잘 맞는 방법을 찾아야만 한다.

4) 중복 제거

이 기법은 데이터 세트에 포함되어 있는 중복된 사례를 제거하기 위해 사용된다. 다수의 데이터 소스를 사용할 경우 중복 사례가 발생할 수 있다. 중복은 행 또는 열에 발생할 수 있다. 열, 즉 속성에 발생하는 경우에는 반드시 중복을 제거해야 한다. 문제는 행의 이름이 다르게 나타난다든지, 값의 표현이 다를 수 있다는 점이다. 따라서 중복제거 시 이런 측면을 고려해야 한다. 열, 즉 사례가 중복된 경우에는 반드시 제거해야 할까? 지도 학습법을 사용할 때 우리는 사례가 독립적이고 동일하게 분포되어 있고, 학습과 검증 데이터가 같은 분포로부터 추출되었다고 가정한다. 이런 가정에 비추어 볼 때 동일한 사례를 반드시 제거할 필요는 없다. 따라서 만약에 학습 세트에는 잘 나타나지 않았던 어떤 데이터가 검증 세트에 많이 반복적으로 나타나서 모델의 일반화된 성과를 해친다면, 데이터 세트를 더 깊게 검증하고 왜 그런 문제가 발생했는지 먼저 확인해야 한다.

5) 이상 사례 처리

이 기법은 데이터 세트 내에 포함되어 있는 이상 사례(outlier)를 탐지하여 제거하기 위해 사용한다. 이상 사례는 그것의 특성이 다른 사례와 비교하여 심각하게 차이가 나는 사례를 말한다. 이상 사례는 측정에 있어 변화 또는 실험 오류를 나타낼 수 있다. 이상 사례는 드물게 발생하는 것이고 충분히 설명할 수 없는 것일 수 있는데 만약 감지되지 않고 처리하지 않으면 예측을 왜곡시키고 정확도에 영향을 미칠 것이다. 이상 사례를 포함할 것인지 또는 버릴 것인지를 결정하는 것은 모델 구축 단계에서 수행되어야 한다. 이상 사례를 처리하는 것은 표준 분석 절차는 아니다. 어떤 사례가 분석으로부터 제외되었다면 그것은 보고서에 명확히 설명되어야 한다. 이상 사례를 처리하기 위해서는 먼저 이상 사례를 찾아야 하는데, 박스 플롯과 같은 시각적 방법 또는 그럽 테스트(Grubb Test) 같은 통계적 방법을 사용할 수 있다. 이런 방법은 하나의 속성만을 고려하여 이상 사례를 찾는 것이다. 일반적으로 사례는 다수의 속성을 가지고 있으므로 이것들을 동시에 고려하여 이상 사례를 찾는 것이 필요하다. 거리(distance)와 밀도(density)를 활용한 이상 사례 탐지 알고리즘은 방법은 잘 알려져 있다.

데이터 구축

데이터 구축 작업은 새로운 속성을 기존 속성에서 유도하는 방법과 완전히 새로운 속성을 생성 같은 작업을 포함한다. 데이터 구축 작업을 수행하기 위해 프로젝트를 위해 제안된 도구를 가지고 가용한 구축 방법을 점검한 후 구축할지 여부를 결정해야 한다. 데이터 선택 기준을 데이터 구축 경험을 바탕으로 재검토해야 한다.

유도된 속성은 같은 사례 내에 있는 하나 이상의 속성을 활용해 구축된 새로운 속성을 말한다. 예를 들어, 길이와 폭을 안다면 우리는 '넓이'라는 새로운 속성을 계산하여 생성할 수 있다. 우리는 단지 데이터베이스 또는 다른 소스로부터 얻은 데이터만 모델을 구축하기 위해 사용되어야 한다는 생각을 하지 말아야 한다.

그러면 왜 새로운 속성을 유도해서 구축해야 할까? 배경 지식은 어떤 사실이 중요하고 비록 우리가 현재 그것을 표현할 속성을 가지고 있지 않을지라도 표현되어야만 한다는 것을 알 수 있다. 사용되는 모델링 알고리즘이 일정한 유형의 데이터를 다룰 수 있는 경우가 있다. 예를 들어 선형회귀의 경우 수치속성만 모델에 포함할 수 있는데 데이터 세트가 범주형 속성을 포함할 수 있다. 이런 경우 범주형 속성을 수치속성으로 변환해 주어야 한다.

새로운 유도된 속성을 추가하기 전에 그것들이 모델 프로세스를 쉽게 하는지 또는 모델링 알고리즘을 활성화하는지 여부와 방법을 결정하라. 예를 들어 개인당 소득이 가구당 소득보다 더 낫고 쉬운지 검토하라. 유도 속성을 단순히 입력속성의 개수를 줄이기 위해 사용하지 말아야 한다.

신규 속성 생성은 완전히 새로운 속성으로 새로운 지식을 추가하거나 표현되지 않은 새로운 데이터를 표현하는 것이다. 예를 들어, 데이터 군집화 수행을 통해 사례를 군집의 구성원으로 만든 경우, 군집 구성원 정보는 새로운 속성이 된다. 이런 새로운 속성의 생성을 위해 필요하다면 가용한 기법을 점검해 보도록 한다. 예를 들어, 군집화된 데이터의 각 군집에 대한 프로토타입을 구축하는 절차를 점검해야 한다.

데이터 통합

데이터 통합은 다수의 테이블 또는 다른 정보 소스로부터의 정보를 결합하여 새로운 속성 또는 값을 생성하는 것이다. 같은 사례에 대해 다른 정보를 가지고 있는 두 개 이상의 테이블을 결합하는 것을 테이블 통합이라고 한다. 이 단계에서 새로운 속성을 생성할 수도 있고, 집계 값을 생성할 수도 있다. 이렇게 생성된 데이터를 통합된 데이터라고 한다. 데이터 통합의 경험을 기반으로 데이터 선택 기준을 재고해야 한다.

데이터 형식 지정

형식 변환은 데이터의 의미에 변화를 주지 않지만, 모델링 도구가 필요로 할 수 있는 데이터에 구문적 변경(syntactic modifications)을 만드는 것을 지칭한다. 어떤 도구들은 속성의 순서에 대한 요구 사항을 가질 수도 있다. 예를 들어, 어떤 도구는 첫 번째 속성은 독특한 식별자여야 하고, 마지막 속성은 모델이 예측하는 결과의 속성이여야 하는 경우가 있다. 어떤 경우에는 모델링 도구가 예측하고자 하는 속성의 값에 따라 사례를 정렬하도록 요청하는 경우도 있다. 따라서 특정 모델링 도구의 요구 사항을 만족시키기 위해 데이터 형식에 대한 변경을 가할 수 있다. 데이터 형식 지정의 경험을 반영하여 데이터 선택 기준을 재고해야 한다.

모델링

모델링 단계에서는 준비된 데이터에 다양한 모델링 기법을 선택하여 적용하며, 모델링 기법의 파라미터는 최적 값으로 조정된다. 일반적으로 같은 데이터 분석 문제 유형에 대해 다수의 기법이 적용될 수 있다. 어떤 모델링 기법은 특별한 요구사항을 갖는 경우가 있다. 따라서 데이터 준비 단계로 돌아가는 것이 필요하다. 모델링 단계에서 수행해야 할 주요 과제는 [그림 10-5]에 요약된 것처럼 모델링 기법 선택, 테스트 디자인, 모델 구축, 모델 평가 등이 있다.

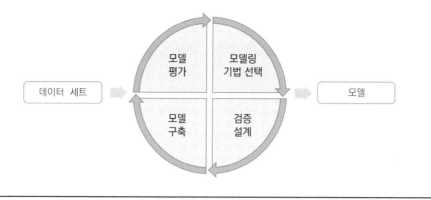

그림 10-5 모델링 단계의 주요 과제

모델링 기법 선택

모델링에서 첫 단계는 실제 모델링 기법을 선택하는 것이다. 다수의 기법이 적용되면 각가의 기법에 대해 이것을 적용한다. 모든 도구와 기법이 모든 작업에 적용될 수는 없고 어떤 문제에 대해서는 적절한 기법만 적용할 수 있다. 정치적 요구사항과 다른 제약 조건은 데이터 분석가가 선택할 수 있는 선택에 추가적인 제약을 한다. 어떤 경우에는 오직 하나의 도구 또는 기법만 현재 문제에 적용될 수 있고, 그것이 기술적인 관점에서 절대적으로 최선은 아닐 수도 있다.

모델링 수행에 있어 많은 모델링 기법은 데이터에 관한 특별한 가정을 세운다. 모델링 기법은 데이터 품질, 형식, 분포 등에 암묵적인 가정을 한다. 이런 가정들은 데이터 기술 보고서 내의 가정과 비교해야 한다. 이런 데이터에 대한 가정을 충족시키기 위해 필요하다면 데이터 준비 단계로 돌아가서 가정에 적합하도록 변경을 해야 한다.

검증 설계 생성

모델 구축 작업 전에 모델의 품질과 적절성을 검증할 수 있는 절차를 정의하는 것이 필요하다. 검증 설계 작업의 산출물은 검증 설계(test design)인데 그것은 모델을 학습하고, 검증하고, 평가하기 위한 의도된 계획을 기술한다. 계획의 핵심 요소는 어떻게 가용한 데이터 세트를 학습 데이터, 검증 데이터, 타당성 검증 데이터로 분할할 것인지를 결정하는 것이다. 모델은 학습 데이터를 기반으로 구축되고, 모델의 품질은 검증 데이터와 타당성 검증 데이터로 측정된다. 검증 설계를 위해 각 데이터 분석 목표에 대해 이미 있는 검증 디자인을 검토하고, 반복 횟수와 데이터 분할 횟수 등 필요한 단계에 대해 결정하고 검증에 필요한 데이터를 준비한다.

모델 구축

모델 구축은 하나 이상의 모델을 생성하기 위해 준비된 데이터 세트에 모델링 도구를 실행하는 작업이다. 모델 구축 작업의 산출물 중 하나는 모델 생성을 위한 파라미터 설정(parameter settings)이다. 모델링 도구에는 조정할 수 있는 수많은 파라미터들이 있다. 파라미터 설정은 선택에 대한 논리적 근거와 함께 그것들의 선택된 값의 목록을 작성한 것이다. 이를 위해 초기 파라미터를 설정하고 그러한 값을 선택한 이유에 대해 문서화해야 한다. 모델(models)은 모델을 생성하기 위해 준비된 데이터 세트에 모델링 도구를 실행하여 얻는 산출물, 즉 데이터 분석 결과이다.

모델 기술(model description)은 결과 모델을 기술하고 그것의 기대되는 정확성, 견고성, 가능한 한계를 평가한 모델 구축의 산출물이다. 이것은 모델 해석과 당면했던 어려움에 대한 보고서이다. 모델 기술은 다음과 같은 활동을 통해 얻을 수 있다. 먼저 미래에 유용할 수 있는 현재 모델의 특징을 기술하고, 모델 생성을 위해 사용한 파라미터 설정을 기록한다. 모델과 특별 속성의 상세한 기술을 제공한다.

규칙 기반 모델(rule-based models)에 대해서는 생성된 규칙을 목록을 작성하고 개별 규칙 또는 전반적인 모델 정확도와 커버 범위의 평가를 작성한다. 불투명한 모델(opaque models)에 대해서는 신경망의 구성 같은 모델에 관한 기술적 정보와 정확도 또는 민감도 같은 모델링 절차에 의해 생성된 행동 기술(behavioral description)의 목록을 작성한다. 모델이 작동 방식과 해석을 기술한다. 필요하다면 데이터 내에 패턴에 관한 결론을 기술한다. 때때로 모델은 분할된 평가 프로세스 없이 데이터에 관한 중요한 사실을 보여줄 수도 있다.

모델 평가

모델은 데이터 분석 성공 기준을 충족하고 바라는 검증 기준을 통과하는 것을 보증하기 위해 평가되어야 한다. 이것은 모델링 작업의 출력에 기반을 둔 순수한 기술적 평가다. 이 작업의 결과물은 모델 평가로 과제의 결과를 요약하고 생성 모델의 품질 목록을 작성하고 모델의 품질에 순위를 정하는 것이다.

모델 평가는 다음과 같이 이루어진다. 검증 전략(예 학습과 검증, 교차 검증, 부트스트랩핑 등)에 따라 분석 결과를 생성하고 성공과 평가 기준 관점에서 결과의 순위를 생성하여 가장 좋은 모델을 선택한다. 가능한 한도 내에서 비즈니스 관점에서 결과를 해석하고 도메인 또는 데이터 전문가로부터 모델에 관한 의견을 들어 모델의 타당성, 신뢰성, 배치 가능성 등을 검토한다.

모델 평가 결과에 따라 파라미터 세팅을 고치고 그것들을 모델 구축 작업에서 다음 실행을 위해 조절한다. 모델 구축을 반복하고 가장 좋은 모델을 얻을 때까지 모델 구축과 평가를 반복한다. 더 나은 모델을 생성하기 위해 파라미터를 조성한다.

평가

평가 단계에서는 분석 결과가 처음에 정의된 필요와 기대에 응답하는지 여부를 결정한다.

모델링 단계에서 모델 평가는 모델의 예측 결과의 정확도와 모델의 일반성 같은 요인을 다루었지만, 이번 단계에서는 모델이 비즈니스 목표를 어느 정도 맞추는지 평가하고, 만약 어떤 비즈니스 이유가 있다면 어떤 모델이 부족한지를 결정해야 한다. 평가가 마무리되면 데이터 분석 결과를 사용할 것인지에 대한 결정이 이루어진다. 평가 단계에서 수행되어야 할 작업에는 결과 평가, 프로세스 리뷰, 다음 단계 결정 등이 있다(그림 10-6 참조).

그림 10-6 평가 단계의 주요 과제

결과 평가

결과 평가 작업은 모델이 어느 정도 수준으로 비즈니스 목표를 충족했는지 평가하고 비즈니스 측면에서 미진한 것이 있다면 이유가 무엇인지 찾아야 한다. 다른 옵션은 시간과 예산 제약이 허용된다면 실제 응용프로그램에서 모델을 검증하는 것이다. 더 나아가 평가는 다른 생성된 데이터 분석 결과를 평가하는 것이다. 데이터 분석 결과는 원래 비즈니스 목표와 관련된 모델과 다른 모든 발견을 포함한다. 어떤 것은 원래 비즈니스 목적과 관련 있는 반면 다른 것은 추가적인 도전, 정보, 미래 방향에 대한 힌트를 밝혀줄 수 있다.

프로젝트 후반 또는 새로운 프로젝트에서 강조되어야 할 새로운 비즈니스 목표가 있는지 여부를 결정하고, 미래 데이터 분석 프로젝트에 대한 제안을 작성할 수 있다. 결과 평가가 완료되면 선택 기준에 부합하는 생성된 모델을 선택하고 승인한다.

프로세스 리뷰

프로젝트 리뷰 단계는 간과된 중요한 요인 또는 과제가 있는지 여부를 결정하기 위해 데이터 분석 수행 과정을 철저히 검토하는 작업이다. 프로세스 리뷰는 품질 보증 리뷰(quality assurance review)의 형태를 지닌다. 프로세스 리뷰는 다음과 같이 수행된다. 먼저 사용된 데이터 분석 프로세스의 개요를 제공하고,

데이터 분석 프로세스를 분석한다. 프로세스의 각 단계마다 정말 필요했었는지, 최적으로 수행됐는지, 어떤 방식으로 개선되어야 할지 등에 대해 질문한다. 실수, 잘못 진행된 단계, 프로세스에서 가능한 대안 작업과 기대하지 않았던 경로 등을 찾도록 한다. 마지막으로 비즈니스 성공 관점에서 데이터 분석 결과를 리뷰한다.

다음 단계 결정

결과 평가와 프로세스 리뷰를 기반으로 프로젝트 팀은 어떻게 진행할지를 결정한다. 의사결정은 프로젝트를 종료하고 배치 단계로 이동해야 할지, 추가적인 분석을 다시 시작해야 할지, 새로운 데이터 분석 프로젝트를 설정해야 할지 등을 포함한다. 이 작업의 산출물은 각 옵션에 대한 이유와 함께 가능한 행동의 목록을 작성하는 것이다. 이를 위해 다음과 같은 작업을 수행한다. 먼저 각 결과의 배치에 대한 잠재성을 분석하고 현재 프로세스의 개선을 위한 잠재성을 추정한다. 추가적인 프로세스 반복이 가능한지 여부를 결정하기 위해 남아있는 자원을 검토한다. 대안적인 분석방향을 추천하고 프로세스 계획을 재정의한다. 이 단계의 또 다른 산출물은 의사결정(decision)이다. 의사결정 각각에 대한 논리와 함께, 생성된 의사결정을 기술한다. 의사결정 작성은 먼저 가능한 행위들의 순위를 정한 후 가능한 행동들의 하나를 선택하고 그 선택에 대한 이유를 문서화하는 순으로 진행한다.

배치

배치(deployment)단계는 생성된 모델을 실제 비즈니스에 적용하는 단계다. 모델의 생성은 일반적으로 프로젝트의 끝이 아니다. 모델의 목적은 데이터의 지식을 늘리는 것이지만, 얻어진 지식은 고객이 그것을 사용할 수 있는 방법으로 조직화되고 표현될 필요가 있다. 그것은 종종 조직의 의사결정 과정 내에서 살아 있는 모델(live model)로 적용되는 것을 포함한다. 예를 들어 웹 페이지의 실시간 개인화 또는 마케팅 데이터베이스의 반복적인 점수 부여 등이 그런 예이다.

요구 사항에 의존하지만 배치 단계는 리포트를 생성하는 것 같이 단순할 수 있지만 또는 기업 전반의 걸쳐 반복할 수 있는 데이터 분석 프로세스 구현할 만큼 복잡할 수 있다. 배치 단계의 주요 작업은 [그림 10-7]에서 표현된 것처럼 배치 계획 수립, 모니터링과 유지보수 계획 수립, 최종 보고서 작성, 프로젝트 리뷰 등으로 구성된다.

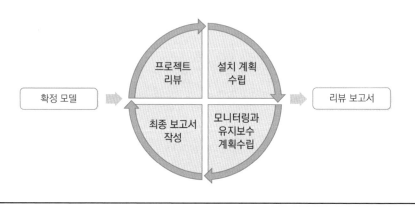

그림 10-7 배치 단계의 주요 과제

배치 계획 수립

배치를 계획하는 작업은 평가 결과로부터 시작해서 데이터 분석 결과를 비즈니스에 구현하는 전략으로 끝난다. 배치 계획은 필요한 단계와 그것들을 어떻게 수행할지를 포함하는 배치 전략을 요약하는 것으로 다음과 같은 작업을 통해 얻는다. 먼저 배치 가능한 결과를 요약하고, 배치를 위한 대안 계획을 개발하고 평가한다. 각각의 고유한 지식 또는 정보 결과에 대한 결정을 하고 지식 또는 정보가 사용자에게 어떻게 전파할 것인지 결정한다. 결과의 사용을 어떻게 모니터링하고 이익을 측정할 것인지 결정한다. 각 배치 가능한 모델과 소프트웨어 결과물에 대해 결정하고, 모델 또는 소프트웨어 결과가 조직의 시스템 내에서 어떻게 배치될 것인지 정하고, 그것의 사용이 어떻게 모니터링되고 그것이 이익이 어떻게 측정될 지 결정한다. 배치 동안에 가능한 문제점을 식별한다.

모니터링과 유지보수 계획

모니터링과 유지보수는 데이터 분석 결과가 매일의 비즈니스와 그것의 환경의 일부가 된다면 중요한 문제다. 유지보수 전략의 세심한 준비는 데이터 분석 결과를 불필요하게 오랫동안 잘못 사용하는 것을 피할 수 있게 도움을 준다. 데이터 분석 결과의 설치를 모니터링하기 위해 프로젝트는 모니터링과 유지보수에 대한 상세한 계획이 필요하다.

모니터링과 유지보수 계획은 필요한 단계와 그것들을 수행하는 방법을 포함한 모니터링과 유지보수 전략을 요약한다. 모니터링 전략 수립을 위해 먼저 다양한 측면에 대한 검토를 하고 얼마나 정확히 모니터링할 것인지 결정한다. 언제 데이터 분석 결과 또는 모델이 더 이상 사용되지 말아야 하는지 결정하고, 판단 기준(예 유효성, 정확성의 임계 값, 새로운 데이터, 애플리케이션 도메인 변화 등)과 모델 또는 결과가 더 이상 사용되지 않는다면 무슨 일이 발생할까 판단해야 한다. 모델이 해결하기를 시도했었던 초기 문제를 완전히 문서화해야 한다. 이상의 것들을 반영해서 모니터링과 유지보수 계획을 수립한다.

최종 보고서 생성

프로젝트의 종료 시점에 프로젝트 팀은 최종 보고서를 작성해야 한다. 설치 계획에 의존하지만 이 보고서는 프로젝트의 요약과 경험일 수 있거나 데이터 분석 결과의 최종 발표일 수 있다. 최종 보고서는 모든 것을 묶어서 요약하는 것이다. 보고서는 얻은 결과를 요약하는 것뿐만 아니라 절차를 기술하고, 어떤 비용이 발생했는지 보여주고, 최초 계획으로부터 유도된 것을 정의하고, 구현 계획을 기술하고, 미래 작업을 위한 제안을 해야 한다. 보고서의 실제 상세 내용은 보고를 받을 사람에 매우 많이 의존한다.

최종 보고서 작성을 위해서 어떤 보고서(예 슬라이드 프레젠테이션, 경영층 요약 보고서, 상세 발견, 모델 설명 등)가 필요한지 판단한다. 얼마나 잘 초기 데이터 분석 목적을 완성했는지 분석한다. 보고서의 대상 그룹을 판별하고, 보고서의 구조와 내용을 개략적으로 작성하고, 보고서에 포함될 발견을 선택하고, 마지막으로 보고서를 작성한다.

최종 보고서뿐만 아니라 프로젝트를 요약하는 최종 프레젠테이션을 작성할 필요가 있을 수 있다. 그것은 예를 들어 경영층을 위한 것일 수 있다. 프레젠테이션은 일반적으로 최종 보고서에 포함되어 있는 정보의 하위 세트를 다른 방식으로 구조화하여 포함한다. 프레젠테이션의 작성을 위한 목표 그룹을 결정하고 그들이 이미 최종 보고서를 받았는지 확인한다. 최종보고서에 어떤 아이템이 최종 프레젠테이션에 포함되어야 할지 선택한다.

프로젝트 리뷰

프로젝트 리뷰는 프로젝트 수행 중에 무엇이 잘 진행되었고, 무엇이 잘못 진행되었는지, 무엇을 잘 했는지, 무엇이 개선되어야 하는지를 평가하는 것이다. 이는 프로젝트 동안에 얻은 중요한 경험을 요약하는 것이다. 예를 들어, 실수한 것, 잘못된 접근 방법, 비슷한 상황에서 가장 적합한 데이터 분석 기법을 선택하기 위한 충고 등이 문서의 일부일 수 있다. 이상적인 프로젝트에서 경험 문서는 프로젝트 기간 동안에 개별 프로젝트 구성원이 작성한 보고서를 다룬다.

경험 문서 작성을 위해 프로젝트에 참여한 모든 중요한 사람들과 인터뷰를 하고 그들에게 프로젝트 기간 동안의 경험에 관해 물어본다. 만약 데이터 분석 결과를 가지고 작업하는 비즈니스 측면의 사용자가 있다면 그들과 인터뷰를 하는 것도 좋다. 그들이 만족하는지, 어떤 점이 개선됐는지, 추가적인 지원이 필요한지 등에 대한 질문을 한다. 피드백을 요약하고 경험 문서를 작성한다. 프로세스를 분석하고, 특정한 데이터 분석 프로세스를 문서화한다. 상세한 것에서 미래 프로젝트에 대해 유용한 경험을 만들기 위해 일반화를 해야 한다.

CRISM-DM 활용의 문제점

CRISP−DM은 매우 좋은 참조 모델로 잘 사용하면 데이터 분석가가 실제 비즈니스 가치를 전달하는 데 집중할 수 있게 도움을 준다. 그러나 CRISP−DM을 잘못 사용하면 문제가 발생할 수 있다. CRISP−DM 활용 시 발생할 수 있는 문제에 대해 검토해 보자[89].

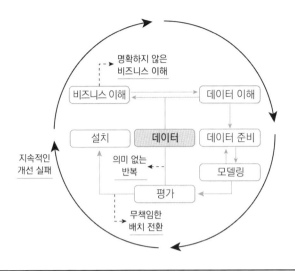

그림 10-8 CRIPS-DM 사용의 실패

불명확한 비즈니스 이해

비즈니스 목표를 설정하는 데 서두르다 명확한 목표를 설정하지 못한다면 실패할 수 있다. 세부적으로 내려가서 비즈니스 문제에 대해 데이터 분석이 어떻게 도울 수 있는지를 명확하게 하지 않고 프로젝트 팀이 비즈니스 목표와 성공 측정을 위한 어떤 척도를 생성할 수 있다. 이제 그들이 비즈니스 목표를 이해했기 때문에 오버헤드를 최소화하고 프로젝트의 재미있는 부분, 즉 데이터를 분석하는 데 뛰어들 것이다. 너무나 자주 이것은 실제 비즈니스 필요에 부합하지 않는 분석 결과로 끝나고 만다.

무의미한 반복 작업 수행

프로젝트에서 서두르다 보면 아무 생각 없이 작업을 반복하는 경우가 있다. 어떤 분석 팀은 분석 관점에서 프로젝트 결과를 단순히 평가한다. 즉, 만약 모델이 예측력이 있으면 좋은 것이라고 생각한다. 대부분은 이것이 반드시 맞지는 않는다는 것을 알고 있고, 그들의 분석 결과를 비즈니스 목표에 맞는지 검토해야 한다. 이것은 비즈니스 문제에 대한 실제적인 명확성 없이는 어렵다. 만약 분석 결과가 비즈니스 목표를 충족하지 않는다면 팀은 선택할 수 있는 게 별로 없다. 그들의 비즈니스 파트너와 함께 작업하여 비즈니스 문제를 재평가하기보다는 대부분은 새로운 데이터 또는 새로운 모델링 기법을 시도한다. 이런 무의미한 반복은 프로젝트의 성공과 이어질 수 없다.

무책임한 배치 전환

프로젝트를 서두르다 보면 아무 생각없이 정보기술 부서에 분석 결과를 넘겨주는 경우가 있다. 어떤 분석 팀은 모델의 배치와 운영화에 대해서는 전혀 신경쓰지 않는다. 그들이 구축한 모델이 운영 데이터 스토어 내의 실제 데이터에 적용되거나 운영 시스템에 임베드될 것이라는 것을 인지한다면 더 잘 할 수 있을 것이다. 이전에 정보기술 부서와 일해보지 않았던 분석 팀은 분석 결과가 어떻게 설치되어야 할지 정확히 모르고, 분석의 일부로서 설치를 보지 않는다. 결과적으로 정보기술 부서에 모델을 던져버리고 만다. 모델이 구현하기 쉬운지, 어려운지 때에 따라서 불가능한지 여부와 일단 설치되면 유용한지 여부는 다른 사람의 문제다. 이것은 모델을 구축하는 시간과 비용을 증가시키고 매우 큰 비율의 모델이 전혀 비즈니스에 영향을 미치지 못하는 이유다.

지속적인 개선 부재

CRISP-DM의 반복을 하지 않는 경우가 있다. 분석 전문가들은 모델이 시간이 지나더라도 지속적으로 가치가 있으려면 최신의 것이어야 한다는 것을 안다. 그들은 비즈니스 환경이 변할 수 있고 모델의 가치를 떨어뜨릴 수 있다는 것을 안다. 그들은 모델을 주도했던 데이터 패턴이 미래에는 변화할 수 있다는 것을 안다. 그러나 그들은 그것을 지금 해결해야 할 문제가 아니라고 생각한다. 그들은 어떻게 모델의 비즈니스 성과를 추적해야 할지를 결정할 만큼 비즈니스 문제에 관해 명확히 알 수 없거나 모델의 재생성이 초기 생성보다 더 작게 만드는 것에 관해 생각할 만큼 충분하지 않다. 결국, 또 다른 새로운 문제와 씨름하는 것이 더 재미있다. 이것은 오래된 모델을 모니터링하지 않거나 유지보수하지 않은 채 남겨두어, 분석의 장기적 가치를 떨어뜨리게 된다.

이러한 개별 문제는 팀이 비즈니스 가치를 더하지 않을 인상적인 분석 솔루션을 구축하게 될 가능성을 높일 것이다. 정말로 분석, 특별히 데이터 마이닝, 예측적 분석, 기계 학습 같은 고급 분석을 활용하고자 하는 기업은 이런 문제가 지속되는 것을 감당할 수 없다. 문제를 고치는 것은 의사결정에 대한 명확하고 모호하지 않은 집중에 있다. 즉, 어떤 결정이 개선되어야만 하고, 그것을 개선한다는 것이 무슨 의미가 있고, 분석이 실제 그것을 개선하는지, 어떤 시스템과 프로세스가 이 의사결정을 내재화하거나 지원하는지, 어떤 환경 변화가 의사결정의 재평가를 유발할 수 있는지 등에 집중해야 한다.

CRISP-DM 확장

CRISP–DM은 데이터 분석을 위한 체계적인 방법론을 제공하였다는 측면에서 기여를 하고 있다. 그렇지만 CRISP–DM은 이미 20여 년 전에 제안된 데이터 분석 방법론으로 현대의 데이터 분석, 특히 셀프서비스 분석 프로젝트에 필요한 몇 가지 사항에 대해서는 잘 지원할 수 없다. 이번 장에서는 프로젝트 관리 측면, 데이터 아키텍처 측면, 모델 프러덕션 측면에서 CRISP–DM의 한계를 들여다 보자.

프로젝트 관리 측면에서의 한계

현대의 데이터 분석 프로젝트는 규모와 복잡성이 증가하고 있어, 개인이 프로젝트를 수행하기 어려워 프로젝트를 수행할 때 팀을 이루어 분석하는 것은 자연스러운 방향이다. CRISP–DM은 사용자가 단 하나 또는 작고 단단한 팀이라고 암묵적으로 가정하고 대규모 프로젝트에 필요한 팀워크 조정을 무시하기 때문에 진정한 프로젝트 관리 방법론이 아니다. 따라서 팀워크를 조정하는 데 필요한 구조가 추가되어야 한다[90].

좀 더 최근에 마이크로소프트에 의해 제시된 데이터 분석 방법론인 TDSP (Team Data Science Process)는 프로젝트 관리 측면을 많이 강조하고 있다[91].

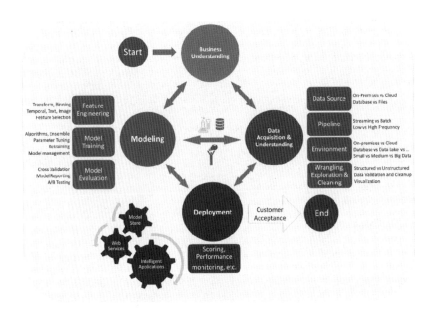

그림 10-9 마이크로소프트 Team Data Science Lifecycle(Microsoft, 2017)

[그림 10-9]에서 보는 것처럼 비록 수명주기 그래픽은 상당히 다르게 보이지만 TDSP의 프로젝트 수명 주기는 CRISP-DM과 유사하며 아래의 5가지 반복 단계를 포함한다.

- 비즈니스 이해(business understanding): 목표 정의 및 데이터 소스 식별
- 데이터 수집 및 이해(data acquisition and understanding): 데이터를 수집하고 제시된 질문에 대답할 수 있는지 확인
- 모델링(modeling): 특성 엔지니어링 및 모델 학습
- 배치(deployment): 프로덕션 환경에 배치
- 고객 수용(customer acceptance): 시스템이 비즈니스 요구를 충족시키는 경우 고객 검증

TDSP는 프로젝트 라이프 사이클의 각 단계와 각자의 책임(솔루션 아키텍트, 프로젝트 관리자, 데이터 과학자 및 프로젝트 리더)을 정의함으로써 CRISP-DM팀

정의 부족의 약점을 해결한다(그림 10-10 참조). 그러나 TDSP는 데이터 과학 팀 측면에서 데이터 분석 프로젝트를 보고 있고, 비즈니스 측면은 전혀 고려하지 않는 점에서 한계가 있다.

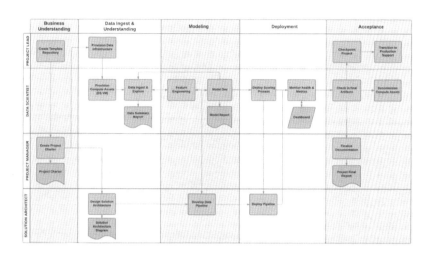

그림 10-10 라이프사이클 단계별 팀 역할 매핑(Microsoft, 2017)

이런 측면에서 볼 때 Huston Analytics가 제안하는 문제 – 해결책 모델(Problem – Solution Model; PSM)은 의미가 있다[92]. PSM방법론도 CRIPS – DM에 근거를 두고 있지만, 데이터 분석 프로젝트가 서비스 제공자(service provider)와 고객(customer siders)이 프로젝트 팀으로서 함께 일을 하는 기능적 방법을 제공한다. 문제 팀(Problem Team)의 과제는 해결되어야 할 문제인 사용 사례(use case)를 정의하는 반면, 솔루션 팀(Solution Team)은 이 문제를 해결하기 위한 최선의 방법을 찾는다. PSM모델은 CRISP – DM의 단계를 반영하지만 단계들을 다음과 같은 방식으로 팀 간에 나누었다. 먼저 문제 팀은 비즈니스 이해의 단계에 대한 책임이 있다. 솔루션 팀은 데이터 이해, 데이터 준비, 데이터 모델링 단계에 대한 책임이 있다. 마지막으로 평가와 배치 단계는 공동으로 수행한다. [그림 10-11]은 PSM에서 CRISP – DM의 각 단계가 어떻게 문제 팀과 솔루션 팀 사이에 분할되었는지 보여준다.

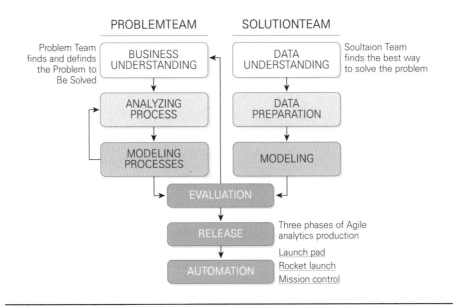

그림 10-11 PSM 프로세스 모델

PSM에서는 분석에서 문제를 제기하는, 주로 비즈니스 측면의 역할을 강조했다는 측면에서 의미가 있다. 그러나 셀프서비스 분석의 측면에서 보면 문제 팀과 솔루션 팀을 배분하는 것은 적당하지 않고, 두 팀이 함께 존재하는 형태를 띤다고 보아야 할 것이다. PSM을 제안한 Houston Analytics도 두 팀의 구성원은 항상 그렇지는 않지만 종종 같은 사람이라는 점을 인정하고 있다. 이렇게 하는 것은 문제 제기에서부터 분석, 분석의 활용에 이르는 시간을 단축하고 신속한 의사결정이 가능하다는 점과 문제를 이해하고 모델이나 분석 결과를 이해하는 것은 결국 비즈니스 측면이 사람이라는 점 때문이다.

데이터 파이프라인 아키텍처 문제

데이터 파이프라인은 데이터 소스에서 데이터를 수집해서, 분석을 위해 다양한 작업을 수행한 후 데이터를 필요로 하는 수요자들에게 적절히 공급하는 작업을 말한다. 데이터 분석을 위해서는 데이터 파이프라인에 대한 고려가 방법론상에 존재해야 한다. CRISP‒DM은 비록 데이터 이해 또는 데이터 준비라는 단계는 있지만, 데이터 파이프라인 아키텍처에 대해서는 침묵하고 있다. 왜 그럴까? 다음의 세 가지 측면에서 이유를 찾아보자.

첫째, CRISP-DM이 데이터 파이프라인에 대한 논의가 취약한 것은 방법론이 개발됐던 환경이 많은 영향을 미쳤다. CRISP-DM이 처음 소개된 1996년에는 데이터라는 것이 많거나, 복잡하지 않았고 데이터 파이프라인은 작은 문제에 지나지 않았기 때문이다. 또한 일반적으로 CRISP-DM은 데이터웨어하우스 또는 비즈니스 인텔리전스 같이 기술적으로 안정된 전통적인 기업 환경에 적용되어 왔다. 그러나 최근에 데이터의 생성과 소비 패턴에 많은 변화가 있어 왔다. 빅데이터로 불리는 데이터를 수집하고 처리하는 것 자체가 간단한 문제가 아니다. 따라서 CRISP-DM의 접근은 현대의 데이터 과학 같은 매우 빠르게 진화하는 영역에서는 충분히 유연하지 않을 수 있다[93].

둘째, CRISP-DM의 데이터 파이프라인 부분이 취약한 이유는 CRISP-DM이 본질적으로 프로세스 모델이기 때문이다. 방법론 문서의 첫 구문은 "CRISP-DM 방법론은 단계별, 일반 작업, 특수화된 작업 및 프로세스 인스턴스와 같은 네 가지 추상화 수준(일반에서 특수까지)에서 설명하는 작업 집합으로 구성된 계층적 프로세스 모델로 설명된다"라고 시작한다[3]. 프로세스 모델이었기 때문에, 데이터 파이프라인 아키텍처는 CRISP-DM의 관심이 아니었던 것이다.

셋째, CRISP-DM이 데이터 파이프라인에 한계를 갖는 것은 데이터 분석가 또는 데이터 과학자의 업무 관행에서 찾아볼 수 있다. 데이터 과학자는 창의적인 방법을 사용해 문제를 해결하는 경우가 많다. 데이터 과학자는 서버와 클라이언트 시스템의 모든 곳에서 분산되어 있는 서로 다른 기계 학습 프레임워크에서 다양한 프로그래밍 언어로 스크립트를 활용해 창의적으로 문제를 해결한다. 데이터 과학자들이 일하는 방식에 대해 불평할 수 없다. 그렇지만 일들의 작업은 데이터 처리와 관련된 이슈를 고려하지 않을 수 있다는 문제점이 있다.

결론적으로 성공적인 데이터 분석 프로젝트의 수행을 위해서는 CDRIP-DM의 사용과 더불어 데이터 소스로부터 데이터를 수집하여 모델링과 모델 활용에 이르는 전체 과정에서 데이터의 흐름에 중점을 둔 데이터 파이프라인 아키텍처를 직접적으로 고려하는 것이 필요하다[94].

데이터 거버넌스 문제

데이터 거버넌스는 일반적으로 이해 가능하고, 정확하며, 완전하고, 신뢰할 수 있고, 안전하고 발견 가능한 기업 데이터를 보장하기 위해 회사의 데이터 자산을 관리하고 보호하는 데 필요한 인력, 프로세스 및 기술을 포함한다. 즉, 데이터 거버넌스는 믿을 수 있는 데이터를 보장하기 위한 것이라고 이해할 수 있다.

고급 분석에 대한 수요가 증가하고 있고, 쉽게 분석할 수 있는 분석 도구도 증가하고 있기 때문에 잘못된 데이터로 인해 문제가 있는 비즈니스 결정을 내리는 분석이 발생하곤 한다. 특별히 셀프서비스 분석이 도입됨에 따라 다양한 기술을 통해 직원들이 보다 쉽게 데이터에 접근하고, 보고서를 작성하고, 자체 분석을 수행할 수 있어 품질이 보장되지 않은 데이터를 활용한 잘못된 분석이 이루어질 가능성이 증가하게 된다. 따라서 데이터 거버넌스는 기본 데이터의 품질을 보장을 통해 분석 중심의 경영을 보호하는 중요한 보호 장치가 된다.

데이터 거버넌스의 핵심은 기업 데이터를 표준화, 통합, 보호 및 저장하는 명확한 책임과 프로세스가 있는 방법과 조직을 수립하는 것이다. 주요 목표는 ① 위험 최소화, ② 데이터 사용에 대한 내부 규칙 수립, ③ 규정 준수 요구 사항 구현, ④ 내부 및 외부 커뮤니케이션 개선, ⑤ 데이터 가치 개선, ⑥ 쉬운 관리 구현, ⑦ 비용 절감, ⑧ 위험 관리 및 최적화를 통한 회사의 지속적인 존재 보장 등이다.

데이터 거버넌스는 데이터 파이프라인 아키텍처와 마찬가지로 CRISP-DM에서는 논의가 되지 않았다. 데이터 거버넌스에 대한 논의가 미미한 것은 데이터가 오늘날과 같이 그렇게 많지 않은 상황에서 개발되었기 때문에 또는 데이터 분석이 비즈니스의 일환으로 항상 수행되어야 하는 작업이 아니었기 때문에 그 논의가 미미하였다고 볼 수 있다.

프로덕션화의 문제

데이터 분석의 목적 중 하나는 데이터 기반의 운영 의사결정을 지원하고 자동화하는 시스템을 구축하는 것이다. 운영 의사결정은 매일매일의 비즈니스를 수행하며 내리는 결정이다. 예를 들어, "내일 각 단일 제품에 가장 적합한 가격은 무엇입니까?" 또는 "공급 업체 X로 전송된 다음 주문에 대해 각 단일 제품에 대한 최적의 금액은 얼마입니까?"와 같은 질문에 대답해야 할 수도 있다. 이런 운영 의사결정을 자동화하는 것은 효율적인 비즈니스 운영을 가능하게 한다.

데이터 분석에서 생성된 모델을 활용하여 반복적인 운영 의사결정을 자동화하기 위해 사용하는 과정을 모델의 생산화(productionisation of models)라고 한다.

모델의 생산화 과정은 쉽지 않다. CRISP−DM의 외부에 있는 화살표는 데이터 분석 과정을 반복하면서 모델을 지속적으로 개선해 가며 더 나은 성과를 달성하는 것을 목표로 하지만, CRISP−DM의 이런 순환이 평가 또는 배치 단계에서 멈추는 경우가 발생한다[95]. 왜 그럴까?

데이터 분석을 가르치는 많은 교과서들이 데이터 분석의 과정을 모델의 생성에서 멈추는 경향이 있다. 데이터 분석 측면에서 모델을 평가하고 평가 결과가 좋으면 데이터 분석이 종료되게 된다. 실제로 모델을 생산화하는 것은 적용되는 도메인이 매우 다양하기 때문에 일률적으로 정의하는 것이 어렵다는 한계 때문에 대부분의 데이터 분석 교과서는 이를 무시하고 있다.

데이터 분석과 모델 배치를 담당하는 실무사가 다르기 때문에 모델의 생산화가 어렵다. 기계 학습 모델의 개발은 데이터 분석가 또는 데이터 과학자가 하지만, 기계 학습 모델의 배치는 일반적으로 데이터 과학자가 수행하지 않는다. 일반적으로 이 일은 데이터 분석에 대해 경험이 많지 않은 정보기술 부서의 직원들이 수행한다. 사람이 다르다는 것은 많은 문제를 야기시킨다.

데이터 분석과 배치에 사용되는 기술상의 차이가 모델의 생산화를 어렵게 한다. 데이터 과학자는 R, Python 또는 임의의 언어로 모델을 생성할 수 있으며 운영 배치 팀은 자바와 같은 표준 형식으로만 코드를 배치할 수 있다. 생성된 모델은 허용된 비즈니스 언어로 리팩토링하거나 재개발해야 한다. Provost와 Fawcett[96]는 모델의 이러한 조작과 관련된 위험을 경고한다. 번역 프로세스가 즉각적으로 진행되지는 않을 것이므로 엔지니어링 팀은 모델이 수행하는 작업, 수행 방법, 들어오는 데이터를 위한 최상의 형식을 연구하고 모델을 회사 표준으로 변환하며 모델을 테스트하고 마지막으로 해당 모델을 프로덕션에 배치해야 한다. 그러나 대부분은 데이터 과학자들이 수행한다고 생각하지 않는다[95].

이 문제를 어떻게 해결할 것인가? 먼저 방법론적인 측면에서 설치를 데이터 분석 방법의 중요한 부분으로 통합하는 작업이 필요하다. 최근에 개발된 데이터 분석 방법론은 이런 문제를 해결하는 데 많은 노력을 기울였다.

IBM은 2015년에 Analytics Solutions Unified Method for Data Mining/Predictive Analytics(ASUM–DM)라는 프로세스 모델을 개발하였다. [그림 10-12]에 제시된 것처럼, 개발 사이클은 CRISP–DM과 유사하게 비즈니스 이해(Business Understanding), 데이터 탐색(Data Discovery), 데이터 랭클링(Data Wrangling), 분석(Analysis), 검증(Validation), 새로운 데이터 수집(New Data Acquisition) 등의 단계를 가지지만, 배치 사이클에는 모델 공표(Publish), 분석 배치(Analytic Deployment), 응용프로그램 통합(Application Integration), 테스트(Test), 생산(Production), 지속적인 개선(Continuous Improvement) 등의 단계로 구성된다. 개발과 배치 사이클은 검증을 통과한 모델은 공표되고, 지속적인 개선 활동을 통해서 새로운 비즈니스 이해를 얻을 수 있게 되는 것으로 연결되어 있다.

그러나 ASUM–DM은 모든 IBM Analytics 제품을 포괄하는 제품 및 솔루션별 구현 로드 맵을 제공하는 ASUM(Analytics Solutions Unified Method)이라는 보다 일반적인 프레임워크의 일부로 개발되었고, CRISP–DM만큼 범용적으로 사용되지 않고 있다.

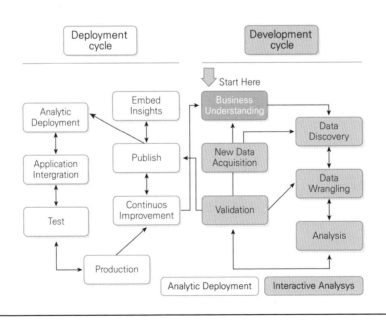

그림 10-12 ASUM-DM 프로세스 모델

마이크로소프트가 제시한 TDSP 방법론의 배치 단계도 실제 운영 사용을 강조하고 있다. 배치 단계의 주요 활동으로 모델의 운영화(operationalize the model)로 정의한다. 정의에 따르면 모델과 파이프라인을 응용프로그램 소비를 위해 생산 또는 생산 같은 환경에 배치하는 것이라고 한다.

셀프서비스 분석 방법론

CRISP–DM은 데이터마이닝을 학술적 연구에서 비즈니스 솔루션으로 전환을 할 때 데이터 분석 프로젝트를 체계적으로 수행하기 위한 일반 방법론으로 제안되었다. 제안된 방법론은 매우 일반적이고 체계적이며 명확하게 기술되어 있다. 최근 데이터를 데이터 분석을 스스로 할 수 있는 셀프서비스 분석이 도입되고 있다. 이는 기존의 데이터 전문가 중심의 데이터 분석에서 벗어나 새로운 방향을 제시하고 있다. CRISP–DM은 데이터 분석 전문가와 비즈니스 전문가의 분업을 생각하고 제안된 방법론으로 셀프서비스 분석에 그대로 적용하기는 어렵다. 따라서 CRISP–DM을 셀프서비스 분석이란 측면에서 재해석하고, 개선 방안을 도출하는 노력이 필요하다. 여기에서는 CRISP–DM의 각 단계를 재검토하고, 어떻게 CRISP–DM을 셀프서비스 분석에서 활용할 것인가에 대해 논의하고자 한다.

셀프서비스 분석에서 비즈니스 이해

비즈니스 이해 단계는 누가 작업을 수행할까? CRISP–DM에서는 비즈니스 이해 단계의 주요 과제 중 비즈니스 목표 설정 작업은 비즈니스 전문가가 한다고 본다. 즉, 프로젝트 배경, 비즈니스 목표, 비즈니스 성공 기준 등은 비즈니스 전문가가 수립하게 된다. 그러나 비즈니스 이해 단계의 다른 과제들, 즉 상황 평가, 데이터 분석 목표 설정, 프로젝트 계획은 업무의 성격상 데이터 분석에 대한 지식이 정통한 데이터 분석 전문가가 수행하게 된다. 그러나 이들 작업을 수행할 때 데이터 분석 전문가가 단독으로 수행하기보다는 비즈니스 전문가들과 공동으로 작업을 수행하는 것으로 보았다. 따라서 비즈니스 이해 단계를 잘 수행하기 위해서는 데이터 과학자와 비즈니스 전문가 간의 협력이 필수적이었다.

그러면 셀프서비스 시대는 이 관계는 어떻게 될까? 셀프서비스 분석 시대에는 셀프서비스 분석가가 비즈니스에 대한 지식을 모두 갖고 있으며 스스로 데이터 분석을 수행할 수 있기 때문에 이들이 비즈니스 이해 단계의 과제를 대부분 스스로 수행할 것으로 예상된다. 그러나 이것이 데이터 분석 전문가의 도움이 전혀 필요하지 않다는 것을 의미하지는 않는다는 점에 주의하자. 셀프서비스 분석에서도 데이터 분석 전문가는 아직도 셀프서비스 분석가를 도울 수 있다. 구체적으로 다음과 같은 일을 할 것이다.

데이터 분석전문가들은 셀프서비스 분석가가 문제를 정의하는 데 도움을 줄 것이다. 나는 수년간 현장의 전문가들과 데이터 분석 프로젝트를 수행하면서 그들 대부분이 문제를 데이터의 관점에서 정의하는 데 어려움이 있다는 것을 보았다. 셀프서비스 분석가가 문제를 정의가 어려운 이유는 비즈니스에 대한 지식이 없어서가 아니라, 비즈니스 문제를 어떻게 데이터 분석 문제로 만들 수 있는지에 대한 능력이 부족하기 때문이다.

데이터 분석 전문가들은 새로운 데이터 분석 기법에 대한 교육과 훈련을 통해 셀프서비스 분석가를 도울 수 있다. 데이터 분석과 관련된 학계와 산업계에서는 새로운 분석 알고리즘과 지원 소프트웨어가 매순간 생성된다. 셀프서비스 분석가가 이것을 익힐 수 있는 시간 또는 전문 지식이 없다. 따라서 데이터 분석 전문가들은 이를 익히고 전달하는 전도자의 역할을 수행할 수 있다.

데이터 분석 전문가는 셀프서비스 분석가가 이해할 수 있는 데이터를 준비하고 제공하는 역할을 수행한다. 빅데이터 시대의 도래에 따라 데이터를 수집하고 처리하여 사용할 수 있는 수준까지 만드는 작업이 쉽지 않다. 이전과 비교할 수 없이 복잡하고 어렵다. 전문적인 지식 없이는 할 수 없는 작업이다.

데이터 분석 전문가는 셀프서비스 분석가가 신뢰성 있는 데이터를 활용할 수 있는 거버넌스와 관련 소프트웨어(예 데이터 카탈로그)를 제공한다. 셀프서비스 분석에서는 모든 셀프서비스 분석가가 실제로 데이터 분석을 수행할 수 있게 되는데, 믿을 수 있는 데이터는 데이터 분석 결과의 신뢰를 보장할 수 있는 가장 기초인 것이다.

최근에 소개된 개념 중에 분석 번역가(analytics translator)가 있다. 분석 번역가의 업무는 도메인 지식을 활용하여 해결되었을 때 어떤 것이 가장 높은 가치를 갖는지에 기반을 두고 비즈니스 리더가 비즈니스 문제를 파악하고 우선순위를 결정할 수 있도록 돕는다. 더 나아가 분석 번역가는 비즈니스 문제를 분석 문제로 변환하는 것을 돕는다[94, 95]. 셀프서비스 분석가는 잠재적으로 분석 번역가의 역할을 수행할 것으로 기대된다.

셀프서비스 분석에서 데이터 이해

데이터 이해는 데이터 분석 과정에서 문제를 해결할 수 있는 충분한 자원이 있는지를 점검하는 단계다. 적절한 자원이 있다면 다음 단계로 나아가 문제를 해결하는 방향으로 나갈 수 있을 것이다. 그러나 만약 충분한 자원이 없다면, 우리는 더 이상의 분석을 진행할 수 없을 것이다. 왜냐하면 아무리 좋은 문제 해결 방법이 있더라도 그것을 적용할 수 없기 때문이다. CRISP−DM에서 데이터 이해는 데이터 분석을 실제로 수행하는 데이터 분석가의 과제이며, 일부 작업에 대해 비즈니스 전문가가 도움을 줄 수 있다. 이렇게 업무가 나뉘는 것은 기존의 데이터 분석의 경우 데이터 이해를 위한 기술 또는 지식이 데이터 분석 전문가의 고유한 것으로 생각되었기 때문이다.

셀프서비스 분석 시대에는 조금 다른 접근이 필요하다. 셀프서비스 분석을 수행하는 셀프서비스 분석가는 데이터 이해를 위한 도구의 지원을 받는다. 특별히 Tableau, Qlik, Power BI, Spotfire 등의 시각화 도구는 프로그램을 할 필요 없이 드래그 앤 드롭 또는 포인트 앤 클릭 등을 사용하여 탁월한 분석이 가능하게 한다. 더 나아가 쉽게 익힐 수 있는 R 또는 Python은 쉽게 사용할 수 있는 시각화 패키지를 제공한다. 따라서 셀프서비스 분석 시대에 셀프서비스 분석가는 데이터 이해에 필요한 작업을 직접 수행할 수 있을 것이다.

데이터 분석 전문가는 비즈니스 이해 단계와 마찬가지로 셀프서비스 분석가가 업무를 수행할 수 있도록 지원하는 역할을 수행한다. 앞에서 논의했던 것 이외에 데이터 이해 단계와 관련되어 데이터 분석 전문가가 해야 할 일은 시각화 도구에 대한 소개와 방법을 지원해야 한다.

셀프서비스 분석에서 데이터 준비

CRISP-DM에서 데이터 준비 단계는 데이터 준비에 대한 전문적인 지식과 프로그램 능력을 필요로 했기 때문에 데이터 분석 전문가가 주로 수행하였고, 비즈니스 전문가는 데이터 준비의 과정 또는 결과에 대한 검증을 주로 수행하였다.

셀프서비스 분석에서 데이터 준비 단계는 셀프서비스 분석가가 수행하며 데이터 분석 전문가는 셀프서비스 분석가가 사용할 수 있는 잘 정의된 데이터를 제공하는 데 중점을 둔다. 셀프서비스 분석가는 이 제공된 데이터를 분석의 목적에 맞게 다시 가공하는 작업을 직접 수행한다. 데이터 분석 전문가는 데이터 준비 작업을 대부분 프로그램 작성을 통해 수행하였지만, 셀프서비스 분석가는 데이터 준비 도구를 사용해 작업을 수행한다. 좋은 도구가 없다면 셀프서비스 분석가는 데이터 준비를 효율적으로 수행할 수 없을 것이다.

데이터 준비를 위한 가장 쉬운 도구는 텍스트 에디터 또는 엑셀 등이 활용될 수 있지만, 좀 더 효율적인 도구가 필요하다. 두 가지 방향으로 솔루션 개발이 진행되고 있다. 한편으로는 데이터 준비 지원 도구가 개발되어 데이터 준비에 필요한 작업을 수행할 수 있게 한다. 데이터 준비 지원 도구는 Trifacta(https://www.trifacta.com/) 같은 전문 솔루션 또는 Rapidminer(https://rapidminer.com/)나 Tableau(https://www.tableau.com/) 등과 같이 모델링 도구의 일부로 데이터 준비를 지원하는 기능을 포함하는 솔루션이 제안되고 있다[99].

다른 한편으로는 데이터 카탈로그 도구가 개발되어 조직이 데이터 관리를 체계적으로 할 수 있도록 지원한다[100]. 데이터 카탈로그는 셀프서비스 분석가가 자신의 데이터를 찾고, 이해하고, 신뢰할 수 있는 방법을 효율적으로 제공함으로써 진정한 셀프서비스 조직을 창출하는 데 도움이 된다[101]. 데이터 카탈로그에 대한 수요는 조직들이 데이터 활용을 돕고 개인정보 보호 같은 규범을 준수하기 위해 분산된 데이터 자산을 관리하려고 노력함에 따라 증가하고 있다. 데이터 카탈로그는 데이터와 분석 리더가 그것들을 더 광범위한 데이터 관리 수요에 연결하지 않으면 그들의 잠재성을 달성할 수 없을 것이다[102]. 데이터 카탈로그를 제공하는 솔루션 업체에는 Cambridge Semantics, Waterline Data, Unifi 등이 있으며, 이들은 기본적인 데이터 카탈로그 기능 이외에 각자 특화된 분야의 솔루션을 제공한다.

셀프서비스 분석에서 모델링

모델링 단계에서는 준비된 데이터에 다양한 모델링 기법을 선택하여 적용하며, 모델링 기법의 파라미터는 최적값으로 조정된다. 모델링 단계에서 수행되어야 하는 작업에는 모델링 기법 선택, 테스트 디자인, 모델 구축, 모델 평가 등이 있다. 모델링은 통계, 머신러닝, 딥러닝 등 다양한 기술에 대한 지식을 필요로 하는 작업이다. 따라서 CRISP－DM에서는 모델링 작업은 전문적으로 데이터를 분석할 수 있는 데이터 분석가가 수행하는 전문 분야로 생각되었다.

셀프서비스 분석에서 모델링 단계의 작업도 셀프서비스 분석가가 수행한다. 이것이 가능하게 된 것은 최근 모델링 작업을 쉽게 할 수 있는 소프트웨어가 개발되었기 때문이다. 대표적인 것이 코딩 없이 모델링 작업을 수행할 수 있는 Rapidminer, Enterprise Miner(SAS), KNIME 등이 있다. 다양한 기능을 수행하는 오퍼레이터를 레고 블록을 조립하듯이 조립하여 분석 과정을 만들고 실행하면 간단하게 모델링 작업을 완료할 수 있고, 모델에 대한 평가를 수행할 수 있다. 최근에는 최적의 파라미터를 찾는 파라미터 조정 작업까지 자동으로 수행하는 자동 모델링(Auto Modeling)도 지원을 한다.

그러면 셀프서비스 분석가는 모델링과 관련된 지식이 필요하지 않은 걸까? 그렇지는 않다. 셀프서비스 분석가도 모델링 소프트웨어를 잘 사용할 수 있을 만큼, 또는 모델링 결과를 이해하고 해석할 수 있을 정도의 지식은 보유해야 한다. 좀 더 경험이 많은 셀프서비스 분석가의 경우 R 또는 Python을 활용한 분석을 시도할 수 있다. 처음에는 이미 개발된 패키지를 사용하는 수준에서 이런 언어를 사용하지만, 경험이 쌓이게 되면 스스로 알고리즘을 개발하고, 확장하는 작업을 수행할 수도 있다. 어떻게 보면 셀프서비스 분석가에서 데이터 과학자로 경력 전환이 이루어진다고 볼 수도 있다.

모델링 단계에 대한 데이터 분석 전문가의 역할은 새로운 알고리즘과 솔루션에 대한 소개와 교육, 모델링 과정과 결과물에 대한 검토 등을 수행한다. 이것은 셀프서비스 분석가들이 범할 수 있는 문제들을 차단하고, 좀 더 성공적인 셀프서비스 분석의 정착을 위한 필수적인 일이다. 모델링에 필요한 모든 알고리즘을 데이터 분석 소프트웨어에 포함할 수는 없다. 실제 데이터 분석 프로젝트를 수행하다 보면 분석 소프트웨어에 없는 알고리즘을 활용해야 하는 경우가 많이 있다. 이런 분석의 경우 데이터 분석가가 역할을 담당해야 하는 것이 자연스럽다. 셀프서비스 분석가와 데이터 분석가의 이런 업무 분업은 자연스러운 것이며, 분석이 비즈니스에 보편화될 때 당연히 밟게 되는 것으로 볼 수 있다. 일반적으로 셀프서비스 분석가들이 수행하는 작업은 반복적이며, 정형화된 분석 방법이 존재하며, 분석 결과를 신속하게 받아 보길 원할 경우에 해당된다. 반면 데이터 분석가들이 수행하는 작업은 창의적인 문제이기 때문에 반복적이지 않은 문제로 일반적으로 정형화된 분석 방법이 없고, 신속한 분석의 수행보다는 시간이 걸리더라도 문제 해결 자체가 중요한 경우에 수행될 것이다.

셀프서비스 분석에서 평가

평가 단계에서 수행되어 야 할 작업에는 결과 평가, 프로세스 리뷰, 다음 단계 결정 등이 있다. 평가 단계는 품질 보증을 위한 성격이 있기 때문에 평가 단계는 CRISP-DM에서는 데이터 분석가가 수행을 한다. 즉, 데이터 분석가가 완성된 결과를 제공하기 전에 마지막으로 검수를 하는 것이다. 그러나 평가 단계의 목적이 비즈니스에 적합한 결과가 생성되었는지 평가해야 하기 때문에, 다음 단계 결정에서 비즈니스 의견이 중요하기 때문에 비즈니스 전문가가 평가 단계에 참여하게 된다.

셀프서비스 분석에서는 이 관계가 역전된다. 셀프서비스 분석가는 분석을 수행하고 데이터 분석 전문가는 셀프서비스 분석가가 수행한 작업의 결과와 프로세스 등을 검토한다. 적절한 방법으로 데이터 분석이 수행되었는지, 결과는 합리적인지 등을 데이터 분석 전문가가 수행을 하게 되는 것이다. 데이터 분석 전문가는 데이터 분석 프로세스와 결과에 대해서 보다 공정한 평가를 내려줄 수 있기 때문이다. 조직 내에 탁월성 센터를 두고 데이터 분석 전문가가 이곳에 소속되어 셀프서비스 분석가들이 수행한 분석을 검증하게 하는 것은 자칫 전체 데이터 분석 과정에 장애 요인이 될 수도 있지만, 데이터 분석 결과가 경영 활동 전반에 영향을 미친다는 관점에서 보면 품질 보증 차원에서 데이터 분석 전문가를 평가 단계에 활용하는 것이 바람직한 것으로 보인다.

셀프서비스 분석에서 배치

CRISP-DM에서 배치는 데이터 과학자가 계획을 수립하고, 정보기술 부서에 구현 책임을 부여하였다. 따라서 데이터 분석 결과가 실제로 비즈니스에 영향을 미칠 수 있을지에 대해서는 불확실성이 존재하였다. 데이터 분석 결과를 신속하게 기간 시스템과 통합하기 위한 노력이 있어 왔다(예 DataOps). 셀프서비스 분석도 이런 방향과 맥락을 같이하며 발전해 왔다. 셀프서비스 분석 도구들은 분석 결과가 직접 구현할 수 있는 방법을 제공할 수 있도록 개발되고 있다. 점점 더 많은 도구들이 이런 작업을 유연하게 할 수 있도록 지원할 것이 분명하다.

문제는 오히려 다른 방향에서 발생할 수 있다. 즉, 완성되지 않은 또는 검증되지 않은 분석 결과의 적용으로 인해 비즈니스 의사결정이 왜곡되고 오류가 발생할 수 있는 위험이 증가하였다. 따라서 이러한 위험을 관리할 수 있는 방안, 특히 데이터 거버넌스에 대한 중요도가 한층 증가하고 있다.

요약

이번 장에서는 전통적인 데이터 분석 방법론인 CRISP-DM에 대해서 셀프서비스 분석 측면에서 검토하였다. CRISP-DM은 여섯 단계의 참조모델을 제공하며, 각 단계에서 수행되어야 할 구체적인 작업에 대해서도 설명하고 있다. 이번 장에서는 각 단계에 대한 설명을 먼저 제공하고, CRISP-DM 활용 시 문제점과 확장 방안에 대해서 논의하였다. 마지막으로 CRISP-DM 방법론이 셀프서비스 분석의 도래에 따라 어떤 영향을 받게 되는지에 대해 논의하였다.

이상의 논의는 이론적인 측면에서 데이터 분석 방법론을 살펴보았다. 조금은 현실감이 떨어질 수 있다. 그래서 다음 장에서는 실제 방법론을 적용하여 데이터를 분석하는 사례를 살펴보려고 한다. 백 번 듣는 것보다 한 번 해 보는 것이 나은 법이다.

11 셀프서비스 분석 사례

서론

실제의 셀프서비스 데이터 분석은 데이터 분석 도구를 사용하여 데이터 분석 방법론에 따라 수행된다. 이번 장에서는 셀프서비스 분석 사례는 CRISP−DM의 비즈니스 이해, 평가, 배치 단계는 제외하고 데이터 이해, 데이터 준비, 모델링의 세 단계를 최근 가장 주목을 받고 있는 셀프서비스 분석 도구 중 하나인 RapidMiner를 활용하여 어떻게 수행하는지에 대해 설명하고자 한다.

데이터 이해나 데이터 준비를 위해서 먼저 데이터를 시스템에 로딩해야 한다. 로딩된 데이터는 기술 통계와 차트 기능을 활용하여 탐색한다. 탐색이 완료되면 검증 프레임워크를 설정하고 모델링 기법을 활용하여 모델을 생성한 후 모델 평가지표를 활용해 모델의 성과를 측정하는 순서로 진행한다.

최근 데이터 분석가의 개입을 최소화하고 시스템이 대부분의 분석을 수행하는 자동 모델링이 주목을 받고 있다. 이번 장에서는 RapidMiner가 제공하는 자동 모델링 기능을 활용하여 데이터를 분석하는 방법에 대해서도 설명할 것이다.

데이터 로딩

셀프서비스 분석의 워크플로는 분석이 필요한 데이터를 시스템으로 읽어들이는 것으로 시작한다. 이 작업을 데이터 로딩이라고 한다. 데이터 세트는 다양한 형태로 존재할 수 있다. 파일 또는 데이터베이스 등에 존재할 수도 있고, 응용프로그램이나 클라우드에 존재할 수 있다. 셀프서비스 분석 도구는 이런 다양한 데이터 세트를 읽어서 시스템이 사용할 수 있도록 준비하여야 한다.

데이터 로딩 작업을 수행할 때 속성 이름, 속성 값 유형, 속성의 역할 등을 지정한다. 속성 이름은 유일 해야 하며 중복되는 것이 없어야 한다. 속성 이름이 없는 경우에는 시스템이 자동으로 생성하고, 사용자가 변경할 수 있어야 한다. 속성 이름은 가능하면 이해할 수 있는 형태로 정의하는 것이 바람직하다. 속성 값 유형은 프로그램에서 처리 가능한 형태로 정의해야 한다. 속성 값 유형은 수치 유형, 범주 유형, 텍스트, 날짜–시간 등의 형태로 구분할 수 있고, 수치 유형은 이산 수치 유형과 연속 수치 유형으로 구분할 수 있다. 범주 유형은 허용되는 값이 두 가지인 경우 이항 범주 유형이라고 하고 여러 가지인 경우에는 다항 범주라고 한다. 주의할 것은 수치 형태로 표현되어 있는 경우에도 범주 유형일 수 있다는 사실이다. 속성의 역할은 일반 속성과 특별 속성으로 구분할 수 있다. 일반 속성은 독립 변수에 해당하는 속성을 말하고, 특별 속성은 식별자(identifier), 클래스 라벨(label), 클러스터(cluster) 등 특수한 용도로 쓰이는 속성을 말한다.

그림 1-1 RapidMiner의 데이터 로딩 오퍼레이터

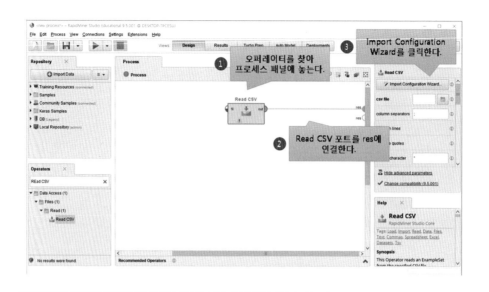

그림 11-2 데이터 로딩 워크플로(1)

RapidMiner를 통해 데이터 로딩의 실제 사례를 살펴보자. 여기에서 분석하고자 하는 과제는 미국 센서스 데이터를 분석해서 사람들의 나이, 교육수준, 직업, 근로 시간 등 반영하여 소득 수준을 예측하는 것이다. 소득 수준은 5만 달러보다 많은 사람 또는 5만 달러보다 적은 사람이다. 여기에서 사용되는 데이터는 데이터 분석을 해 볼 수 있는 표준적인 데이터를 제공하는 UCI 머신러닝 저장소3)에서 받아볼 수 있다.

RapidMiner는 파일, 데이터베이스, 응용프로그램, 클라우드 등의 다양한 데이터 소스에서 데이터를 로딩 오퍼레이터를 제공한다(그림 11-1). 이들 오퍼레이터를 사용하여 데이터를 로딩하는 것은 매우 쉽다. 예를 들어 CSV 파일에 저장되어 있는 소득 예측 데이터 세트를 로딩하는 프로세스를 보자. [그림 11-2]에서 보는 것처럼 먼저 오퍼레이터 트리에서 Read CSV를 찾아 프로세스 패널에 끌어다 놓는다①. Read CSV의 out 포트를 프로세스 패널의 res 포트에 연결한다②. 파일을 읽어들이는 환경 설정을 위해 Import Configuration Wizard를 클릭한다. 데이터 로딩 마법사는 3단계로 구성되어 있다. 첫 단계에서는 데이터의 위치와 데이터 파일을 지정한다(그림 11-3). 두 번째 단계에서는 속성 이름을 글

---

3) https://archive.ics.uci.edu/ml/datasets/adult

머리에 포함하고 있지 않기 때문에 'Header Row'를 제거한다. 또한 콤마를 분할자를 사용하여 데이터 값을 얻도록 한다(그림 11-4). 마지막으로 데이터의 값 유형, 역할, 이름 등을 변경하면 된다. 이에 대한 세부 설정 기준은 [표 11-1]과 같이 설정한다. 데이터 로딩을 완료하면 [그림 11-6]과 같이 로딩 결과를 볼 수 있다.

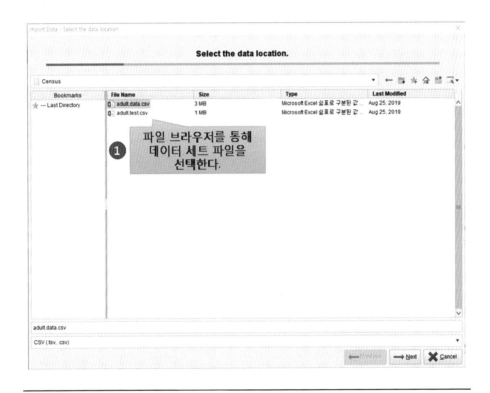

그림 11-3 데이터 로딩 워크플로(2)

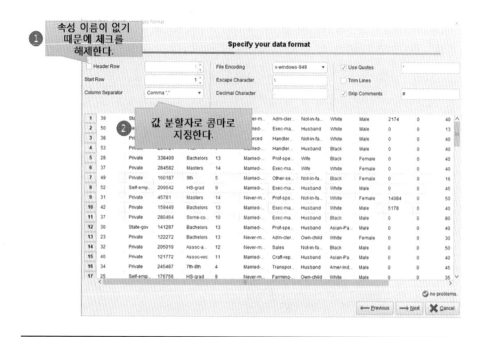

그림 11-4 데이터 로딩 워크플로(3)

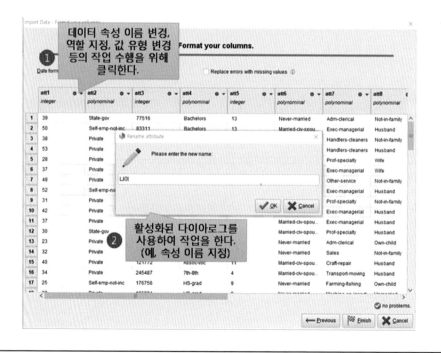

그림 11-5 데이터 로딩 워크플로(4)

표 11-1 속성 이름 변경과 데이터 값 유형 설정

일반속성	속성 이름	값 유형	역할	비고
Att1	나이	Integer	Attribute	
Att2	직군	Polynomial	Attribute	
Att3	통계 지표		Attribute	제외
Att4	교육	Polynomial	Attribute	
Att5	교육 기간	Integer	Attribute	
Att6	결혼	Polynomial	Attribute	
Att7	직업	Polynomial	Attribute	
Att8	가족 내 역할	Polynomial	Attribute	
Att9	인종	Polynomial	Attribute	
Att10	성별	Binomial	Attribute	
Att11	자본 소득	Integer	Attribute	
Att12	자본 손실	Integer	Attribute	
Att13	노동시간	Integer	Attribute	
Att14	출신국가	Polynomial	Attribute	
Att15	소득 수준	Binomial	Label	

그림 11-6 데이터 로딩 워크플로(5)

기술 통계 분석

셀프서비스 분석 지원 소프트웨어는 데이터를 로딩하면 자동으로 기술 통계 데이터를 생성한다. 생성된 기술 통계 분석 결과를 검토하고, 필요한 경우 추가적인 데이터 조정을 한 후 다시 기술 통계 분석을 수행할 수 있다. RapidMiner에서 데이터를 로딩하고 왼쪽에 있는 메뉴 중에 "Statistics"를 클릭하면 각 속성별로 기술 통계량을 보여 준다.

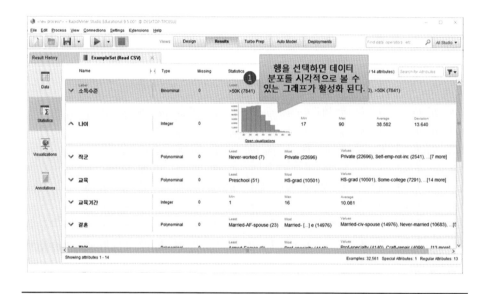

그림 11-7 기술 통계 분석

시각적 분석

RapidMiner와 같은 통합 분석 소프트웨어는 전문 시각화 분석 소프트웨어와 같은 수준은 아니지만 셀프서비스 분석가가 데이터 분석에 필요한 정도는 필요한 시각적 분석 도구를 제공한다. RapidMiner를 활용하여 셀프서비스 시각적 도구를 활용하여 시각적 분석을 수행해 보자. 앞에서 사용한 소득 수준 예측 데이터를 로딩한 후에 "교육 수준별로 사람들의 분포는 어떻게 되며, 그들의 소득 수준은 어떻게 될까?"라는 질문을 생각하였다고 하자. 이럴 경우 간단한 몇 가지 사용자 인터페이스 조작만으로 [그림 11-8] 절대 누적 막대 차트를 생성할 수 있다. 막대 차트의 높이는 각 교육 수준별 사례 수를 나타내고, 파란색 부분은 소득이 5만 달러보다 낮은 사례 수를 나타내고 초록색은 5만 달러보다 높은 소득을 갖는 사례 수를 보여준다. 데이터 세트에서는 고등학교 졸업한 사례 (HS-grad)가 가장 많은 것을 쉽게 알 수 있다. 그러면 5만 달러가 넘는 소득을 갖는 사례 비율이 가장 큰 교육 수준은 어딜까?

그림 11-8 RapidMiner를 활용한 시각적 분석(1)

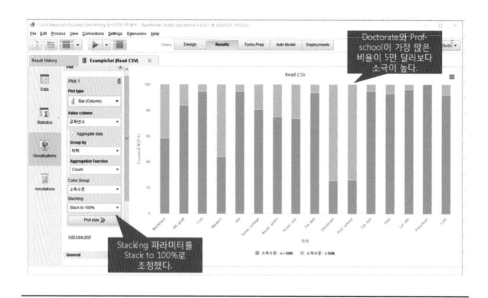

그림 11-9 RapidMiner를 활용한 시각적 분석(2)

파라미터 패널에 있는 Stacking 파라미터를 "Stack to 100%"로 변경하면 [그림 11-9]와 같은 결과를 얻을 수 있고, 박사(Doctorate) 또는 전문직업학교 (Prof- school)를 다닌 경우 5만 달러 이상 소득자가 많은 것을 쉽게 확인할 수 있다. 더불어 교육 수준이 낮은 경우에는 소득이 5만 달러보다 낮은 사람의 비율이 훨씬 많은 것을 쉽게 알 수 있다. 만약에 직업에 따른 유사한 분석을 하고 싶다면, "Group by" 파라미터를 "직업"으로 변경해주면 된다.

이 사례는 셀프서비스 시각적 분석 도구를 사용할 수 있는 가장 기초적인 사례를 보여준다. 시각적 분석을 지원하는 전문화된 도구는 더 나은 시각적 분석 결과물을 얻을 수 있도록 지원한다. 더 나아가 대시보드를 활용한 시각적 보고가 가능하게 한다. 사용자들은 모바일 또는 웹상에 보고된 결과물을 조작하며 결과를 볼 수 있다. 또한 데이터가 수집되면 보고서 자체가 실시간으로 변경되는 실시간 보고도 지원한다.

모델링

RapidMiner를 활용하여 실제로 셀프서비스 머신 러닝 알고리즘을 사용하여 어떻게 분석을 수행하는지 보도록 하자. 여기에서 분석하고자 하는 과제는 포도주의 화학적 성분을 활용하여 포도주의 품질을 예측하는 것이다[103].

[그림 11-10]은 RapidMiner를 사용한 분석 프로세스를 보여준다. Read CSV를 사용해 CSV 파일 형태로 저장되어 있어 데이터 세트를 로딩하고, Cross Validation를 사용하여 K-중첩 검증을 검증 프레임워크로 세팅하였다. Cross Validation의 하부 프로세스에서 학습을 위한 모델링 기법을 Linear Regression (선형 회귀 분석)을 사용했고, 모델을 검증 데이터에 적용하기 위해 Apply Model을 사용하고, 마지막으로 Performance를 사용하여 성과를 측정하도록 설계를 했다(그림 11-11). 모든 작업은 Drag & Drop 방식으로 진행하였다.

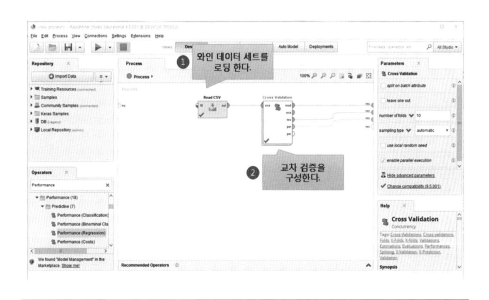

그림 11-10 예측 분석 절차 설계

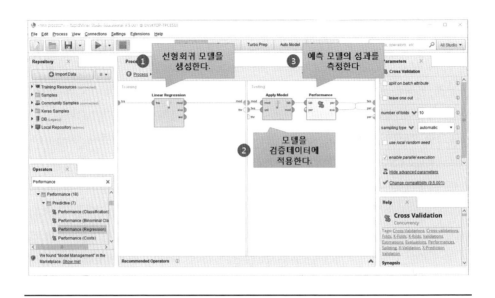

그림 11-11 선형회귀 모델링 절차 설계

그림 11-12 예측 분석 결과 - 선형 회귀 모델

그림 11-13 예측 분석 결과 – 성과 지표

분석 프로세스를 실행하면 [그림 11-12]와 [그림 11-13]과 같은 분석 결과를 얻을 수 있다. 선형 회귀 분석의 모델 결과를 보면 선형 함수로 표현할 수 있는 각 속성에 대한 회귀 계수와 회귀 계수의 신뢰도를 보여준다. 앞에서 언급했던 것처럼 선형 회귀 모형은 모형의 의미가 쉽게 이해가 되며, 어떤 방식으로 예측이 이루어졌는지 명확히 설명할 수 있다.

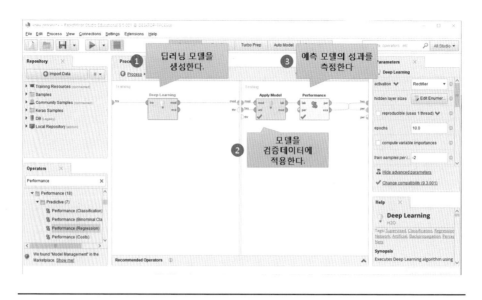

그림 11-14 딥 러닝 모델링 절차 설계

선형 회귀 모델은 예측에 대한 설명이 명확하다. 그런데 [그림 11-14]의 경우를 보자. 이 분석 절차는 앞에서 봤던 선형 회귀 모델에서 모델링 알고리즘만 Deep Learning으로 변경한 것이다. 이렇게 쉽게 분석과정을 변경할 수 있다는 것은 셀프서비스 분석 소프트웨어를 쓰는 장점이지만 여기서 좀 더 보고자 하는 것은 이런 분석 과정에서 생성되는 모델이다.

[그림 11-15]는 딥 러닝 모델링으로부터 산출된 모델에 대한 설명이다. 이해가 되는가? 중간쯤 보면 Layer, Units, Types, Drop 등이 보이고 그 아래 숫자 정보가 있다. 이 부분이 딥 러닝 모델이 어떻게 생성되었는지 설명하는 부분인데 대략 다음과 같은 의미다. 딥 러닝 모델은 4개의 계층으로 구성되어 있는데, 첫 번째 입력 층은 11개의 유닛(units)이 있고, 두 번째와 세 번째 계층은 Rectifier를 활성 함수로 갖는 50개의 유닛으로 구성된 은닉 계층이다. 마지막으로 4번째 계층은 1개의 유닛으로 Linear를 활성 함수로 갖는 출력 계층이다. 이것이 간략한 딥 러닝 모델에 대한 설명인데, 구조는 알겠지만 어떻게 실제로 결정이 이루어지는지 알 수 없다.

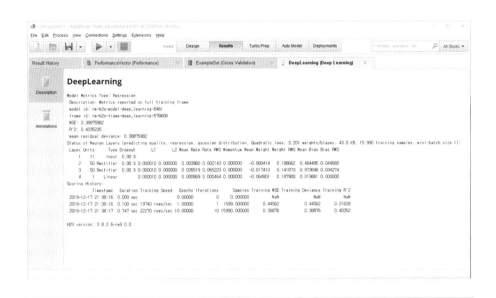

그림 11-15 예측 분석 결과 - 딥 러닝 모델

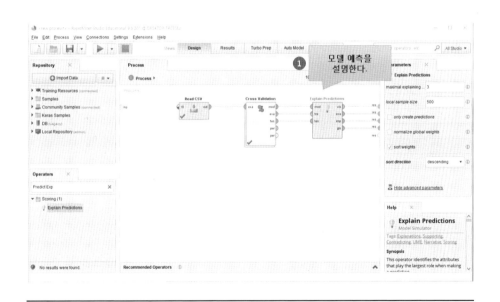

그림 11-16 모델 설명 기능 절차 설계

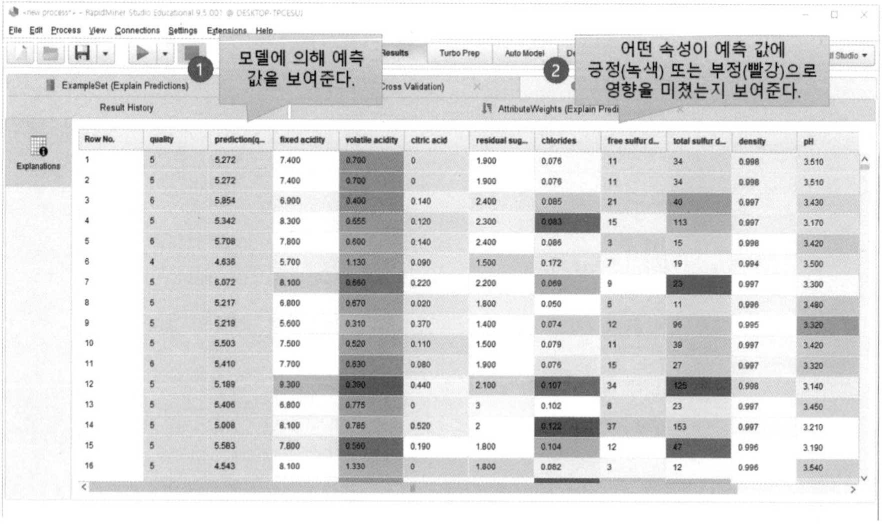

그림 11-17 모델 설명 기능

　이런 문제를 해결하기 위해 최근에 RapidMiner에서는 Explain Predictions이라는 오퍼레이터로 소개했다. [그림 11-16]은 이 오퍼레이터를 사용하기 위한 분석 프로세스를 보여준다. 이 오퍼레이터는 생성된 모델, 학습 데이터, 검증 데이터를 입력 값으로 받은 후 각 예측에 대한 설명을 시각적인 방법과 수치적인 방법으로 보여준다. [그림 11-17]은 각 사례별로 예측한 결과와 예측한 결과에 어떤 요인이 더 영향을 미쳤는지 보여준다. 녹색이 더 진할수록 품질은 개선이 되고, 빨간 색이 진할수록 품질은 떨어진다고 해석할 수 있다. 그림에서 보는 것처럼 각 사례에 대한 설명이 다른 것을 볼 수 있다.

　RapidMiner에는 모델을 설명하는 또 다른 방식으로 모델 시뮬레이션을 통해 어떤 결과가 예측되는지를 알 수 있게 하는 Model Simulator 기능이 있다. 모델 시뮬레이터는 모델을 생성한 후, 모델이 화이트 박스이든 블랙박스이든 다양한 What-if 분석을 가능하게 한다.

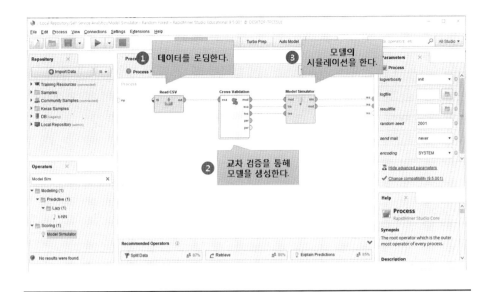

그림 11-18 모델 시뮬레이터

[그림 11-18]은 모델 시뮬레이터를 사용하는 프로세스를 보여준다. 모델 시뮬레이터는 모델(mod), 학습 데이터 세트(tra), 검증 데이터 세트(tes)를 입력값으로 받고, 시뮬레이터(sim)를 출력한다.

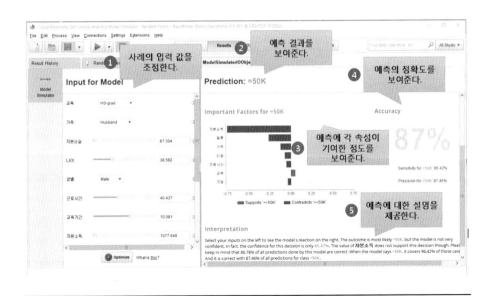

그림 11-19 모델 시뮬레이터 실행 화면

분석프로세스를 실행하면 [그림 11-19]와 같은 모델 시뮬레이터가 생성된다. 왼쪽의 "Input for Model"은 사례 입력을 위해 사용된다. 속성 값은 처음에는 데이터 세트의 모든 사례들의 평균이 입력되어 있다. 오른쪽에는 예측 결과, 결과에 미친 속성의 중요도, 예측의 정확도 등을 보여 주며, 마지막으로 아래 쪽에는 예측에 대한 설명이 나와 있다. 사용자가 사례의 속성 입력 값을 변경하면 예측 결과, 속성의 중요도, 예측의 정확도, 예측에 대한 설명이 바뀌게 된다.

모델링 자동화

최근 소개된 셀프서비스 분석 소프트웨어는 인공지능 기술을 도입하여 셀프서비스 분석가가 좀 더 쉽게 데이터를 분석할 수 있도록 도움을 준다. 인공지능은 어떤 오퍼레이터를 사용해야 할지, 어떤 파라미터를 설정해야 할지, 어떤 모델링 기법을 사용해야 할지를 제안을 해 준다(그림 11-20 참조).

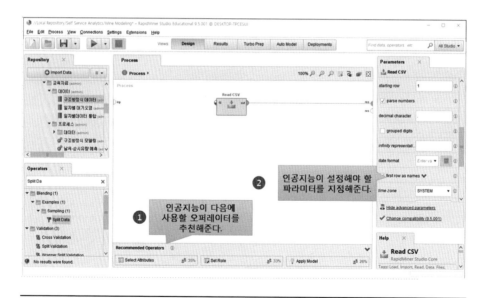

그림 11-20 인공지능 지원 기능

최근에는 인공지능을 활용한 자동 모델링 기능이 구현되고 있다. 이 기능은 셀프서비스 분석가 원본 데이터를 준비만 하면 소프트웨어가 스스로 데이터 전처리와 모델 기법을 선택하여 자동으로 모델링을 수행한 후 최선의 기법을 찾아서 분석을 자동으로 수행한다. 예를 들어, RapidMiner는 Auto Model이라는 기능을 제공한다. 아래 [그림 11-21]에서 [그림 11-26]은 Wine 데이터 세트를 가지고 Auto Model을 수행되는 주요 작업을 순서대로 보여준다. 각 단계별 선택할 수 있는 다양한 옵션이 있으나, 지면상 생략하였다. 간략하게 Auto Model을 단계를 살펴보자. [그림 11-21]에서는 데이터를 로딩한다. 데이터 로딩하는 방법은 수작업으로 로딩 작업을 하는 것과 크게 차이가 없지만, 하나의 인터페이스에 다양한 로딩 방법을 통합해 놓았다.

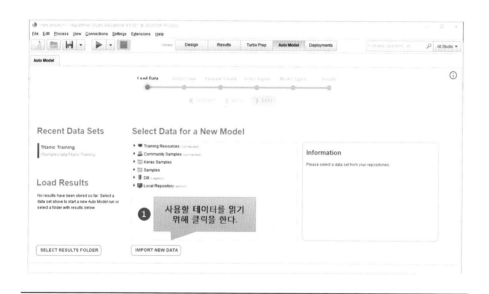

그림 11-21 Auto Model – 데이터 로딩

데이터가 로딩되면 분석 과제를 선택해야 한다. [그림 11-22]에서 보는 것처럼, Auto Model에서는 예측(predict), 클러스터링(clusters), 이상치 탐지(outlier) 등의 과제를 수행할 수 있다. 예측은 범주 예측과 수치 예측을 모두 포함한다. 여기에서는 포도주의 품질을 예측하는 것이 목적이기 때문에 '예측'을 선택하고 'quality'를 예측하고자 하는 변수로 설정하였다. 예측 과제 유형을 선택하면 [그

림 11-23]과 같이 목표 변수를 설정할 수 있다. 앞 단계에서 'quality'를 목표 변수로 선택하였기 때문에 이 변수에 분포를 보여준다. 아래 부분에 보면 'Turn into Classification'이라는 옵션이 있는데 이는 현재 수치 예측 문제로 되어 있는 목표 변수를 범주형 변수로 변환하기 위해 사용할 수 있다.

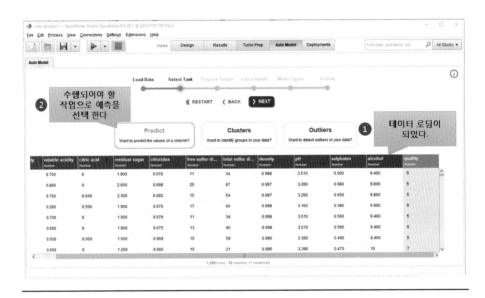

그림 11-22 Auto Model – 모델링 과제 선택

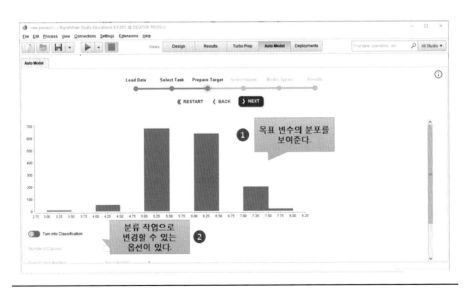

그림 11-23 Auto Model – 목표 변수 설정

그림 11-24 Auto Model – 속성 선택

그림 11-25 Auto Model – 모델링 기법 선택

목표 변수를 설정하고 나면 다음 단계에서는 분석에 사용할 수 있는 속성을
선택해야 한다. 시스템은 이 단계에서 각 속성에 대해 다양한 품질 지표를 계산
한다. 품질(Quality), 목표 변수와 상관관계(Correlation), ID 같은 속성인지 여부
(ID-ness), 안정성(Stability), 결측치 비율(Missing), 텍스트 인지 여부(Text-ness)
등을 표시해 준다. 속성이 모델 구축에 적합하지 않은 경우 "Status" 열에 주황
색으로 표시가 된다. 셀프서비스 분석가는 이런 정보를 바탕으로 특정한 속성을
분석에 사용할지 여부를 결정할 수 있다.

속성을 선택하고 나면, 그림 11-25에서처럼 분석에 사용할 모델링 기법을 선
택할 수 있다. 잠재적으로 사용할 수 있는 모델링 기법은 시스템이 제안을 하며
셀프서비스 분석가는 사용할 것인지 여부를 체크하면 된다. 또한 각 모델링 기
법의 최적화를 위해 다양한 파라미터를 최적화할지 여부를 선택할 수 있다. 또
한 셀프서비스 분석가는 추가적인 데이터 준비 작업이 필요한 경우 데이터 준비
(Data Preparation) 기능을 수행할 수 있다.

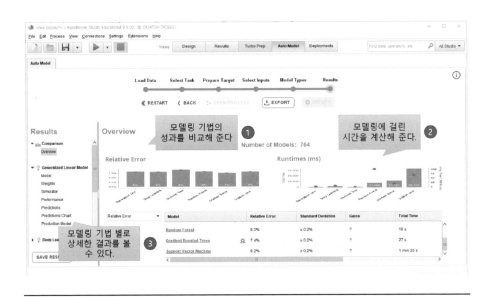

그림 11-26 Auto Model - 모델링 결과 비교 분석

모델링 기법에 대한 선택이 완료되고, 추가적인 데이터 준비 작업이 필요 없
는 경우 바로 모델을 실행하여 결과 값을 볼 수 있다. [그림 11-26]은 실행 결과

를 보여준다. 왼쪽의 결과 항목을 보면 전반적 결과 비교(Comparison)와 각 알고리즘별 상세 결과 확인 메뉴를 보여준다. 전반적으로 먼저 상대 오류(Relative Error)와 실행시간(Runtimes)을 보여준다. [그림 11-26]의 수치적으로 각 방법을 비교하는 요약표를 생성한다.

이상에서 본 것처럼 Auto Model은 셀프서비스 분석가가 수행할 수 있는 작업을 가이드하고, 그들의 작업을 최소화하여 쉽게 모델링 결과를 확인할 수 있게 해 준다. 이렇게 되면 사실상 셀프서비스 분석가의 역할은 모델을 검토하고, 적절성 여부에 대한 검토 이외에는 많은 작업이 자동화된다는 것을 알 수 있다.

한 가지 질문은 "그럼 미래에는 셀프서비스 분석가의 역할은 없어질까?"라는 것이다. 물론 종국에 가서는 그럴 수 있다. 미래에는 아이언 맨에 나오는 자비스처럼 사람들은 대화로 시스템에 문의하고 시스템은 분석 결과를 비교하여 설명해 줄 것이다. 그러나 그 시대가 오기까지는 아직 시간이 있을 것이다. 셀프서비스 분석은 어찌 보면 인공지능으로 자동화된 분석으로 나아가는 교두보 또는 촉진제의 역할을 할 것이다.

요약

이번 장에서는 셀프서비스 분석 소프트웨어인 RapidMiner를 활용한 데이터 분석 사례를 살펴보았다. 이 사례를 바탕으로 현재 데이터 분석 소프트웨어의 개발 방향에 대해 생각해 보면 다음과 같은 것을 알 수 있다.

사례에서 보는 것처럼 이런 유형의 새로운 소프트웨어는 비즈니스 분야의 전문가인 셀프서비스 분석가가 쉽게 데이터를 분석할 수 있는 사용자 인터페이스를 제공한다. 또한 인공지능을 활용한 자동화된 서비스의 개발이 이루어질 것으로 예상해 볼 수 있다. 인공지능 서비스는 분석 과정 설계에서 분석 방법 설계에 대한 제안일 수도 있고, 분석 과정 전반에 대한 자동화된 서비스일 수도 있다. 중요한 것은 비즈니스 맥락에서 셀프서비스를 이용하는 것을 돕는 방향으로 진화할 것이라는 것이다. 마지막으로, 데이터 분석 소프트웨어는 개별 기능을 제공하기보다는 하나의 플랫폼에 통계, 시각화, 예측 분석을 통합적으로 제공하는 소프트웨어로 발전할 것으로 예상한다. 더 나아가서 분석 소프트웨어가 시스템 구현을 지원하는 방향으로 발전할 것이다.

이제까지 우리는 셀프서비스 분석과 관련된 다양한 기술, 구체적으로 데이터 파이프라인과 관련된 기술과 분석과 관련된 기술에 대해서 이해했다. 그러나 셀프서비스 분석을 단순히 이런 기술을 도입하는 것만으로 성공할 수 없다. 셀프서비스 분석이 조직의 데이터 중심 경영을 도입하기 위한 수단으로 사용한다면, 좀 더 조직적이고 전략적인 방안이 필요하다. 이에 대해서는 다음의 파트 4에서 논의할 것이다.

셀프서비스 분석
실행 전략

데이터 파이프라인과 분석 플랫폼이 준비되면 셀프서비스 분석이 성공할 것 같지만, 실상을 그렇지 못하다. 이것만으로 부족하다. 조직의 데이터 중심 경영의 성공을 위해 셀프서비스 분석을 도입하기 위해서는 체계적인 데이터 분석 전략을 수립하여 실행에 옮겨야 한다. 파트 4에서는 이에 대한 논의를 제공한다. 제12장에서는 셀프서비스 분석 도입 전략을 기술한다. 먼저 셀프서비스 분석 전략을 수립하고 그에 따른 조직 운영 방안과 기술과 역량의 확보 방안 등에 대해서 논의할 것이다. 제13장에서는 조직의 전략 수립과 관련하여 조직의 셀프서비스 분석에 대한 현재 역량과 목표 역량을 계량화하는 성숙도 모델(maturity model)에 대해서 논의를 제공한다. 제14장에서는 셀프서비스 분석에서 필요한 인재 양성 방안에 대해서 논의한다. 마지막으로 제15장에서는 미래에 중요하게 다루어질 셀프서비스 분석의 경향에 대해서 논의한다. 미래의 모습은 셀프서비스 분석의 전략을 추진하는 방향성을 제시할 것이다.

12 셀프서비스 분석 도입 전략

서론

연구에 따르면 데이터 중심 경영을 채택한 기업은 그렇지 않은 기업보다 탁월한 성과를 얻을 수 있다. MIT의 엔드류 맥아피(Andrew McAfee)와 에릭 브라인졸프슨(Erik Brynjolfsson)은 데이터 중심의 의사결정을 사용하는 업계 상위 3분의 1에 속하는 기업은 경쟁사에 비해 평균 5% 더 생산적이며 6% 더 수익이 높았다[104].

실제로 업계에 있는 사람들은 자신들이 데이터 중심 경영을 하고 있다고 생각할까? F. Halper와 D. Stodder는 2017년 8월 비즈니스 데이터분석 관련 전문가에게 온라인 설문 조사를 수행하였다. 설문은 289명을 대상으로 진행되었고, 이 중 173명의 응답자가 모든 질문을 완료했다. 설문에서 "조직이 데이터 중심 조직이라는 목표에 얼마나 근접합니까?"라는 질문에 응답자의 39%는 "데이터 중심 조직에 가깝다고 생각하지 않는다"고 한 반면, 31%는 "데이터 중심에 상당히 가깝거나 매우 가깝다"고 느끼고 있다고, 11%만이 "매우 가깝다"고 대답했다. 재무, 정보기술, 운영 및 마케팅 순위가 데이터와 분석을 가장 많이 활용하는 반면, 물류, 공급망, 인력 관리 등은 상대적으로 낮은 수준이다. 데이터 중심 조직으로 가는 것에 대해서는 대부분 동의를 하지만 실제로 "현재 조직이 데이터 중심 조직인가?"에 대해서는 아직까지 부정적으로 답하는 비율이 상당히 높다[105].

왜 그럴까? 조직들이 데이터 분석을 회사 전체적인 관점에서 본 것이 아니라 정보기술 부서 또는 분석을 도입하는 부서만의 문제로 봤기 때문에 그렇다. 데이터 분석을 통해 조직이 데이터 중심 의사결정을 하고자 한다면 이런 방식으로 접근해서는 어렵다. 좀 더 전체 조직 측면에서 체계화된 접근이 필요하다. 이 논리는 셀프서비스 분석에도 동일하게 적용할 수 있다. 셀프서비스 분석을 하는 궁극의 목적은 데이터 분석 기반 경영을 달성하기 위한 것이다. 따라서 이번 장에서는 조직이 어떻게 이런 방향으로 셀프서비스 분석을 도입할 것인지에 대해 전략을 수립하는 방안에 대해 논의하고자 한다.

먼저 크리스천 모이(Christian Moe) 제안한 데이터 분석 전략 수립을 위한 6단계 모델에 대해 논의하고[106], 실제적인 조직 운영에 필요한 분석 리더십, 데이터 중심 분석 문화, 조직 운영 모델 등에 대해서 논의할 것이다. 마지막으로 전략 실현을 위한 기술과 역량 확보 문제에 대해서 살펴보고자 한다.

데이터 분석 전략 수립

크리스천 모이가 제안한 데이터 분석 전략 수립 모델은 [그림 12-1]과 같은 여섯 단계의 하위 프로세스로 구성된다.

그림 12-1 데이터 중심 조직 전략

분석 전략 프로세스가 진행됨에 따라 이러한 단계 중 일부를 두 번 이상 다시 수행해야 하는 경우도 있다. 따라서 이 과정은 조직이 데이터 중심 조직의 시대로 나아가고 싶을 때 고려해야 할 주요 측면을 강조하는 관점에서 이해해야 한다.

비즈니스 전략 검토 및 연계 방안 도출

셀프서비스 분석 전략이 비즈니스 전략에 뿌리를 두고 있어야 한다는 것이 명백하다. 셀프서비스 분석 전략이 회사의 주요 전략적 초점 영역을 지원하지 못하면 우선 순위가 부여되지 않는다. 따라서 데이터 분석가는 분석 전략을 시작할 때 최고 경영자 또는 경영지원팀과 더불어 조직이 향후 1~3년 동안 무엇을 달성하려고 노력하고 있는지, 가치 사슬의 어떤 핵심 프로세스에 변화를 주려고 하는지, 어떤 주요 변경 프로그램이 진행되고 있는지 등을 파악해야 한다. 이런 내용을 파악하게 되면 비즈니스 성공에 중요한 영역에 대한 분석 전략에 초점을 맞출 수 있게 되고, 결국 조직이 셀프서비스 분석을 진정으로 필요한지 여부에 대해 판단을 할 수 있다.

목표 성숙도 설정

비즈니스 전략은 회사의 하나 이상의 핵심 프로세스를 변경하는 것이다. 따라서 셀프서비스 분석 전략을 수립할 때 분석에서 이러한 프로세스에 가치를 더하는 방법에 대한 비전을 마련해야 한다. 이 비전을 더욱 구체화하는 한 가지 방법은 성숙도 모델(maturity model)을 사용하는 것이다. 성숙도 모델을 사용하면 조직에서 명확한 외부 벤치마크 세트와 비교하여 관리 모범 사례에 따라 방법과 프로세스를 평가할 수 있다.

성숙도 모델은 회사의 핵심 프로세스에 상당히 높은 수준으로 집중해야 하며 이를 사용하려면 현재 성숙도 수준과 성숙도 목표에 대해 별도의 논의가 필요하다. 성숙도 수준에 대한 논의는 조직이 분석을 어느 정도로 사용하고 있는지, 일관된 방식으로 분석을 사용하고 있는지에 기반을 둔다. 성숙도 목표에 대한 논의는 비즈니스 프로세스에서 분석과 데이터를 활용하려는 이유가 무엇인지를 명확히 한다.

비즈니스 아이디어 개발

분석을 수행하기 위한 비즈니스 아이디어 개발은 이전 단계에서 설정한 셀프 서비스 분석의 목표 성숙도 수준에 도달하는 데 도움이 되는 구체적인 추진 방안을 찾는 것이다. 이러한 추진방안 수립할 때 추진 방안이 해결해야 할 비즈니스 과제는 무엇인지, 제안된 솔루션의 핵심 요소는 무엇인지, 비즈니스 사례와 관련된 위험은 무엇인지를 파악해야 한다. 데이터 분석을 위한 비즈니스 사례를 개발할 때 특별히 고려해야 할 사항은 다음과 같다.

어떤 데이터가 필요한지 파악을 해야 한다. 조직 내 다양한 부서에 있는 데이터를 조립하고 통합하는 것이 필수적이다. 중요한 데이터가 고객 서비스, 가격, 공급망과 같은 영역에서 유지되는 기존 정보시스템에 있을 수 있고 소셜 네트워크 대화와 같은 구조화되지 않은 형태로 회사 외부에 존재할 수 있으며, 사물 인터넷에서 자동적으로 생성될 수 있다.

어떤 분석 모델이 필요한지 파악해야 한다. 데이터 통합만으로는 가치가 생성되지 않는다. 데이터 중심의 최적화(⑩ 직원 일정 또는 배송 네트워크) 또는 예측을 가능하게 하려면 고급 분석 모델이 필요하다. 계획은 모델이 추가적인 비즈니스 가치를 창출할 위치와 모델을 사용해야 하는 사람을 식별해야 한다.

분석이 업무 프로세스에 어떻게 통합할 지에 대해 고려해야 한다. 모델링 결과는 엄청나게 풍부할 수 있지만 관리자와 많은 경우 일선 직원이 접근하고 이해하고 사용할 수 있는 경우에만 유용하다. 너무 복잡한 출력물은 직원들을 압도하거나 그들의 불신을 받을 수 있다. 데이터를 일상적인 프로세스에 통합하고 모델링 결과를 행동으로 변환하는 직관적인 도구가 종종 필요하다.

이 단계가 완료되면 회사는 합의한 목표 성숙도 수준으로 직접 가져갈 수 있는 수많은 추진 방안이 제공된다. 그러나 일반적으로 조직은 모든 것을 완전히 새롭게 시작하는 방식으로 모든 것을 구현할 수 있는 자원이 없다. 이제 프로세스의 가장 중요한 부분인 프로젝트 우선 순위 지정과 로드 맵 개발이 필요하다.

전략적 로드 맵 도출

훌륭한 셀프서비스 분석 전략은 회사가 우선순위를 정해야 하는 추진과제를 선정하고 결정해야 하는 중요한 결정 사항 또는 절충점을 강조하는 것이어야 한다. 이번 단계에서는 이전 단계에서 개발한 분석을 위한 비즈니스 아이디어 목록에서 비즈니스 목표를 가장 잘 지원할 수 있는 아이디어를 선택한다. 비즈니스 목표 사이의 상충 관계를 성공적으로 해결하려면 투자 우선순위를 설정하고, 속도, 비용 및 수용의 균형을 맞추고, 현장 직원의 참여 조건을 만들기 위한 회사의 최고 경영층의 논의가 필요하다. 이 단계의 결과는 어떤 계획이 어떤 순서로 진행될 것인지, 누가 그것을 책임질 것인지를 강조하는 로드 맵이어야 한다.

결과 목표 아키텍처 청사진 개발

일반적으로 비즈니스 전문가인 셀프서비스 분석가는 상세한 기반 기술 자체에는 별 관심이 없을 수 있다. 그들은 인 메모리 분석인지, GPU를 활용한 분석인지, 하둡 기반인지 등에 대해 별로 신경을 안 쓴다. 그들은 대량의 데이터를 빠르고 직관적으로 분석할 수 있다는 것에만 관심이 있다. 그러나 정보기술 전문가는 강력한 분석 아키텍처를 구축하는 것이 로드 맵에 제시된 비즈니스 성과를 실현하는 데 중요하다는 것을 알고 있다. 추진과제를 살펴보면서 정보시스템 설계자는 데이터, 소프트웨어와 하드웨어, 기술 아키텍처 등에 필요한 변경 사항을 평가하고 해당하는 전환 계획을 세워야 한다.

조직과 분석 역량 개발 계획 수립

조직에 적합한 인력과 역량이 부족한 경우 분석 전략의 목표는 달성될 수 없을 것이다. 대부분의 분석 조직은 역할과 기술 수준에서 다양한 데이터 분석 인재를 필요로 한다. 로드 맵에서 실행하고 대상 아키텍처를 구현하려면 적절한 규모의 인재 풀을 조합하고 구성하기 위한 계획이 필요하다. 또한 향후 데이터 분석가를 육성할 수 있는 방법을 마련하는 것이 필요하다.

셀프서비스 분석 조직 운영

셀프서비스 분석을 활용하여 데이터 중심 조직으로 가는 전략이 수립되었다면, 이제 이를 실행에 옮겨야 할 것이다. 전략 실행의 기초는 전략에 맞는 조직 구조를 가져가는 것이다. 즉, 셀프서비스 분석을 달성하기 위해 셀프서비스 분석을 전담해서 전파하는 조직을 어디에, 어떻게 운영할 것인가가 중요한 문제가 된다. 이 문제를 논의하기 위해 먼저 분석 리더십의 문제에 대해 논의하고, 조직을 운영하는 다양한 모델을 검토해 보고, 어떤 방향으로 조직을 운영하는 것이 적합할지 논의해 보자.

분석 리더십

조직 운영 부분에서 가장 먼저 생각해야 할 것은 리더십이다. 진정한 분석 중심 조직의 기본은 강력한 분석 리더십이다. 분석 중심 경영의 성공은 분석적 리더십으로 시작하고 끝난다. 강력한 분석적 리더십이 없다면 분석 노력은 분석이 조직의 중심에 위치하기 위해 필요한 방향과 조직 전체의 지원을 얻지 못할 것이다. 전략적 분석 목표는 모든 관련 이해 관계자에게 명확하게 전달되어야 한다[107].

분석 리더는 분석의 중요성을 강화하는 데 도움이 되는 전사적 분석의 가치를 이해하고 옹호하는 역할을 수행한다. 많은 회사에서 도입하고 있는 데이터 분석 담당 중역(Chief Data Analytics Officer; CDOs/CAOs)의 등장으로 전략적 수준에서 분석 역할을 공식화되었다.

데이터 분석 담당 중역은 다양한 역할을 수행한다. 먼저 조직 수준의 분석 통찰력을 얻으려면 분석은 비즈니스 가치를 창출하는 핵심 요소로 간주되어야 하는데, 데이터 담당 중역은 이를 전략적으로 표현해야 한다. 또한 전통적인 의사결정과 직접적으로 일치하지 않는 분석 통찰력을 발휘할 때 데이터 분석 중역의 강한 목소리가 도움이 된다. 데이터 분석 담당 중역은 데이터 중심의 의사결정을 용이하게 하기 위해 자금 조달 및 조직 구조를 마련할 수 있다.

데이터 분석 리더는 분석 미션, 비전 및 전략을 구축 및 공유해야 하고, 분석 부분의 직원을 채용, 투자 및 관리해야 하며, 분석적 재능이 다양한 데이터 소스를 분석할 수 있는 올바른 도구를 사용할 수 있도록 보장해야 한다. 데이터 분석 리더는 영향력이 큰 분석 기회가 먼저 식별되고 탐색 되도록 보장하고, 인센티브와 보상 방안을 수립하고 분석 거버넌스 구조를 구축하고 운영한다.

이러한 책임을 효과적으로 수행하려면 분석 리더가 다음과 같은 자질과 기술을 보유해야 한다. ① 분석 리더는 격렬한 조직 내 정치 분야에서 다양한 관점을 효과적으로 관리하는 강력한 이해 관계자가 되어야 한다. ② 분석 리더는 우수하고 설득력 있고 비전을 가진 화자이며 분석 비전을 효과적으로 전달할 수 있어야 한다. ③ 환상적이고 설득력 있는 것만으로는 충분하지 않다. 분석 리더는 심도 있는 기술, 분석 및 비즈니스 중심 분석과 같은 다양한 관점에서 효과적으로 커뮤니케이션할 수 있어야 한다. ④ 분석 리더는 실험하고자 하는 의지와 변화에 대한 개방성을 가져야 한다. ⑤ 분석 리더는 영향력이 큰 분석 프로젝트를 인식하고 비즈니스 우선순위에 대한 분석 투자를 이끌 수 있어야 한다. ⑥ 분석 리더는 데이터 분석, 정량적 또는 통계적 모델링 및 보고를 위한 다양한 방법과 도구에 대한 광범위하고 깊이 있는 지식을 갖춘 데이터에 정통한 사람이어야 한다. 즉, 그들은 분석 분야의 전문가로 인정 받는 사람이어야 한다.

데이터 중심 문화 확립

올바른 리더십과 더불어 분석 중심 조직에서는 분석 문화(analytical culture)와 사고방식(mindset)이 있어야 한다. 관리자와 직원은 사실을 기반으로 의사결정을 내림으로써 직관을 검증할 수 있는 귀중한 수단을 보유하게 되며, 직관이 증거에 의해 도전을 받는 경우 의사결정을 위한 개선된 근거가 있다는 신념을 개발해야 한다. 정량적 접근 방식과 사실 기반 관리에 대한 지원 문화가 있어야 한다. 그렇지 않으면 직원은 직관과 편안함을 기반으로 한 의사결정의 상태를 유지하려고 할 것이다[107].

분석 기능을 더욱 발전시키기 위해 선도적인 분석 중심 조직은 조직 문화를 강화하는 분석을 육성하는 데 많은 노력을 기울인다. 직원들은 조직의 관점에서 분석에 관심이 있는 경향이 있고 조직 구조는 관료적이지 않은 의사결정, 사실에 근거한 의사결정을 특징으로 한다. 조직은 전사적 협업을 요구한다. 분석 중심 조직의 직원은 사실과 분석을 통해 의사결정을 뒷받침하려는 일관된 방법론적 접근 방식을 갖는다. 직원과 리더는 직감보다는 합리성에 따라 행동한다. 또한 직원들은 직관과 직감에 기반한 현 상태에 대한 불만을 가질 수 있다. 직원들은 데이터와 분석을 바탕으로 진실을 찾고 증거 기반에서 입증될 수 있는 개선을 추구하기 위해 리더의 전통적인 의사결정에 이의를 제기한다.

분석 중심 조직은 누구에게서나 훌륭한 아이디어가 나올 수 있다는 사실에 대해 확고한 신념을 가지고 있다. 정보 공유의 투명성은 이러한 조직의 최우선 과제 중 하나이며 직원은 데이터 분석을 기반으로 아이디어를 공유하고 개발할 수 있다. 이러한 조직들은 능력주의를 기반으로 일하는 방식을 채택했다. 직원은 분석 입력에 따라 보상을 받는다. 보수와 회사 정책은 분석 성과를 바탕으로 지속적으로 인센티브를 제공한다.

데이터 중심의 문화는 어떻게 구축할까? 새로운 조직 문화를 도입하기 위해서 먼저 기존 문화를 분석하는 것이 필요하다. 조직이 문화에 상대적으로 만족한다고 할지라도 현재의 문화, 작업 공간 및 향후 방향에 대한 대화에 공통된 언어를 제공하는 것이 중요하다. 기존 문화와 원하는 문화의 차이를 발견하는 것이 일반적이므로 원히는 문화를 지향하고 이상적인 조직문화를 만들기 위해서는 현재 문화의 진단이 중요하다. 조직의 문화를 변경하는 데는 시간과 노력이 필요하다. 이 과정은 복잡하며, "우리는 새로운 문화가 있다"라고 발표한다고 해서 자연스럽게 일어나는 일은 아니다. 데이터 중심 조직을 만드는 가장 어려운 측면은 문화를 단지 지원할 뿐만 아니라 데이터 중심 조직이 되는 것을 바라도록 조정하는 것이다.

데이터 중심 조직으로의 전환은 비전(vision), 목적(purpose), 미래상(picture), 계획(plan) 등을 고려해야 한다. 이러한 작업들은 위에서 파악한 조직의 현 상황과 부합될 수 있도록 세밀하게 고려되어야 한다.

구현 계획을 수립하기 전에 조직의 목표에 대한 통일된 비전 또는 선언을 작성하는 것이 중요하다. 비전 선언문은 조직이 원하는 미래의 조직 상태를 나타내야 하며, 구체적이고 직접적이며, 직접 행동에 대한 신념을 고취시키고, 전략적으로 높은 수준의 선언적이어야 한다. 비전 선언은 간결해야 하며 광범위한 기업 문화를 연상케 하고 혜택 지향적이어야 한다. 정보 관리 프로그램의 비전 선언문은 조직이 데이터 중심이 되도록 고무시키는 역할을 하게 될 것이다. 분석 리더는 투명하고 공유된 비전을 통해 조직의 의도를 보완한다. 모든 내부 이해 관계자(에 모든 부서의 관리자)와 외부 이해 관계자(에 파트너, 공급 업체 및 고객)는 이러한 분석 중심 비전을 수립하고 이에 기여한다.

비전 선언에 대한 "이유", 즉 목적을 생각해 보아야 한다. 왜 조직이 목적을 달성하는 것이 중요한가? 답은 조직에 개인적이며 고유한 것이며, 현재 범위에 따라 광범위하거나 구체적일 것이다. 예를 들어, "우리는 분기별 결산 프로세스를 간소화하고 개선하여 시간, 비용 및 좌절을 덜어준다", "고객 경험을 향상시켜 고객 이탈을 줄이고 고객의 평생 가치를 높인다", "우리의 제품 라인을 더 완전하게 만들고, 조직은 더 경쟁력 있게 만든다", "조직의 성장과 장기적인 성공에 중요한 디지털 전략을 보완할 것이다" 등은 목적의 구체적인 사례. 비전과 목적이 일치할 때 이 프로세스의 다른 단계를 통해 힘을 얻으므로 목적과 관련 있는 신념을 표현하는 것이 중요하다.

비전과 목적은 종종 조직 내에서 조정을 자극하기에 충분하지 않다. 직원들은 변화를 지원하고 참여하기 위해 목표 상태가 어떻게 보이는지 파악해야 한다. 변화의 결과를 완전히 개념화하는 한 가지 방법은 그것을 현재 상태와 대조하는 것이다. 예를 들어 이전에는 데이터에 대해 "데이터는 고객, 공급 업체 및 제품 정보다"라고 하는 대신에 "데이터는 중요한 기업 자산이며 의사결정이 성장을 주도하는 방법을 알 수 있다"라고 미래상을 표현할 수 있다.

지침 원칙(guiding principles)은 직원들이 예상되는 행동에 대한 진술을 통해 조직의 가치를 파악할 수 있는 또 다른 방법이다. 예를 들어, "우리는 우리가 생산하는 데이터에 대해 책임을 있다. 개인으로서 우리는 매일 새로운 데이터를 생성한다. 우리는 합의된 표준과 지침에 따라 최고 품질인지 확인해야 한다. 이를 통해 우리 조직의 모든 사람들이 우리가 사용하는 데이터를 신뢰할 수 있다"라는 지침 원칙은 행동적 측면을 간결하게 기술하고 비전과 목적을 뒷받침하는 한편 추가 설명을 제시한다.

조직의 비전, 목적, 미래상을 달성하기 위해서는 이를 위한 구체적인 계획이 필요하다. 조직을 원하는 미래의 상태로 직원이 전환을 위해 필요한 정보, 교육, 지원 등을 언제 받을지 알 수 있는 세부 정보와 시행 일정을 포함해야 한다. 계획은 최소한 어떤 변화가 필요한가, 데이터 분석이 촉진할 내용은 무엇인가, 기업과 집단의 로드맵 등을 제시해 주어야 한다. 관리자는 시간이 지남에 따라 자신의 업무가 어떻게 변할 것인지, 그리고 직원의 업무가 어떻게 변하는지를 이해하는 것이 중요하다. 계획을 관리자에게 미리 알려줌으로써 회사 전체의 메시지를 전파해야 하고 지원할 수 있게 해야 한다. 데이터 중심 회사의 핵심은 모든 직원이 참여하는 데이터 기반 문화이다. 최고경영자로부터 경비원, 데이터 분석가로부터 사무용품 주문자까지 모든 직원의 역할이 있다.

조직 구조 유형과 조직 운영 방안

데이터 분석 리더십과 데이터 중심 문화를 확립하는 것을 체계적으로 지원하는 것은 조직 구조와 운영 모델이다. 이를 통해 조직은 분석 자원을 전략적으로 관리할 수 있게 되고, 분석 노력의 비즈니스 우선순위를 적용할 수 있게 되며, 모범 사례가 수집되고 전사적으로 공유될 수 있다.

조직 구조의 유형

액센추어는 다음과 같이 6가지 조직 운영 모델을 제안을 하였다[108].

분산 조직(Decentralized Organization)은 분석 노력이 조직 전체에서 산발적으로 사용되며, 리소스가 비즈니스 부서 또는 기능에 할당되어 있는 조직 형태로 조직 간의 조정이 가장 적은 방법이다. 이는 종종 데이터 과학 전문 지식이 자생적으로 나타나는데, 데이터 공유 부족, 분석 표준화 부족 및 분산된 보고로 이어지는 경우가 발생할 수 있다.

기능적 조직(Functional Organization)에서 대부분의 분석 전문가는 분석이 가장 관련이 있는 한 부서에서 일한다. 마케팅 또는 공급망인 경우가 많다. 이 옵션은 또한 거의 조정을 필요로 하지 않으며 전문성은 전사적으로 전략적으로 사용되지 않는다.

컨설팅 조직(Consulting Organization)에서는 분석가는 하나의 그룹으로 함께 작업하지만 조직 내에서의 역할은 컨설팅이다. 즉, 서로 다른 부서가 특정 작업을 위해 "채용"할 수 있다. 이것은 물론 리소스 할당이 거의 없음을 의미한다. 전문가가 사용 가능하거나 사용 가능하지 않을 뿐이다.

중앙집중식 조직(Centralized Organization)에서는 전략적 작업에서 분석을 사용할 수 있다. 하나의 데이터 과학 팀이 다양한 프로젝트에서 전체 조직을 지원한다. 데이터 과학 팀에 장기간의 자금 지원과 보다 나은 자원 관리를 제공할 뿐만 아니라 경력 개발을 촉진한다. 여기서 유일한 단점은 분석 기능이 지원 기능으로 변환할 위험이 있다는 것이다.

우수 센터(Center of Excellence) 조직을 선택하면 단일 기업 센터에서 중앙집중식 접근 방식을 유지할 수 있지만 데이터 과학자는 조직의 다른 부서에 할당된다. 이것은 가장 균형 잡힌 구조이다. 분석 활동은 고도로 조정되지만 전문가는 사업부에서 제거되지 않는다.

연합 조직(Federated Organization)은 회사 전체에서 분석적 인재에 대한 수요가 높을 때 적합하다. 여기에서는 SWAT 팀(중앙 지점에서 작동하고 복잡한 교차 기능 작업을 처리하는 분석 그룹)을 사용한다. 나머지 데이터 과학자들은 우수 센

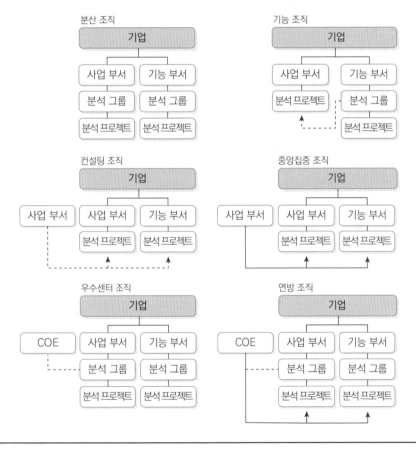

그림 12-2 데이터 분석 조직의 유형[108]

터 모델에서처럼 배치된다. 조직의 비즈니스 요구에 따라 조직의 모델이 변경되고 발전할 수 있음을 기억해야 한다. 오늘은 기능 단위에 거주하는 데이터 과학자에게 만족할 수 있지만 내일에는 우수 센터가 필요하게 될 수 있다.

그러면 데이터 중심 기업은 어떤 조직 구조를 가져가야 할까? 먼저 회사는 데이터 분석 기능이 다양한 비즈니스 단위를 지원하는 우수 센터에 홀로 있는 하나의 중앙집중식 데이터 분석 조직을 만들지, 개별 비즈니스에 분석 기능이 포함된 분산된 조직을 만들지, 또는 일부 부서에서는 중앙집중 분석 단위와 내장 분석 영역이 결합된 하이브리드 조직으로 갈지 결정해야 한다. 메킨지는 다양한 부서가 섬이 되지 않도록 관리 체제가 확립되어 있는 한 이러한 모델 중 어떤 것도 효과적일 수 있으며, 제안된 조직은 회사와 사업 부서가 분석 기술을 얼마나 적극적으로 활용하는지에 따라 다르다고 하였다[109].

중앙집중화와 지방 분권화 사이의 선택은 전부가 아니면 아무것도 아닌 결정이 아니라 하위 기능별로 결정되어야 한다. 그러나 데이터 소유권은 아니더라도 데이터 관리는 중앙 집중화되어야 한다. 데이터 아키텍처의 경우 최고 실적을 올린 기업은 종종 비즈니스 단위로 데이터를 중앙집중화한다. 이 데이터에는 일반적으로 마케팅, 영업, 운영 등의 데이터가 포함된다. 좋은 회사는 파트너십 관리를 중앙집중화한다. 그렇지 않으면 경쟁 또는 중복 파트너십이 실수로 조직의 여러 부분에서 설정될 수 있으며 지적 재산이 위험에 처할 수 있다.

엑센추어는 조직 구조의 선택 시 기업의 우선순위, 분석 기능의 성숙도, 분석 기술의 수요와 공급 간의 균형을 맞추어야 한다고 제시한다. 예를 들어, 기능 모델은 조직이 분석을 처음 접했을 때 자주 사용되며 모든 작업 영역에서 분석가가 필요하지 않으며 사실 중앙 집중화를 정당화 할 분석가가 너무 적다. 중앙 집중 모델은 분석에 대한 수요가 증가하고 분석가가 대량으로 존재하고 이러한 부족한 리소스를 할당하는 것이 우선시되는 경우에 주로 선택된다. 많은 조직이 효율성을 최대화하기 위한 기능을 할당하는 유연성, 관리의 용이성, 자원 참여 향상 등의 이점 때문에 우수 센터 또는 연방 모델로 사용한다.

데이터 분석 변환이 진화함에 따라 어떤 조직도 시간이 지나면 변할 것이라는 점에 유의하는 것이 중요하다. 일부 기업은 분산화된 상태에서 시작하여 결국 데이터 분석을 중앙집중식 기능으로 이동하는 반면, 중앙집중화된 다른 조직은 우수 센터 조직이나 연방 조직 모델로 이동한다. 우수한 기업은 이러한 궁극적인 변화에 대비한다.

조직 운영

성숙한 분석 중심 조직은 분석 리더십, 전략 및 문화를 전사적으로 조정해야 할 필요성을 인식하고 분석 노력을 효과적으로 관리한다. 분석적 재능은 조직 내에서 전략적 자산으로 간주되며 분석 기능은 전략적 수준에서 관리된다. 그러면 분석 중심 조직은 어떻게 조직을 운영할까?

몇 가지 중요한 특색을 살펴보자. 분석 중심 조직은 중앙 집중적으로 조정되는 주요 비즈니스 기회 및 문제에 분석 인재를 할당한다. 분석 자원을 효과적으로 조정하고 할당하기 위해 정교한 자원 계획 시스템을 구현한다. 또한 분석 중심 조직이 전략적인 높은 가치 분석 기회를 충분히 인식하고 전략적 프로젝트에 적절하게 자금을 할당하는 시스템을 구현한다. 분석 중심의 조직은 또한 부서 간 협업을 통해 더 나은 통찰력을 얻을 수 있다는 아이디어를 강력하게 믿고 있다. 따라서 이러한 유형의 협업은 전사적 커뮤니티와 협업 도구를 사용하여 촉진된다. 분석 중심 조직은 민첩한 방식으로 분석 프로젝트를 관리한다. 분석 프로젝트 우선순위 지정 및 분석 기능 할당은 비즈니스와 정보기술의 최신 요구에 능동적으로 적응한다. 비즈니스 분석가는 기술 전문가 및 데이터 과학자와 함께 작업하며 운영/혁신 위원회 등을 통해 프로젝트를 관리한다.

기술과 역량 확보 방안

분석 역량의 자체 개발

분석 리더십, 전략, 문화, 거버넌스와 운영 모델에 노력을 기울이면 분석 기능이 조직의 중심에 존재할 것이다. 그러나 분석 기능이 효과적으로 운영하려면 분석 기술과 역량의 확보가 필수적이다. 따라서 대부분의 조직은 분석 기술과 역량을 경쟁 우위의 핵심 원천으로 인식하고, 이를 갖추려고 노력한다[107].

분석 기술과 역량의 확보는 이를 보유한 인물의 확보를 통해 이루어진다. 데이터 과학자로 불리는 데이터 분석 전문가들은 '도메인 및 소프트 기술', '데이터 엔지니어링 기술', '데이터 분석 기술' 및 '활동 기술에 대한 통찰력 커뮤니케이션'의 조합을 필요로 하며 보유하고 있는 인물들로 이들을 찾는 것은 매우 어려운 일이며 비용이 많이 든다.

분석 중심 조직에서는 어떻게 이들을 확보할 수 있을까? 이전에는 이런 능력을 보유한 데이터 분석 전문가를 찾는 데 많은 시간과 비용을 들였었다. 그러나 얼마 지나지 않아 이런 방식으로 자신의 조직에 적합한 인물을 찾는다는 것이 어렵다는 것을 알게 되었다. 조직이 필요로 하는 데이터 분석가는 분석을 사용해야 하는 사례나 환경에 따라 매우 다르다.

따라서 분석 리더들은 조직의 필요에 맞는 데이터 분석가를 확보하기 위해 비즈니스 지향적이며 '도메인 및 소프트 기술' 및 '소통 기술'에 뛰어난 분석 재능을 찾아 이들을 셀프서비스 분석가로 양성하는 것이 보다 나은 길이라는 것을 인지하게 되었다. 물론 이런 인물들은 데이터 엔지니어링 및 분석 기술이 부족할 수 있는데, 분석 리더는 이를 보완할 수 있는 다양한 방안을 제공하여 셀프서비스 분석가의 역량을 확보한다. 즉, 데이터 엔지니어링이나 분석 기술을 확보할 수 있도록 교육 기회를 제공한다든가, 이런 기술을 갖고 있는 정보기술 부서의 인물들과 팀을 만들어 필요한 분석 역량을 확보할 수 있도록 지원한다든가, 비즈니스 역량과 데이터 엔지니어링 및 분석 기술을 결합하기 위해 부서 간 팀을 만드는 일 등을 추진할 수 있다.

선도적인 분석 중심 조직은 분석적 재능을 경쟁우위를 창출하고 유지하는 데 중요한 요소로 평가한다. 그러므로 그들은 분석적 재능을 유지하기 위한 전략을 가지고 있다. 분석 기능을 유지하기 위해 강력한 분석 환경을 만든다. 이들은 조직 내에서 분석 역할을 공식화하고, 분석 커뮤니티를 통해 엔터프라이즈 수준에서 분석에 대한 토론을 가능하게 하며, 쉽게 접근할 수 있는 잘 개발된 수요자의 필요에 기반한 교육 과정을 제공하고 있으며, 기술 공급 업체 및 교육 기관은 최신 개발을 추적하고 분석 요구에 대한 경험이 풍부한 멘토를 보유하고 있고, 분석 재능에 적합한 개발 경로를 제공한다.

분석 인재의 유지를 위해 너무 중요하지만 종종 무시되는 성공 요인은 동료 비교에 상대적이라는 점이다. 개인에 적합하게 조정된 업무 성과 지표를 사용하고, 잘 정의된 경력 경로가 필요하다. 그렇지 않으면 프로젝트를 실행하고 전달하는 데 필수적인 기술을 보유한 셀프서비스 분석가는 동료와 비교할 때 뒤 처진다는 느낌을 받을 수 있다.

데이터 분석 역량 아웃소싱

조직 운영과 관련하여 결정해야 할 또 다른 문제는 데이터 분석을 아웃소싱할 것인지 아닌지, 아웃소싱을 한다면 어느 수준까지 해야 할 것인가 결정하는 것이다. 데이터 분석 아웃소싱을 사용하는 조직에서는 서비스 제공 업체를 고용하여 아웃소싱 회사에 제공하는 데이터에 대한 분석을 수행한다.

업계 조사에 따르면 분석 아웃소싱 서비스 수요가 증가하고 있다. Allied Market Research의 데이터 분석 아웃소싱 시장 보고서에 따르면 2020~2020년 동안 29.1%의 CAGR을 기록하면서 2020년까지 세계 시장이 59억 달러를 기록할 것으로 전망한다[110].

데이터 분석 아웃소싱을 해야 하는 이유는 다양할 수 있다. 데이터 분석의 이점에 대한 인식이 가장 중요한 시장 동인이다. 기업들은 수익을 극대화하고 소비자 선택을 식별하는 데 있어 분석의 중요성을 점차 인식하고 있지만, 모든 조직이 효과적인 데이터 분석을 위해 필요한 지식과 자원을 갖추고 있지는 않다. 또한 데이터 분석 전문가가 부족하여 경쟁력 있는 데이터 분석의 개발에 어려움을 겪고 있다. 이로 인해 분석 서비스에 대한 수요가 더욱 커졌다. 데이터 분석 아웃소싱은 모든 유형의 조직이나 모든 종류의 분석에 적합하지 않을 수 있다. 분명히 잠재적인 이점이 있지만 위험도 있다.

1) 아웃소싱의 장점

아웃소싱을 통해 부족한 분석 역량을 확보할 수 있다. 특정 분석 기술을 보유한 사람들이 부족하다는 것은 잘 알려져 있다. 예를 들어 딥 러닝이나 비전 분석과 같은 고급 분석, 대용량 데이터, 데이터 레이크 및 데이터 과학과 같은 분야를 전문으로 하는 전문가도 여기에 속한다. 아웃소싱 회사는 이런 종류의 전문 지식을 제공하여, 그러한 기술에 대해 접근하여 활용할 수 있게 한다. 그러나 아웃소싱을 통해 항상 좋은 서비스 제공자를 구할 수는 없다. 어떤 서비스 제공자가 파트너가 될지 결정하는 것은 아웃소싱 참여의 모든 유형에 대한 도전일 수 있으며 데이터 분석도 예외는 아니다. 오늘날 기업들은 단순히 비용을 줄이는 것뿐만 아니라, 일상적인 업무에 리소스가 배어 있고 커뮤니케이션 채널이 효과적이며 비즈니스 결과를 제공하는 것이 중요하며 전략적으로 높은 접촉률의 파트너 관계를 기대한다[111].

아웃소싱을 통해 업무 전문 기술을 습득할 수 있다. 일부 데이터 분석 기능은 보편적이지만 다른 기능은 의료 및 금융 서비스와 같은 특정 분야에만 한정될 수 있다. 깊은 업계 전문성을 갖춘 아웃소싱 파트너를 찾는 일은 엄청난 경쟁력이 될 수 있다. 예를 들어, 소매업 분야의 전문성을 가진 공급 업체는 고객 평생 가치 분석, 매장 판매 분석, 수익성 분석 또는 시장 바구니 분석과 같은 특정 분석 서비스를 제공할 수 있다. 또한 그들은 업계 표준이나 업계의 다른 업체와의 비교 점을 보여주는 벤치마킹 데이터와 측정지표를 제공할 수 있다. 이것은 경쟁우위로 사용될 수 있다.

그러나 예측 모델이 생성되어 외부 서비스 제공 업체에 의해 제품으로 변환되면 필요에 따라 운영 모델을 조작해야 한다. 이는 알고리즘에서 규칙을 조정 및 재배치하여 그것이 제공히는 통찰력이 의미가 있음을 의미한다. 데이터가 지속적으로 변경되므로 모델을 저하시키지 않아야 한다. 그러나 이러한 갱신은 비용이 들며, 이것은 비즈니스 라인이 일반적으로 내부 정보기술 서비스 비용을 지불하는 데 사용되는 것 이상이 될 것이다.

아웃소싱을 통해 분석의 성숙한 수준까지 신속하게 도달할 수 있다. 아웃소싱 서비스는 데이터 분석 기술을 습득할 수 있는 기능 외에도 조직이 사내에서 수행하기가 쉽지 않을 수도 있는 분석 인프라를 신속하게 구축하는 데 도움이 될 수 있다. 또 다른 고려 사항은 이러한 분석 기능을 습득하는 동안 비용을 낮출 수 있는 잠재력이 있다. 데이터 분석을 아웃소싱하면 기업에서 현재 고려하지 않고 있는 보다 혁신적인 솔루션을 도입할 수 있다.

2) 아웃소싱의 단점

데이터 분석 아웃소싱을 수행하면 다음과 같은 위험 또한 있음을 명심해야 한다. 아웃소싱은 데이터 저장소 및 분석 모델의 제어 권한을 손실할 위험이 있다. 모든 아웃소싱 계약은 일반적으로 통제와 경우에 따라서는 직원과 같은 것을 제공하는 것을 의미한다. 분석 아웃소싱을 통해 희생될 수 있는 가장 큰 자원 중 하나는 분석 모델이다. 서비스로서의 통찰력을 얻으려면 업체는 일반적으로 서비스 제공 업체가 고객에게 응답을 제공할 수 있도록 데이터를 서비스 제공 업체에 제공해야 한다. 이 모델에서 업체는 결코 논리 또는 알고리즘을 소유하지 않는다. 결과적으로 업체가 종료할 때 모델, 접근 방식, 프레임워크 또는 구성이 아닌 데이터와 제안만 소유하게 될 가능성이 크다. 데이터 분석을 아웃소싱하는 기업은 데이터가 실제로 저장되는 위치와 저장 위치가 자신에게 가장 적합하지 않을 수도 있다.

데이터는 기업을 위한 새로운 통화이며, 비즈니스 이익을 위해 분석 기술을 활용할 가능성은 분명하다. 이러한 맥락에서 아웃소싱의 이점은 독립적인 제3자가 여러 조직의 데이터 보관을 실행하고, 단순화되고 안전한 데이터 교환 플랫폼을 개념을 장려하는 데이터 시장을 활용하고 대체 비즈니스 모델을 구축할 수 있는 기회일 수 있다.

아웃소싱은 기업과 아웃소싱 수행 기업 간의 갈등의 가능성이 있다. 모든 관계자가 원활하게 관계를 맺을 수 있기를 기대하면서 아웃소싱 계약을 맺는다. 그러나 합의의 조화를 위태롭게 하는 이슈가 발생할 수 있다. 회사가 계약서 작성을 철저히 하지 않으면 특히 그렇다. 데이터 분석 아웃소싱을 할 때 조직은 해지, 데이터 거버넌스, 지적 재산권, 소유권, 책임, 메트릭 및 서비스 수준 협약, 가격 모델, 추가 용량 및 갱신 비용과 같은 주요 계약 조건을 포함하는 것을 잊어버리는 경우가 있다. 이는 계약 기간 동안 또는 계약 종료 시점에 잠재적인 갈등을 초래할 수 있다.

그러면 아웃소싱을 낮은 수준 데이터 분석 활동으로 제한해야 할까? 또는 회사가 선택한 작업에 대해 여러 전술적 파트너 관계를 수립해야 할까? 아니면 외부 공급 업체와의 전략적 제휴가 최선의 방법일까? 데이터분석은 효과적으로 조직의 "두뇌"가 될 것이므로 기업은 너무 많은 것을 아웃소싱하지 않도록 주의해야 한다. 우수한 기업은 종종 조직 내에서 가격 분석과 같은 경쟁우위를 제공하는 분석을 유지한다. 중앙의 내부 단위가 모든 데이터분석 아웃소싱을 감독 할 수 있으며, 특정 데이터분석 솔루션 또는 고유한 데이터 소스 또는 고급 솔루션과 같은 특정 자산을 가져올 파트너십을 설정할 수 있다.

경력 개발과 파트너십

분석에서 우위를 차지하려면 올바른 인재를 유치하고 유지하여야 한다. 메킨지의 설문조사에서 최고 실적을 낸 회사의 응답자 중 58%는 데이터 과학, 데이터 엔지니어링, 데이터 아키텍처, 분석 변환에 대해 깊은 기능적 전문 지식을 전문가를 보유하고 있다고 답했다. 최고 실적을 내는 조직은 다른 분석 전문가보다 네 배나 많은 분석 전문가가 있으며, 다른 기업보다 기능 전문가가 1.5배 많다고 했다[112].

탁월한 분석 기술 인력을 보유한 사람들은 대개 잠재적 기회가 많기 때문에 회사에 가입하거나 체재 할 경우 회사 내에서 성장할 수 있는 명확한 경력 경로와 기회를 찾아야 한다. 어떤 분석 스태프가 보다 기술적인 프로파일을 추구하기를 원할 수도 있고, 다른 일부는 비즈니스와 함께 번역 또는 통합 역할로 이동할 수도 있고, 일부는 관리직으로 이동할 가능성이 있기 때문에 여러 직업 트랙을 사용할 수 있어야 한다.

모든 경우에 이 개인들은 직장에서 그리고 서로 배우면서 동기 부여를 유지하는 경향이 있다. 이 목표를 달성하려면 각 분석 그룹에 대한 최소 규모가 필요하다. 각 기능에 하나 또는 두 명의 데이터 과학자만 있으면 배우는 데 도움이 되지 않으며 이해하기 어려울 수 있다.

인력 수급을 위해 분석에 탁월한 기업은 기술, 역량 및 혁신에 접근하기 위해 전략적으로 다른 이들과 파트너십을 맺는다. 예를 들어, 대규모 다국적 소매업체는 유통 업계와 같은 최첨단 기술을 파악하는 데 중점을 둔 창업 보육 센터와 전략적 제휴 관계를 구축했다. 이 소매업자는 사내 재능과 다른 조직과의 영리하고 전략적인 파트너십을 결합하여 두 가지 모두를 최대한 활용할 수 있게 하여 기술, 역량 및 혁신에 훨씬 더 큰 비중을 부여했다. 창업 보육 센터를 통해 소매 업체는 신생 기업 및 벤처 투자자와 파트너십을 형성했다. 이 회사는 최고의 분석 기술 인재를 유치할 수 있는 매력적인 가치 제안을 만들었다.

대학교에 있는 데이터 분석 관련 연구/교육 센터와의 파트너십도 실행할 수 있는 방안이다. 예를 들어, 계명대학교에서는 빅데이터 센터를 2016년에 설립하고 데이터분석과 관련된 전문 기술을 확보하고, 학생들을 가르치는 일을 해 왔다. 이후에 데이터 분석을 필요로 하는 업체와 연계하여 데이터 분석 프로젝트를 수행해 왔다. 업체의 프로젝트를 수행하면서 학생들은 실무적인 경험을 얻을 수 있었고, 회사에는 데이터 분석에 필요한 지식을 가르칠 기회를 제공할 수 있었다.

요약

이번 장에서는 셀프서비스 분석 전략에 대해서 살펴보았다. 셀프서비스 분석 전략 수립을 위한 단계적 방안과 데이터 분석 조직의 운영과 관련된 주요 이슈들을 살펴보았다. 데이터 분석 전략은 비즈니스 전략에 기반을 두고 도출해야 하기 때문에 비즈니스 전략을 검토하고 이에 맞는 데이터 분석 전략을 고려해야 할 것이다. 데이터 분석에 있어 성숙도 모델을 사용하여 현재 조직이 어떤 단계에 와 있는지 고려해야 한다. 또한 비즈니스 아이디어를 개발하고 목표 달성을 위한 로드 맵과 아키텍처 등을 개발하여야 한다. 마지막으로 데이터 분석 전략을 지원할 조직과 분석 역량 확보 계획을 마련해야 한다. 전략 수립에 있어서 조직의 현상태와 바람직한 미래 상태를 정의하는 것은 중요하다. 이를 가능하게 해 주는 것이 분석 성숙도 모델이다. 다음 장에서는 이에 대해서 좀 더 자세히 알아보도록 하자.

13 셀프서비스 분석 성숙도 모델

서론

오늘날 많은 조직은 데이터 분석이 중요한 경쟁우위를 제공할 수 있음을 알고 있다. 이런 이유로 해서 데이터 분석을 중심에 두고 활용하고자 하는 데이터 중심 경영은 많은 조직이 추구하는 목표가 되고 있고, 조직이 초보적인 데이터 활용을 뛰어넘어 데이터 중심 경영이라는 전략적 목표를 달성하기 위해 셀프서비스 분석 전략을 수립하고 실행하고자 한다.

전략의 개발과 수행에 있어 조직의 현재 상태를 파악하고, 미래 상태를 정의하는 것은 매우 중요한 일이다. 성숙도 모델(maturity model)은 이를 지원하기 위해 개발된 것이다. 성숙도는 특정 분야에서 지속적인 개선을 위한 조직의 능력을 측정하는 것을 말한다. 성숙도가 높을수록 품질 또는 자원 사용이 향상될 가능성이 높다.

성숙도 모델 발전과정

데이터 분석 전략 연구 기관인 TDWI(Transforming Data With Intelligence)[4]는 데이터 분석 분야에서 다양한 성숙도 모델을 제시해 왔다. 2013년에 데이터 분석

---

4) https://tdwi.org/

의 기반이 될 수 있는 빅데이터 성숙 모델(TDWI Big Data Maturity Model Guide)과 평과 방법을 제안하였다. 기업의 빅데이터 성숙도는 다섯 가지 분야에 대해 50가지 질문을 통해 파악할 수 있도록 하였다. 기업의 빅데이터 성숙도 평가는 TDWI의 웹 사이트에서 직접 수행하여 결과를 확인할 수 있다[113].

이듬 해인 2014년에 TDWI는 분석 성숙도 모델(TDWI Analytics Maturity Model)을 제안하였다. 기업의 분석 성숙도는 다섯 가지 분야에 대해 35가지 질문을 통해 파악할 수 있도록 하였다. 기업의 분석 성숙도 평가는 TDWI의 웹 사이트에서 직접 수행하여 결과를 확인할 수 있다[114].

이 두 선행 모델과 평가 방법에 이어 2017년에 TDWI는 기업의 셀프서비스 분석의 성숙도 모델(Self−Service Analytics Maturity Model)을 제안하였다[115]. 셀프서비스분석 성숙도 모델은 다섯 개 범주에 걸친 43개의 질문으로 성숙도를 측정할 수 있다. 셀프서비스 분석의 성숙도에 대한 평가는 TDWI의 웹 사이트에서 직접 수행하여 결과를 확인할 수 있다.

TDWI의 셀프서비스 분석 성숙도 모델을 기반으로 모델 차원과 성숙도 단계에 대한 검토를 할 것이다.

성숙도 모델의 모델 차원

TDWI 셀프서비스 분석의 성숙도 모델에는 기능을 계량화하는 데 사용하는 다섯 가지 주요 항목이 있는데 이를 모델 차원(model dimension)이라고 한다(그림 13-1).

조직 차원

조직 차원(organization dimension)에서 셀프서비스 분석을 도입하는 조직의 역량을 계량화한다. 구체적으로 조직 전략, 문화, 리더십, 자금 지원 등이 성공적인 셀프서비스 분석 프로그램의 지원 정도와 더 나아가 분석이 널리 보급되어 일상적인 의사결정에 사용되는 정도, 조직 문화의 수준을 정량화한다.

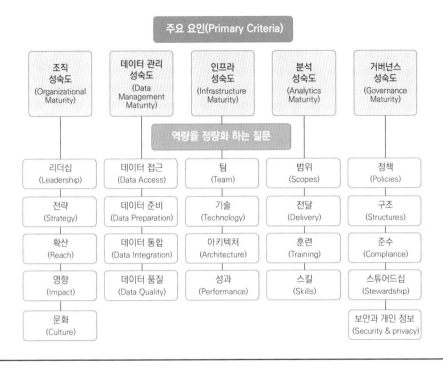

그림 13-1 TDWI 셀프서비스 분석 성숙도 모델 프레임워크

데이터 관리 차원

셀프서비스는 신뢰할 수 있는 데이터를 제공하면서도 조직에 유연성을 제공해야 한다. 데이터 관리 차원(data management dimension)은 조직이 셀프서비스 분석을 지원하기 위해 데이터를 얼마나 잘 관리하는지 정량화하는 요소다. 즉, 이 차원에서는 조직이 셀프서비스 분석을 지원하여 데이터를 얼마나 잘 관리하는지를 측정한다. 조직은 데이터 준비, 데이터 통합, 데이터 접근만 아니라 데이터 품질 및 처리 문제를 어떻게 다루고 있는지를 정량화한다.

인프라 차원

데이터는 모든 분석을 추진하는 데 있어 가장 핵심 구성 요소이다. 인프라 차원(infrastructure dimension)은 셀프서비스 분석에 데이터를 제공하는 인프라에 대한 정량화 요소다. 이 요소에서는 분석 팀은 분석 목적을 위해 잘 구성되어 있는지, 셀프서비스 분석 이니셔티브를 지원하는 데이터 아키텍처는 얼마나 진보적이고 일관성이 있는지, 인프라의 어느 부분까지 회사 및 잠재적인 사용자의 모든 부분에 대해 유연한 셀프서비스 분석을 지원하는지, 성능 요구 사항을 충족시킬 수 있을지, 요구 사항을 지원하는 최신 기술을 사용하는지 등에 대한 검토를 통해 정량화한다.

분석 차원

데이터가 수집이 되더라도 실제로 분석에 활용이 안 된다면 의미 없는 것이다. 셀프서비스 분석 성숙도 모델의 분석 차원(analytics dimension)은 조직의 분석 역량의 수준을 측정하기 위해 사용한다. 분석 차원에서는 셀프서비스 분석의 범위, 활용되는 분석의 종류와 분석의 전달 방법, 분석 역량 확보를 위한 교육 등에 대한 성숙도 수준을 측정한다.

거버넌스 차원

거버넌스 차원(governance dimension)은 데이터에 대한 신뢰성, 일관성, 보안 요건 등의 확보를 위한 조직의 정책, 구조, 준칙, 스튜어드십, 보안과 개인 정보 보호 등의 수준을 측정하기 위한 요소다. 따라서 거버넌스 차원에서는 셀프서비스 분석 프로그램을 지원하는 회사의 데이터 거버넌스 전략은 얼마나 일관되는지, 회사는 너무 많은 제한을 적용하지 않고도 통찰을 얻으려는 사용자의 데이터 발견과 분석 탐색을 효과적으로 관리할 수 있는지, 정책이 제자리에 있는지, 데이터와 분석에 대한 책임 관계의 명확성에 대해 측정한다.

성숙 단계

TDWI 셀프서비스 분석 성숙도 모델은 1단계 침체와 고립(stagnation and isolation), 2단계 비즈니스 셀프서비스 등장(business self-service emerges), 3단계

협력 확장(collaboration expands), 4단계 성숙 구축(maturity builds), 5단계 통찰과 행동의 문화(culture of insight and action) 등의 단계로 구성되며, 2단계와 3단계 사이에는 셀프서비스 분석이 도입에서 조직 전반으로 확장되어 분석 기반 경영이 시작되는 변곡점(inflection points)이 있다(그림 13-2). 이제 각 단계별 특징을 좀 더 자세히 살펴보도록 하자.

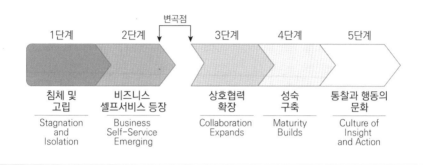

그림 13-2 셀프서비스 성숙의 5 단계

1단계: 애널리틱스 침체와 고립

이 단계에서 리더십은 분석을 강조하지 않으며 데이터 중심 전략을 수립하는 측면에서 뒤쳐져 있다. 사용자는 주로 스프레드 시트와 보고서 작업을 하고 있다. 사용자가 이러한 보고서를 통해 수행할 수 있는 작업은 정교하지 않고, 데이터 소비를 위해 수행된다. 여기서 정보기술 부서는 사용자가 도구를 직접 필요로 하지 않는 한 대부분 데이터를 스프레드 시트로 이동시키는 데이터 덤프를 제공할 수 있다.

2단계: 비즈니스 셀프서비스 출현

이 단계에서는 정보기술 부서의 서비스에 만족하지 못하는 비즈니스가 데스크톱 또는 클라우드에서 자체 셀프서비스 도구를 구입하기 시작한다. 이것은 정보기술 부서 외부에서 프로젝트가 관리되는 "그림자 정보기술(shadow IT)"이다. 그림자정보기술은 기업의 정보기술 부서에 대한 지식없이 관리되고 활용되는 정보기술 응용프로그램 및 인프라를 의미하는 용어이다. 그림자정보기술에는 직원이 정보기술 부서의 권한없이 업무 및 프로젝트를 수행할 수 있는 하드웨어, 소프트웨어, 웹 서비스 또는 클라우드 응용프로그램이 포함될 수 있다. 직원들이 생산성을 높이기 위해 클라우드에서 비즈니스 중심의 응용프로그램으로 전환함에 따라 그림자정보기술은 기업에 더 널리 보급되었다. 최근 몇 년간 그림자정보기술의 범위가 확대되어 직원들이 직장에 가져와 업무 시간 동안 활용하는 개인 기술이 포함되었다.

정보기술 부서에서 셀프서비스 도구를 구매하면, 그들은 도구를 통제하려고 한다. 이 경우 정보기술 부서는 많은 기업 데이터를 여전히 통제하므로 사용자가 해당 데이터에 접근하려면 정보기술 부서를 거쳐야 한다. 때로는 비즈니스 부서는 분석을 위해 데이터 덤프를 생성하거나 외부 데이터 소스에서 자체 데이터를 수집하기 시작한다. 경우에 따라 비즈니스 부서가 데스크톱에서 서버 버전으로 이동하거나 비즈니스 부서에서 보다 실질적인 제품을 원할 경우 정보기술 부서가 관여하게 된다.

변곡점

변곡점(inflection point)에서 셀프서비스 미성숙의 징조는 비즈니스가 정보기술 부서를 포함할 미래 계획이 없거나 그 반대의 경우이다. 비즈니스와 정보기술 부서는 어느 시점에서 개별적으로 하는 것보다 함께 작업하는 것이 더 합리적이라는 것을 알게 된다. 이는 일반적으로 비즈니스 부서가 프로젝트에서 성공을 거두었고, 더 많거나 더 좋은 데이터를 가지고 더 많은 부서, 더 많은 사용자로 확장하려는 경우에 주로 발생한다.

이것은 정보기술 부서가 종종 데이터 관련 예산을 통제하기 때문에 비즈니스 부서가 더 많은 자금을 필요로 할 때 발생할 수 있다. 또는 비즈니스 부서가 구현을 확장했을 수도 있지만 정보기술 부서에서 단계별로 수정하거나 관리해야 한다는 것을 알고 있다. 이런 일이 일어난다는 것은 협업이 시작된다는 것을 의미한다.

조직이 변곡점을 지나면 셀프서비스 분석이 성장하는 데 필요한 수많은 영역에서 성숙을 시작된다. 단순히 데이터를 기술적 분석을 통해 멋진 시각화를 만드는 것 이외에도 조직은 셀프서비스 분석 및 고급 분석을 사용하여 의사결정과 행동을 일관되고 믿을 수 있는 방식으로 유도하기 시작한다. 조직이 변곡점을 넘어서고 통찰력의 문화로 성숙함에 따라 많은 전략과 프로세스가 변화하기 시작한다.

3단계: 공동 작업 확장

공동 작업 확장(collaboration expands) 단계에서는 비즈니스 부서가 정보기술 부서와 공동으로 작업하기 시작하고 확장 전략이 사용자에게 데이터에 대한 접근을 제공하기 시작한다. 정보기술 부서는 라이선스, 성능, 데이터 접근, 데이터 웨어하우스 아키텍처와 같은 문제를 처리할 수 있다. 사용자가 데이터를 탐색하여 중요한 것을 확인하고 함께 작업하여 응용프로그램을 설정하는 데 도움이 되는 샌드박스를 만들 수 있다. 그들은 데이터 관련 문제에 대해 작업하고 있다. 이 단계의 목표는 정보기술 부서가 셀프서비스를 제어하는 것이 아니라 셀프서비스를 보다 효율적으로 만들고 지속 가능하게 만드는 것이다.

4단계: 성숙 구축

성숙 구축(maturity builds) 단계에서 사용자는 셀프서비스 분석으로 성숙해진다. 그들은 더 많은 데이터 소스와 더 깊은 분석을 한다. 이 단계에서 조직은 기술을 사용자의 수요에 따라 조정하는 것이 바람직하다. 즉, 보고서와 데이터 소비를 위해 주로 데이터 시각화가 필요한 비기술적 사용자가 있는 경우 이것을 위해 설정한다. 만약 사용자가 경고, 빠른 보기 등을 필요로 하는 사용자를 보유하고 있다면 더 많은 실시간 데이터로 구축한다. 만약 데이터 검색을 수행하는 사용자가 있고 발견한 내용을 기반으로 고급 분석을 수행하려는 사용자가 있는 경우 이에 맞추어 구축을 한다.

5단계: 통찰과 행동의 문화

통찰과 행동의 문화(culture of insight and action)에서 기술 채택은 조직이 분석을 지원하는 문화를 구축할 때 번성한다. 이 단계에서 문화는 더욱 견고하고 환상적이 된다. 조직은 분석을 사용하지 않고 주요 결정이나 전략 변경을 하지 않는다. 이 단계에서 셀프서비스 도구를 사용은 선택이 아닌 필수적인 사항이 된다.

벤치마크와 평가

벤치마크

TDWI는 셀프서비스 분석 성숙도를 평가하기 위한 설문을 제공한다. 벤치마크 설문 조사에는 TDWI 셀프서비스 분석 성숙도 모델의 차원을 구성하는 다섯 가지 차원에 대해 묻는 43개의 질문이 있다. 질문은 단일 또는 다수가 함께 제공된다. 질문은 상대적인 중요성에 따라 다르게 가중될 수 있다. 각 차원의 점수는 20점이 만점이다. 조직은 다섯 차원에서 성숙도가 다르기 때문에 각 섹션을 따로 점수를 매기고, 전반적인 점수를 제공한다. 득점에 반영되지는 않지만 모범 사례 지침에 사용되는 질문도 있다. 평가 결과는 각 차원의 점수와 평균 총점이 제공된다. TDWI는 또한 같은 규모와 산업에 따른 비교 결과를 제공한다.

점수 해석

설문조사를 완료하면 보고서 기반 인터페이스에 설문 참여자의 응답이 동료들의 응답과 어떻게 비교되는지 표시된다. 각 측정 기준에 대한 점수 분석은 다음과 같다.

표 13-1 설문 조사 점수와 셀프서비스 성숙 단계

차원 당 점수	단계
4점 이하	1단계: 정체와 격리
5~10	2단계: 비즈니스 셀프서비스 출현
11~15	3단계: 공동작업 확장
16~19	4단계: 성숙 구축
20	5단계: 통찰과 행동의 문화

평가를 마치면 [표 13-2]와 같은 점수를 볼 수 있다. 각 차원별 점수가 고르지 못한데 이것은 데이터 관리가 성숙하지만 다른 영역에서는 성숙하지 못하다는 것을 의미한다. 예를 들어, 회사는 데이터 소스를 분석하거나 데이터를 관리하는 것보다 데이터 소스를 가져 오는 측면에서 더 발전할 수 있다.

표 13-2 설문 조사 점수와 셀프서비스 성숙 단계

차원	평점	
조직	10	비즈니스 셀프서비스 출현
인프라	7	비즈니스 셀프서비스 출현
데이터 관리	11	공동작업 확장
분석	4	정체와 격리
거버넌스	7	비즈니스 셀프서비스 출현
총점	7.8(예, 평균)	

요약

조직이 셀프서비스 분석을 도입하고 어느 정도 수준이 되었는지 평가하는 것은 전략의 수립과 실행에 있어 매우 중요한 요인이다. 본 장에서 살펴본 TDWI가 제시한 셀프서비스 분석 성숙도 모델은 조직의 셀프서비스 분석에 있어 성숙도를 평가하고 셀프서비스 분석 추진의 경과를 타인과 객관적으로 비교하는 빠른 방법을 제공한다. 그러나 TDWI 셀프서비스 분석 성숙도 모델은 평가는 깊은 분석 결과를 제공하는 것은 아니라 완전한 셀프서비스 프로그램을 구축과 관련된 복잡성을 표면적으로만 평가할 뿐이다. 따라서 자신이 있는 곳을 정확히 파악하기 위해 심층적인 분석 작업하여 진행 상황을 확인하는 것이 반드시 필요하며, 이런 심층적 평가를 기반으로 적절한 전략의 수정과 추진이 필요하다.

셀프서비스 분석의 추진을 위해서는 전략만 아니라 실제로 전략을 수행할 인재를 어떻게 양성할 것인지에 대한 생각을 함께해야 한다. 다음 장에서 이에 대해서 알아보자.

14 셀프서비스 분석가 양성

서론

셀프서비스 분석의 성공을 위해서는 능력 있는 셀프서비스 분석가가 있어야 한다. 전략적 측면에서 분석을 위한 기술 및 역량 확보는 자체 기술 역량을 확보하는 방법과 외부 역량을 아웃소싱하는 방법이 있다. 셀프서비스 분석이 현업의 부서에 있는 인물들이 직접 데이터 분석을 수행해야 한다는 측면에서 보면 자체 역량의 확보가 바람직한 방향으로 보인다.

문제는 어떻게 자체 역량을 확보할 수 있느냐이다. 셀프서비스 분석 자체가 비교적 최근에 제시된 개념이다 보니 어떻게 관련 인재를 양성할 것인가에 대한 논의도 많지 않은 것이 사실이다. 데이터 분석 인재 양성에 대한 논의는 많이 있다. 따라서 기존의 데이터 분석 인재 양성 논의를 기반으로 하되 셀프서비스 분석에서 필요한 내용을 추가하고, 셀프서비스 분석에서는 어려운 부분은 제하는 방향으로 인재 양성 방안을 마련하고자 한다.

이번 장에서는 먼저 셀프서비스 분석가의 자질과 역량에 대해서 논의하고, 이런 셀프서비스 분석가를 어떻게 양성하는 것이 바람직한지, 셀프서비스 분석가 양성을 위한 교육 체계는 어떻게 가져가야 하는지 논의하고자 한다.

셀프서비스 분석가의 자질과 역량

셀프서비스 분석가는 비즈니스 현장의 실무자로서 데이터 분석을 직접 수행하여 의사결정에 활용하는 사람이라고 정의할 수 있다. 즉, 셀프서비스 분석가는 현장의 비즈니스 문제를 다루는 사람들이다. 예를 들어, 마케팅이나 재무 분야에서 일하는 직원일 수도 있고, 제조 현장에서 품질을 관리하는 직원일 수 있다. 모든 현장 부서의 실무자들이 셀프서비스 분석가가 될 수 있는 것은 아니다. 셀프서비스 분석가가 되기 위해서는 하나의 조건이 더 추가된다. 이런 직원들 중에서 데이터를 일상적으로 접하고, 데이터로 의사결정을 해야 한다는 점이다. 이런 조건이 만족될 때, 비로소 이들은 셀프서비스 분석가가 되어야 하는 유인이 생기는 것이다.

다른 한편 셀프서비스 분석가는 데이터 분석을 할 수 있는 능력을 갖추고 있는 사람이다. 이들은 데이터 파이프라인에 대해 이해를 하고 셀프서비스 데이터 분석 소프트웨어 및 프로그램을 활용하여 분석을 수행할 수 있는 사람이다. 셀프서비스 분석가를 논의할 때 또 다른 주의할 점은 셀프서비스 분석가가 만능일 수 없다는 점이다. 셀프서비스 분석가도 서로 다른 수준이 있다는 점을 인정해야 한다. 제3장에서 논의했던 것처럼 셀프서비스 분석가는 그들이 수행하는 업무에 따라 데이터 소비자, 데이터 탐색가, 데이터 분석가, 데이터 과학자 등으로 세분화할 수 있다. 이런 셀프서비스 분석가의 역할에 대한 세분화는 서로 다른 수준의 교육이 필요할 수 있다. [표 14-1]은 데이터 탐색가, 데이터 분석가, 데이터 과학자의 직무, 비즈니스 지식, 분석 능력, 데이터 통합 능력, 발표 능력 등에 대해 보여준다[116].

▌표 14-1 셀프서비스 분석가의 역량 [116]

구분	데이터 탐색가	데이터 분석가	데이터 과학자
직무 설명	보고서나 대시보드를 수정하길 원하거나 코딩 없이 즉시 보고서 또는 대시보드를 생성	데이터 분석가는 SQL과 통계 등을 활용 데이터를 이해하고 시각적 분석 도구를 활용하여 분석 수행	통계학과 머신 러닝에 대한 지식을 보유하고, 데이터 분석도구 또는 분석 언어를 사용하여 분석 수행

구분	데이터 탐색가	데이터 분석가	데이터 과학자
비즈니스 지식	기초: 회사 또는 산업에서 1~2년 근무	중급: 회사 또는 기업에서 3~5년, 부서에서 1~2년 근무	고급: 회사/ 기업에서 3~5년, 부서에서 3~5년
분석 능력	기초: 단순한 차트와 테이블 생성	중급: 통계, 근본 원인과 비교 분석; 시나리오 모델링	고급: 통계와 기계 학습 모델링과 고급 시각화
데이터 통합	기초: 맞춤 그룹과 계층 생성	중급: 테이블 연결, 데이터 오류 정정, 데이터 준비 도구 또는 엑셀로 필드 변환 수행	고급: 다중 구조 데이터를 모델링을 최적화를 위한 작업 수행
발표 능력	기초: 뷰(views)를 저장하고 공유	중급: 정의된 개체로부터 대시보드 구성	중급: 정의된 객체로부터 대시보드 구성

셀프서비스 분석가의 양성 방안

셀프서비스 분석가를 어떻게 양육할 것인가에 대해서 대략 두 가지 정도의 방안이 있다. 첫째, 셀프서비스 분석가 양성을 위해 기존 대학 등의 교육기관을 활용할 수 있다. 둘째, 셀프서비스 분석가 양성을 위해 현장 실무자들의 온라인/오프라인 실무 재교육을 통해 인재를 양성할 수 있다. 각 육성 방안별 세부 내용을 살펴보자.

대학교육 활용 방안

셀프서비스 분석가를 양성하기 위한 기본적인 방안으로 교육 기관을 활용하는 방법을 고려할 수 있다. 비즈니스 현장에서 필요한 인력은 매우 다양하기 때문에 사실 모든 대학 과정에 셀프서비스 분석가 양성 프로그램을 접목할 수 있다. 접근 방법에는 기존 전공에 셀프서비스 분석을 접목하는 전공 확장 방안, 셀프서비스 분석을 위한 전공을 별도로 개설하는 개별 전공 개설 방안, 앞에서 이야기 한 두 가지 방안을 접목하는 하이브리드 방안이 있다.

전공 확장 방안은 기존의 전공 영역에 셀프서비스 분석에 대한 내용을 포함하는 방법이다. 예를 들어, 경영정보학 전공의 경우 기업이 경영에 정보시스템을 어떻게 활용할 것인지에 대해 집중해 왔다. 이미 경영정보학 전공 내에서는 정보시스템과 데이터베이스에 대한 내용을 가르쳐 왔다. 이런 전통적 과정에 셀프서비스 분석에 필요한 데이터 분석 기초, 시각화, 예측적 분석 및 분석 실무 과정 등을 포함하여 경영정보학 내에서 셀프서비스 분석 역량을 배울 수 있도록 조정할 수 있다. 경영학의 경우도 이런 접목이 가능하다고 생각한다. 경영학의 과정의 대부분이 실제 비즈니스 영역의 실무자들이 활용하는 다양한 과목을 배우고 있는데, 셀프서비스 분석 과정을 추가한 후 기존 과목에서 데이터 분석을 활용할 수 있도록 유도하는 방안도 가능할 것이다. 다만 이 방안의 경우 셀프서비스 분석을 가르칠 수 있는 전문 교수 인력을 확보하는 것이 어려울 수 있다는 한계가 있다. 또한 이 방안은 각 학문의 고유 영역이 있기 때문에 모든 전공이 다 셀프서비스 분석가를 위한 과목을 포함하는 과정을 개발하는 것은 어려울 수도 있다.

전공 확장 방안과 달리 독립된 전공을 개설하는 것은 셀프서비스 분석가를 양성하는 또 다른 방안이다. 이미 많은 대학에서 빅데이터 또는 데이터 과학 등의 전공 명칭을 사용하여 데이터 분석을 위한 전문 과정을 개설하고 있다. 이런 전공들의 경우 개별 학교가 처해있는 환경에 따라 실제로 어떤 내용을 가르치고 있는가는 상이하다. 그러나 일반적으로 개별 전공을 신설하는 경우 셀프서비스 분석의 낮은 수준뿐만 아니라 중 또는 상급 수준의 셀프서비스 분석을 할 수 있는 인력을 배출하는 교육 과정을 운영하고 있고, 경우에 따라서는 머신 러닝 및 딥 러닝 알고리즘의 개발과 빅데이터 시스템의 운영 등을 포함하는 전문 데이터 분석가 또는 데이터 과학자의 양성을 목표로 하는 경우도 있다.

개별 전공 개설의 경우에 실질 전공을 구성하는 경우와 가상 전공을 개설하는 경우로 구분할 수 있다. 전자의 경우에는 물리적인 학부 및 전공이 존재하는 반면에, 후자의 경우에는 융합 전공 등의 형태로 물리적인 학부 및 전공이 없이 운영되기도 한다. 예를 들어 강원대학교에서 운영하고 있는 '미래융합가상학과' 내의 데이터사이언스 학과가 이런 형태로 운영되고 있다. 가상 전공의 경우 셀프서비스 분석에 관심을 갖는 대학 내의 학생이 필요한 경우 부전공 또는 복수 전공으로 이수할 수 있도록 운영할 수 있다는 장점이 있다.

하이브리드 전공 개설 방안은 앞에서 설명한 전공 확장 방안과 개별 전공 개설 방안을 통합한 접근 방법으로 볼 수 있다. 이 접근 방안에서는 전공 확장 방안에서는 기초적인 셀프서비스 분석가의 육성에 초점을 맞추어 셀프서비스 분석의 기초 개념, 셀프서비스 분석 도구의 활용 방법 등을 배우는 데 초점을 둔다면, 개별 전공을 통해서는 고급 셀프서비스 분석에 집중할 수 있게 된다. 계명대학교의 경우에 보면 경영정보학 전공은 기초 셀프서비스 데이터 분석에 중점을 두는 반면, 개별 전공인 '비즈니스데이터연계전공'에서는 고급 셀프서비스 분석에 집중을 한다.

교육 기관에서 수행하는 셀프서비스 분석 교육은 비즈니스에서 활용할 수 있는 공통 또는 기본이 되는 지식을 교육한다는 한계가 있다. 아직까지 실무에 활용하기에는 간극이 있을 수 있다. 이런 한계를 극복하려면 기업들과 연계하여 실무 프로젝트를 수행할 수 있는 기회를 적극적으로 마련해야 한다. 따라서 산학 협력을 기반으로 한 교육 과정 개발이 절실히 필요하다.

실무자 재교육 방안

기업의 입장에서는 대학교에서 셀프서비스 분석 교육을 받은 신입 사원을 채용하더라도 그들이 기업의 업무를 모르기 때문에 바로 기업의 데이터 분석을 위해 활용할 수 없다. 현장에 투입하여 실무에 대한 교육을 시키고 난 후 데이터 분석을 수행하도록 해야 한다. 문제는 이렇게 하면 데이터 분석 인력을 실제로 활용하는 데 많은 시간이 소요된다 것이다. 긴급하게 셀프서비스 분석 인력을 활용하려 한다면, 이런 접근 방법은 효율적이지 않을 수 있다. 따라서 이런 접근 방법을 사용하는 것보다 현장 실무자를 교육시켜 셀프서비스 분석을 수행하도록 하는 것이 더 적합할 수 있다. 사실 이런 접근 방법이 셀프서비스 분석의 의미에 적합할 수 있다.

최근 비즈니스 실무자들에게 셀프서비스 분석을 가르치는 실무 교육과정이 많이 개발되었다. 따라서 이런 교육 과정을 활용하여 비즈니스 실무자를 교육시킬 수 있다. 교육 과정은 오프라인에서 수행되기도 하지만, 많은 온라인 교육 과정이 개발되어 서비스로 제공되고 있다. 조직의 측면에서 필요한 교육 과정을 찾고, 이를 체계화 하여 현장 인력을 대상으로 한 자체의 교육 프로그램을 개발하는 방법으로 접근할 수 있다. 셀프서비스 분석은 이론적인 강의로만 학습이 이루어질 수 없다. 따라서 현업의 실무자를 데이터 분석 프로젝트에 참여시켜 데이터 분석 프로젝트를 수행하면 셀프서비스 분석에 대해 배우게 하는 것이 더 나은 방안이 될 수 있다.

셀프서비스 분석가 양성 교육 체계

셀프서비스 분석가를 양성하는 교육 체계를 개발하는 것은 개별 기업이 처한 상황과 비즈니스 문제에 따라 다를 수 있다. 여기에서는 대학 과정에서 셀프서비스 분석가를 양성하려는 경우 일반적으로 따라야 할 교육 체계에 대해 제안하고자 한다.

셀프서비스 분석 과정은 전공과목을 기반으로 기초 또는 고급 셀프서비스 분석에 대한 학습을 할 수 있다. 기초 셀프서비스 분석은 데이터베이스, 통계학 등 데이터 분석에 대한 기초를 학습을 한 후 Rapidminer 및 Tableau와 같은 셀프서비스 분석 소프트웨어를 사용한 데이터 분석 방법을 학습하고 전공 분야의 데이터 분석 프로젝트의 수행을 통해 학습을 할 수 있다. 예를 들어, 경영학을 전공하는 학생이 기초 셀프서비스 분석 과정을 학습한 후 마케팅, 재무, 인사 등의 데이터 분석 문제를 해결하는 데이터 분석 프로젝트를 수행할 수 있다.

고급 셀프서비스 분석은 Python 또는 R 같은 셀프서비스 분석 프로그램을 사용하여 데이터 분석을 수행하는 방법을 학습한다. 일반적으로 Python 또는 R 같은 셀프서비스 분석 프로그램은 셀프서비스 분석 소프트웨어보다 더 많은 분석 옵션을 제공한다. 컴퓨터 공학 또는 인공지능에서도 Python 또는 R을 사용한다. 따라서 이들을 학습하는 것과 고급 셀프서비스 분석을 학습하는 것의 차이가 명확하지 않은 것처럼 보인다. 그러나 전자의 경우 새로운 알고리즘 개발에 중점을 두는 반면 후자는 알고리즘을 개발보다는 기존에 개발된 패키지를 사용에 중점을 둔다는 점에서 차이가 있다.

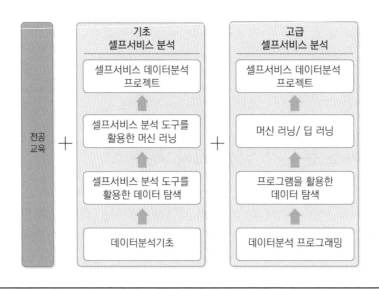

```
┌──────┐      ┌─────────────────────────┐      ┌─────────────────────────┐
│      │      │          기초           │      │          고급           │
│      │      │      셀프서비스 분석      │      │      셀프서비스 분석      │
│      │      │  ┌───────────────────┐  │      │  ┌───────────────────┐  │
│      │      │  │ 셀프서비스 데이터분석 │  │      │  │ 셀프서비스 데이터분석 │  │
│      │      │  │      프로젝트       │  │      │  │      프로젝트       │  │
│      │      │  └───────────────────┘  │      │  └───────────────────┘  │
│      │      │          ⬆             │      │          ⬆             │
│ 전공  │  +   │  ┌───────────────────┐  │  +   │  ┌───────────────────┐  │
│ 교육  │      │  │ 셀프서비스 분석 도구를 │  │      │  │   머신 러닝/ 딥 러닝  │  │
│      │      │  │   활용한 머신 러닝   │  │      │  └───────────────────┘  │
│      │      │  └───────────────────┘  │      │          ⬆             │
│      │      │          ⬆             │      │  ┌───────────────────┐  │
│      │      │  ┌───────────────────┐  │      │  │   프로그램을 활용한   │  │
│      │      │  │ 셀프서비스 분석 도구를 │  │      │  │     데이터 탐색     │  │
│      │      │  │   활용한 데이터 탐색  │  │      │  └───────────────────┘  │
│      │      │  └───────────────────┘  │      │          ⬆             │
│      │      │          ⬆             │      │  ┌───────────────────┐  │
│      │      │  ┌───────────────────┐  │      │  │  데이터분석 프로그래밍 │  │
│      │      │  │    데이터분석기초    │  │      │  └───────────────────┘  │
│      │      │  └───────────────────┘  │      │                         │
└──────┘      └─────────────────────────┘      └─────────────────────────┘
```

그림 14-1 셀프서비스 분석가 양성 교육 체계

요약

이번 장에서는 셀프서비스 데이터 분석을 수행하는 인력에 대한 양성 방안에 대해서 살펴보았다. 셀프서비스 분석가를 양성하기 위해서는 적합한 인재를 찾아 그들이 분석을 할 수 있는 역량을 키워주어야 한다. 이를 위해 대학 교육을 활용하여 신규 인력이 셀프서비스 분석 역량을 보유하도록 유도할 수도 있고 현업의 실무자들의 재교육을 통해 육성할 수 있다. 셀프서비스 분석을 위한 교육은 단순한 데이터 탐색가 또는 도구를 사용한 데이터 분석을 중심으로 한 초급 교육과 Python 등의 언어를 활용한 고급 교육 과정으로 구분할 수 있다. 고급 교육 과정의 목적도 프로그램 언어를 사용하여 다양한 분석을 하는 데 초점이 맞추어져 있으며, 새로운 알고리즘 개발은 다소 제약이 있다.

셀프서비스 분석을 위한 전략을 수립할 때 현재의 상황뿐만 아니라 미래의 전망까지 고려해야 한다. 다음 장에서는 현재 셀프서비스 분석 전략을 수립해야 할 때 고려해야 할 중요한 기술 발전 요인에 대해서 검토해 보자.

15 셀프서비스 분석의 미래

서론

    세상에 변하지 않은 것은 없다. 이것은 셀프서비스 분석에서도 마찬가지다. 아직도 셀프서비스 분석에 대한 개념은 점진적으로 발전하고 있지만 미래가 어떻게 될지 예측하는 것은 참으로 어려운 일이다. 그럼에도 불구하고 셀프시비스 분석 전략은 이런 발전 방향을 예측하고 그에 맞게 수립되고 구현되어야 한다.

    이번 장의 목적은 조직의 셀프서비스 분석 도입과 관련하여 영향을 미칠 수 있는 중요한 변화에 대해서 살펴보고자 한다. 미래의 셀프서비스 분석을 결정할 많은 기술 중에서 클라우드 기반 셀프서비스 분석(Cloud-based Self-Service Analytics), 인공지능 기반 셀프서비스 분석(Artificial Intelligence based Self-Service Analytics), 데이터옵스 기반 셀프서비스 분석(DataOps based Self-Service Analytics) 등에 특별히 중요하다. 이들은 현재에도 많이 논의되고 있는 주제이지만, 가까운 미래에 훨씬 더 중요한 역할을 할 것으로 예상된다. 이들 개별 주제에 대해서 살펴보도록 하자.

클라우드 기반 셀프서비스 분석

    클라우드 컴퓨팅은 컴퓨터 시스템 자원을 사용자의 수요에 따라 신축적으로 제공하는 서비스를 의미한다. 오늘날의 조직은 클라우드에서 데이터를 저장할 수 있는 저장 공간, 대규모 데이터를 처리하기 위한 빅데이터 플랫폼, 각종 업무를 수행할 수 있는 응용소프트웨어 등을 서비스 받을 수 있다.

셀프서비스 분석도 다른 비즈니스 업무와 마찬가지로 클라우드를 통해 분석 인프라, 분석 플랫폼, 분석 응용프로그램 등의 서비스를 받을 수 있는데 이를 클라우드 기반 셀프서비스 분석이라고 하는 데, 최근에 이 서비스가 급격히 증가하고 있다[117]. 셀프서비스 분석을 클라우드 기반으로 제공하려면 기존의 클라우드 컴퓨팅 모델 보다 높은 서비스 수준으로 제공해야 한다[118].

클라우드 기반 셀프서비스 분석은 다양한 서비스를 제공할 수 있는데 이하에서는 클라우드 기반 셀프서비스 분석을 데이터, 분석 도구, 모델을 제공하는 서비스 관점에서 설명하고자 한다.

서비스로서 데이터

서비스로 데이터(Data as a Service; DaaS)는 데이터를 인터넷을 통해 고객에게 제공하는 정보 제공 및 배치 모델을 말한다. 이 모델은 웹 서비스와 서비스 지향 아키텍처를 지원하는 클라우드 기반 기술을 사용한다. DaaS 정보는 클라우드에 저장되며 다른 장치를 통해 접근 할 수 있다. DaaS를 사용하면 소프트웨어 또는 플랫폼 비용 및 사용량과 데이터 비용 및 사용량을 분리할 수 있다. DaaS는 서비스로서 저장장치(Storage as a Service) 및 서비스로서 소프트웨어(Software as a Service)와 밀접한 관련이 있으며 이러한 제공 모델 중 하나 또는 둘 다와 통합될 수 있다. 이러한 클라우드 컴퓨팅 기술은 다른 클라우드 컴퓨팅 기술의 경우와 마찬가지로 DaaS 채택은 보안, 개인 정보, 독점 문제에 대한 우려로 인해 수용이 늦어질 수 있다[119].

서비스로서의 데이터와 관련하여 데이터 시장(data marketplace)는 최근 주목을 받고 있는 개념이다. 데이터 시장은 다른 시장과 마찬가지로 데이터를 쉽게 사고 팔게 할 수 있게 하는 플랫폼을 말한다[120]. 일반 시장과 마찬가지로 데이터 시장은 공급자, 구매자, 제품과 분류, 구매자와 제품을 연결하는 시장 행위 등으로 구성된다. 공급자는 제품의 원천이고, 구매자는 제품의 소비자들이다. 시장 행위는 구매자를 상품과 연결하고 시장의 상업적 기능을 수행한다. 데이터 시장도 [그림 15-1]에 표현된 것처럼 일반 시장과 유사한 구성요소를 갖는다[121].

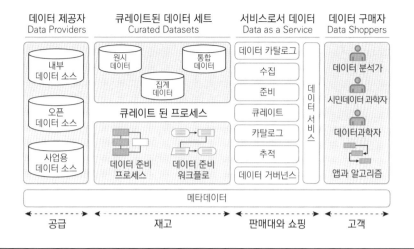

그림 15-1 데이터 시장 컴포넌트 프레임워크[121]

데이터 시장에서 내부와 외부의 데이터 제공자는 데이터를 공급하고, 데이터 구매사는 데이터 분석가, 셀프서비스 분석가, 데이터 과학자 등의 사람과 응용 프로그램과 알고리즘 등이 있다. 데이터 제공자로부터 제공된 데이터는 데이터 준비 작업을 통해 처리된다. 데이터 준비에서는 데이터 선택, 데이터 전처리, 데이터 변환, 데이터 모델링 등의 작업이 수행된다. 데이터 준비 작업이 완료되면 데이터는 원시 데이터, 집계 데이터, 통합 데이터 등으로 존재하게 된다. 큐레이트된 데이터 세트와 큐레이션 프로세스는 데이터 시장의 제품이 된다. 데이터 세트는 주요한 제품이지만 재사용 가능한 데이터 준비 프로세스도 제품 선택을 강화하고 재사용을 위해 데이터와 함께 묶어서 판매될 수 있다는 점에 주의하자. 데이터 서비스는 데이터 구매자를 데이터 세트의 카탈로그와 연결한다. 데이터 서비스는 데이터 수집, 데이터 준비, 데이터 목록 생성, 데이터 큐레이팅, 데이터 추적, 데이터 거버넌스 등의 작업을 한다[121].

서비스로서 데이터 분석 도구

서비스로서 데이터 분석(Data－Analysis－as－a－Service; DAaaS)은 클라우드 기반 제공 모델을 기반으로 데이터 분석을 위한 다양한 도구가 지원하고 사용자는 이것들을 대량의 이종 데이터를 효율적으로 처리하고 분석할 수 있도록 구성할 수 있다. DAaaS 솔루션의 모든 기능을 제공하려면 [그림 15-2]와 같이 완전한 플랫폼을 구현해야 한다.

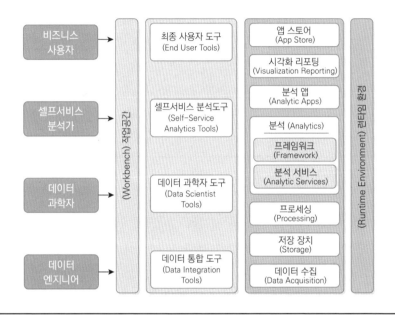

그림 15-2 DAaaS 플랫폼 개요[122]

이 플랫폼은 런타임 환경(runtime environment)과 작업공간 환경(workbench environment)으로 구분할 수 있다. 런타임 환경은 솔루션의 런타임 측면, 즉 데이터를 처리하는 플랫폼과 관련이 있는 것을 말하며, 작업공간 환경은 도구 세트를 사용하여 주로 시스템 구성을 위해 사용자와의 상호 작용을 제어하는 것을 말한다.

마지막으로 우리는 사용자는 최종 비즈니스 사용자만 아니라 데이터 모델링과 통합 프로그래머, 분석 서비스와 데이터 흐름을 구성하는 데이터 과학자, 셀프서비스 분석을 수행하는 셀프서비스 분석가 등을 모두 포함한다.

서비스로서 모델

서비스로서 모델(Model as a Service; MaaS)은 최적화된 분석 모델을 생성한 후 클라우드 서비스로 제공하는 것을 말한다[123]. MaaS는 다른 분석으로부터 학습된 지식을 다른 학습 시스템에 사용하는 전이 학습(transfer learning)에 기반을 두고 있다[124].

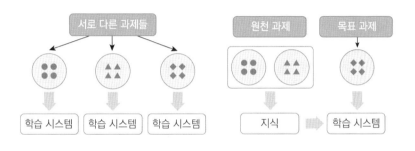

그림 15-3 전이 학습 모델[124]

전통적인 머신 러닝의 학습 과정은 [그림 15-3]의 좌측에 보는 것처럼 개별 과제별로 학습이 수행된다. 그러나 전이 학습에서는 [그림 15-3]의 우측에서 보는 것처럼 이전에 수행했던 결과물인 지식을 이전하여 현재의 목표 과제를 해결하기 위해 사용한다. 이 경우에 이전 학습은 풍부한 학습 데이터로 학습된 모델로 우수한 품질을 가져야 한다. 최근에 자연어 처리, 이미지 처리 등에서 전이 학습을 활용한 사례가 많이 보고되고 있다. 예를 들어 자연어 처리 알고리즘인 BERT가 생성한 모델은 다른 다양한 문제에 사용된다[125, 126].

MaaS는 전이 학습의 모델을 클라우드 기반으로 확장한 것이다. MaaS는 [그림 15-4]와 같이 비즈니스 변수를 입력으로 받아들이고 비즈니스 의사결정을 예측할 수 있는 출력 모델을 제공한다. 또한 비즈니스 의사결정 지원 시스템을 강화하고 지원하는 시각화 기능을 제공한다. 일단 다양한 예측 모델이 만들어지고, 테스트 되고, 유효성을 검증되면, 실제 프러덕션 배치에 사용될 수 있다.

MaaS는 본질적으로 이러한 고급 모델을 소프트웨어 구독으로 제공되는 소프트웨어 응용프로그램의 일부로 배치하는 방법이다. MaaS는 또한 응용프로그램 개발 프로세스와 데이터 과학 워크플로를 보다 명확하게 분리할 수 있다[127]. 이와 같은 시스템은 금융 분야에서 보편화되어 있으며 모든 산업 분야에서 빅데이터 및 분석 자료가 스며들어 있으므로 이와 같은 추세는 계속해서 나타날 것이다.

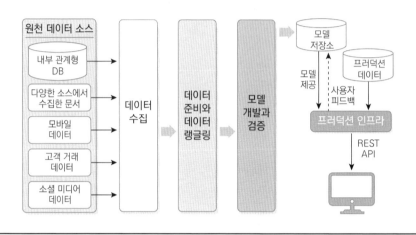

그림 15-4 서비스로서 모델[127]

비즈니스 측면에서 MaaS의 장점은 모델을 다른 비즈니스 라인에 노출시켜 유용성을 높이고 의견을 열어 정확성을 높인다는 점이다. MaaS는 모델을 활용하려는 모든 응용프로그램에 모델을 개방한다. 이로 인해 데이터 과학자들은 정상적으로 작동할 수 있는 것보다 훨씬 광범위한 비즈니스 팀과 협력해야 한다. 조직 전체에 대시 보드와 비즈니스 인텔리전스를 제공하는 것은 사일로 방식보다 훨씬 쉬워진다. 또한 MaaS를 사용하면 응용프로그램 개발 프로세스와 데이터 과학 워크플로를 보다 명확하게 분리할 수 있다.

기술적 측면에서 MaaS는 정보기술 부서가 유지 관리하는 소프트웨어와 데이터 피드, 데이터 과학자가 유지 관리하는 모델로 관심사를 분리할 수 있다는 장점이 있다. 또한 모델 버전 관리는 모델을 사용하여 시스템 버전 관리와 분리될 수 있고, 일관성을 위해 여러 소프트웨어 패키지에서 동일한 모델을 활용할 수 있다.

관리적 측면에서 이 "마스터" 소스는 모든 모델에 대해 어떤 유형의 데이터를 제공하므로 통찰력을 위해 데이터에 작용하는 모델에 관계없이 고객이 동일하게 보인다는 측면에서 데이터 소스의 일관된 처리가 가능하게 된다. 또한 모델 사용을 제어가 가능하고, 모델의 생명에 대한 한계를 정의할 수 있으며, 분석 프로세스가 배치 관점에서 자동화될 수 있도록 보장한다는 장점이 있다.

MaaS를 통해 조직은 분석 실무 및 기능을 다음 단계로 이동할 수 있다. 또한 조직 내에서 고객 데이터를 안전하게 유지하면서 조직 전체에서 데이터 과학 기능을 중앙 집중화할 수 있는 능력을 제공한다. 올바르게 수행하면 대기업에서 데이터 과학 통찰력의 민주화가 가능해진다[127].

인공지능 지원 셀프서비스 분석

현대의 인공지능은 1950년대에 시작되었으며, 그때 이후 인공지능은 많은 상승과 하락이 있어 왔지만 관련된 이론, 기술, 방법은 지속적으로 진화해 왔다. 최근 인공지능에 대한 많은 연구가 진행되고 있고, 성공적인 사례들이 개발되고 있다. 인공지능의 발달은 셀프서비스 데이터 분석에 많은 영향을 미칠 것이다. 2020년까지 데이터 과학 작업의 40% 이상이 자동화될 것으로 예상한다[128].

머신 인텔리전스

인공지능은 데이터 분석 분야에 큰 영향을 미칠 것이다. 실제로 인공지능은 3세대 데이터 분석으로 안내할 것이다. 1990년대와 2000년대에 걸친 첫 번째 세대에서는 주로 IT에서 생성된 보고서와 대시보드가 사용되었다. 2008년에서 현재까지 두 번째 세대는 셀프서비스 분석에 의해 주도되었다. 오늘날에는 인공지능 덕분에 머신 생성 지능(machine generated intelligence)의 시대로 진입하고 있다[129, 130].

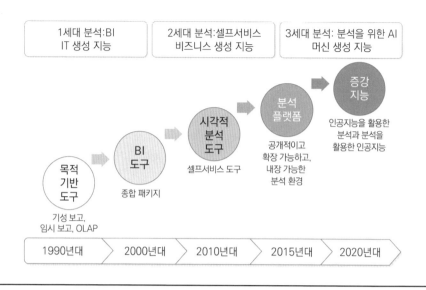

그림 15-5 분석의 진화[129]

3세대는 인공지능과 기계 학습을 데이터 분석 도구에 주입하여 모든 유형의 비즈니스 사용자가 쉽게 사용할 수 있도록 한다. 이러한 인공지능 기반의 분석 도구는 숨겨져 있는 중요한 통찰력을 제공한다. 비즈니스 사용자는 데이터를 사용하여 실제 "대화"를 할 수 있으며, 서면 또는 음성으로 질문을 하고 즉각적인 답변을 받을 수 있다. 이 도구는 데이터와 분석 능력을 향상시켜 비즈니스 사용자에게 데이터를 해석하고 다양한 이벤트와 문제에 최적으로 대응하는 방법을 보여준다.

인공지능 기반의 데이터 분석 도구는 수백 개의 모델을 동시에 실행하고 최적의 조합을 제안하며 이를 배치할 수 있다. 이것은 현재 숙련된 데이터 과학자가 수개월이 걸리는 프로세스다. 인공지능은 또한 분석 프로세스에 변화를 가져올 수 있을 것이다. 데이터 분석가는 가설부터 시작하기 보다는 분석을 가이드하는 인공지능 기반 통찰로부터 시작할 것이다. 데이터를 찾아서 수집하거나 여러 드릴 다운과 피벗을 통해 막다른 곳을 탐색하는 것보다 데이터를 분석하는 데 더 많은 시간을 소비할 것이다. 표준 보고서와 대시 보드를 생성하고 실행하는 대신 성능 예측과 권장 조치에 중점을 두게 될 것이다[129].

인공지능은 일반 비즈니스 사용자에게 데이터 분석 도구에 대한 접근성을 높이고 가치를 높인다. 성능을 이해하기 위해 지능형 대시 보드로 사용한다. 이 도구는 핵심 성과지표의 요인을 일반 텍스트로 설명하거나 디지털 비서(digital assistant)를 통해 대화형으로 설명한다. 경영진은 검색창이나 챗봇에 일반 텍스트를 입력하거나 개인 디지털 비서에게 질문함으로써 원하는 답을 얻을 수 있다. 의사결정을 돕기 위해 주요 성과 지표와 속성을 나타내는 인터페이스의 슬라이더를 조작하여 다양한 옵션의 영향을 시뮬레이션할 수도 있다.

마지막으로 일부 데이터 분석 공급업체는 데이터 분석 도구를 분석 모델 구축을 위한 플랫폼으로 전환하고 있다. 전통적으로 전문화된 개발 환경을 사용하는 숙련된 데이터 분석가만 분석 모델을 구축할 수 있었다. 그러나 일부 분석 도구 업체는 셀프서비스 분석가가 코딩 없이 상당히 복잡한 모델을 구축할 수 있도록 개발 환경을 생성하고 있다. 이러한 도구를 사용하여 데이터 분석 전문가는 Python 또는 R 스크립트를 작성하거나 복잡한 데이터 워크플로를 가져와 추가하여 분석 모델을 학습하고 실행할 수 있게 된다.

조직은 이 모델을 셀프서비스 분석가를 위한 프로토타입으로 사용하거나 중요하지 않은 직업이나 프로세스를 최적화할 수 있다. 이러한 데이터 분석 생성 모델은 데이터 분석을 대중에게 제공하여 데이터의 추세, 상관 관계, 클러스터, 근본 원인, 이상 값에 대한 추가 통찰력을 제공한다. 그들은 셀프서비스 분석가의 부담을 줄여 그들이 더 높은 가치의 작업에 집중할 수 있게 한다. 그러나 그들은 위험을 수반한다. 셀프서비스 분석가들은 가장 정확한 모델을 만들 수 없거나 시간이 지남에 따라 성능을 모니터링하지 않을 수 있다[129].

인공지능 기반 분석의 역할

인공지능의 발전과 더불어 분석 솔루션 업체는 비즈니스 사용자와 데이터 분석가를 위한 인공지능 기능을 분석 도구에 포함시켰다. 비즈니스 사용자를 위한 인공지능은 분석 도구의 범위에서 인공지능을 사용하는 기능을 말한다. 예를 들어, 솔루션 업체는 분석 도구를 쉽게 사용하고 자동화된 통찰력을 제공하는 인공지능 기능으로 제품을 개선한다. 많은 경우 비즈니스 사용자는 어떤 인공지능 알고리즘이 백그라운드에서 실행되고 있는지 알지 못한다. 예를 들어 분석 도구는 적절한 시각화를 제안하거나 데이터 세트에서 중복되고 결함이 있는 사례를 자동으로 정리한다.

데이터 분석가를 위한 인공지능은 데이터 엔지니어와 데이터 분석가가 분석 도구 내에서 분석 모델을 준비, 생성, 배치할 수 있는 기능을 말한다. 인공지능 모델을 분석 도구에 가져오는 대신 이 기능은 데이터 분석가가 분석 도구 내에 모델을 구축할 수 있도록 한다. 따라서 분석가들은 여러 데이터 소스에서 데이터를 추출하는 도구의 역량을 활용할 수 있고, 여러 고급 알고리즘을 서로 연계하는 방식으로 연결할 수 있는 복잡한 데이터 흐름을 개발할 수 있으며, 모델을 분석 보고서와 대시보드 내에 배치하거나 API를 통해 외부 엔진에 배치할 수 있다[129].

인공지능 기반 분석의 장점

인공지능 기반 분석은 효과성과 효율성 측면에서 다양한 장점이 있다.

인공지능은 작업 자동화, 품질 통제, 도구의 단순화를 통해 분석의 효율을 개선한다.

인공지능은 데이터 분석 작업의 일부 또는 전부를 자동화할 수 있다. 인공지능은 데이터 분석가를 완료하는 데 몇 시간이 걸릴 수 있는 일상적인 작업을 처리할 수 있다. 예를 들어, 많은 분석가는 데이터를 분석하지 않고 데이터를 수집하고, 정재하는 데 대부분의 시간을 소비한다. 그러나 인공지능을 통해 분석 도구는 이제 데이터 유형을 식별하고 결합을 권장하며 전체 데이터 모델을 구축할 수 있다. 이를 통해 데이터 분석가의 생산성과 효율성이 향상된다.

인공지능은 품질을 향상시키고, 오류를 줄일 수 있는 방안을 제시한다. 인공지능은 자동화된 품질 관리로 인적 오류를 피함으로써 품질을 향상시킬 수 있다. 예를 들어 인공지능 기반 분석 도구는 사람의 실수 패턴을 지속적으로 학습하고 잠재적인 결함을 감지하기 위해 수천 개의 레코드를 확인할 수 있다. 또한, 인공지능 기반 분석 도구는 사람의 개입 없이 많은 문제를 해결할 수 있다.

인공지능은 분석 도구 사용의 편리성을 개선할 수 있다. 인공지능은 자연스럽게 데이터와 상호 작용하는 방식을 제공하여 인공지능 분석 도구를 보다 쉽게 사용할 수 있도록 한다. 예를 들어, 사용자는 일반 영어로 말하거나 입력하여 데이터와 대화할 수 있다. 대시 보드에서 자동으로 생성된 텍스트 분석을 읽을 수 있다. 또는 시리(Siri)와 같은 개인 디지털 비서나 메시징 도구에 통합 된 기본 챗봇을 통해 데이터를 질의할 수 있다. 인공지능은 사용자의 과거 활동과 환경 설정을 기반으로 시각화와 권장 보고서를 조정할 수도 있다.

요컨대 인공지능은 데이터에서 통찰력과 행동에 이르는 데 걸리는 시간을 단축할 수 있다. 인공지능은 자동으로 데이터를 처리 및 분석하고 통찰력을 전달하며 효과적으로 작업을 유도할 수 있다. 인공지능은 사용자가 그들의 데이터로 부터 얻을 수 있는 통찰력과 결과의 가치를 극대화 하여 분석 도구의 효과를 개선할 수 있다.

인공지능은 분석 능력 제고와 사용자 기술을 개선한다. 인공지능을 활용한 분석 도구는 비즈니스 사용자가 강제로 정보를 찾지 않고 통찰력을 제공한다. 마우스 클릭만으로 사용자는 차트 또는 대시보드의 모든 측정 지표에 대한 근본 원인 분석을 수행하고 관련 통찰력과 보고서를 볼 수 있다. 일부는 다음 단계와 조치를 권장하여 분석 순환을 종료할 수 있다.

인공지능은 전체 상황 파악을 위한 맥락을 도출하여 효과성을 개선한다. 데이터의 양이 많으면 가장 중요한 통찰력을 찾기 어렵게 된다. 인공지능은 대규모 데이터 세트를 탐색하여 레코드 간의 관계를 자동으로 찾고 다른 조사 방법을 제시할 수 있다. 이를 통해 분석가가 좀 더 쉽게 데이터의 전반적인 맥락을 이해하고, 추가적인 분석을 위한 결정을 잘 할 수 있도록 도움을 줄 수 있다.

마지막으로 인공지능은 개인화된 분석을 제공할 수 있다. 개인화된 보고서와 대시보드는 현재 요구에 정확하게 맞는 관련 정보를 표시하여 사용자의 효율성을 높일 수 있다. 인공지능 기반 시스템을 통해 사용자의 과거 행동을 통해 자동으로 이를 수행할 수 있다[129].

인공지능 기반 분석의 도전 과제

인공지능 기반의 분석 도구는 큰 잠재력을 지니고 있지만 기술적인 문제와 비기술적인 문제가 있다.

1) 기술적 문제

인공지능 기반 분석 도구는 검증과 정확성 문제를 해결해야 한다. 즉, 인공지능 기반 시스템에서 생성된 결과는 정확하고 신뢰할 수 있어야 한다. 처방적 시스템이 자동으로 작동되기 때문이 이는 더욱 중요하다. 많은 인공지능 시스템은 정확한 실행이 중요한 사용 사례를 처리할 수 있을 만큼 충분히 성숙되지 않았다. 아직까지도 부족한 점이 많다.

인공지능 시스템의 제안이 사용자에게 관련이 있어야 한다. 인공지능 시스템이 유효한 통찰력을 제공하지 않는다면 별로 필요하지 않은 결과를 생성할 위험이 있다. 사용자가 인공지능 시스템의 분석을 신뢰하거나 소중하게 생각하지 않는다면 시스템을 끄고 말 것이다.

인공지능 시스템에 있어 불량한 학습 데이터가 문제가 될 수 있다. 머신 러닝 기반의 인공지능 시스템은 일반적으로 데이터로부터 학습을 통해 모델을 구축한다. 따라서 머신 러닝 모델의 성능은 학습 데이터의 품질에 따라 다르게 될 것이다. 인공지능 시스템이 결함이 있는 학습 데이터를 통해 배우면 열악한 동작을 복사하고 결과가 나빠질 것이다. 학습데이터는 깨끗하고 일관성이 있어야 하며 모델이 사용하는 데이터가 많을수록 성능이 향상된다. 데이터와 함께 조건이 변경될 때 모델을 최신 상태로 유지해야 한다.

인공지능 기반 분석시스템은 성능과 확장성 측면에 문제가 될 수 있다. 기계 학습과 기타 인공지능 방법은 현재 대부분의 데이터 분석 도구보다 더 강력한 처리 능력을 요구한다. 결과적으로 많은 인공지능 플랫폼이 그래픽 처리 장치(GPU)를 사용하여 계산을 더 빠르게 실행한다. 그러나 GPU는 비싸고 광범위한 응용프로그램으로 인해 수요가 높다.

2) 비기술적 문제

인공지능 기반 분석은 사용자의 신뢰와 수용이라는 문제가 있다. 만약 사람들이 인공지능 기반 분석 도구의 출력을 신뢰하지 않는다면 사용을 중단할 것이다. 결과 또는 발견이 이해 가능해야 하고, 직관적이며, 시기 적절해야 한다. 인공지능 기반 분석 도구는 마법의 블랙 박스가 되지 말아야 한다. 이에 따라 주목을 받는 기술은 설명 가능한 인공지능(Explainable AI; XAI)이다.

사람들이 과도하게 인공지능 기반 분석에 의존하게 될 가능성이 있다. 결과에 대해 질문을 멈추고 상식을 버릴 수 있으며, 이는 잘못된 결과로 이어질 위험이 있다. 이것은 2008년 금융 위기의 주요 요인으로, 부분적으로 위험 모델에 대한 의문을 제기하지 않은 은행 임원 때문에 발생했다.

인공지능 기반 분석 도구는 창의적인 문제 해결 능력이 부족할 수 있다. 컴퓨터가 아직 인간을 능가하지 못하는 영역은 창의성이다. 대부분의 인공지능 기반 모델은 과거 데이터에서 찾은 패턴을 기반으로 하기 때문이다. 기존 개념을 모방하여 혁신을 하기는 어렵다. 따라서 인공지능 기반 분석 시스템은 복잡하고 구조화되지 않은 경우에 전략적 의사결정을 잘 수행하지 못한다.

인공지능 기반 분석은 윤리와 법적 문제가 있을 수 있다. 모델에 문제가 있는 경우 누가 책임을 져야 할까? 모델 개발자, 제품 공급 업체 또는 모델을 사용한 사람일까? 고려해야 할 윤리적 요소가 있다. 인공지능은 인종 또는 신념에 따라 사람을 차별하는 숨겨진 편견이 포함될 수 있다.

인공지능과 관련된 노하우와 직원과 관련된 문제가 있다. 인공지능과 기계학습은 최첨단 기술이며, 이를 구현하고 유지하는 방법을 아는 사람은 거의 없다. 그렇기 때문에 인공지능이 보다 주류가 되어야 하고 솔루션 업체가 구현해서 셀프서비스 데이터 분석가도 혜택을 볼 수 있도록 해야 한다.

데이터옵스 기반 셀프서비스 분석

데이터 분석 결과의 실행은 비즈니스 업무를 실행하는 것 이외에도 소프트웨어를 구현하여 기존의 정보시스템의 일부로 구현되어 자동화된 운영을 포함할 수 있다. 이런 경우 분석 결과를 시스템으로 구현하기 위해서 셀프서비스 분석가는 정보기술 부서와 밀접한 협력을 해야 한다. 셀프서비스 분석가가 시스템 구현을 할 수 없다면 분석 결과는 실행될 수 없다. 현실에서는 이런 협력이 잘 이루어지지 않는 경우가 많다. 데이터옵스(DataOps)는 이 문제를 해결하기 위해 최근에 제안된 개념이다.

데이터옵스는 데이터 운영(data operations)의 약자로, 분석 및 데이터 팀이 품질을 개선하고 데이터 분석 주기를 단축하기 위해 사용하는 자동화된 프로세스 지향 방법을 말한다. 데이터옵스는 소프트웨어 엔지니어링 방법을 데이터 원천에서 소비까지의 데이터 흐름을 제어하는 데이터 공급 사슬의 개발과 실행에 적용하고자 한다. 데이터옵스는 데이터와 분석의 제공을 가속화하면서 동시에 품질을 개선하고 비용을 절감하는 것이 목적이다. 즉, "더 빠르고, 더 좋고, 더 저렴한" 데이터를 제공함으로써 데이터 분석 팀은 데이터의 비즈니스 가치와 고객 만족도를 높이고자 한다[131].

데이터옵스의 유래

데이터옵스는 코드 저장소, 테스트 프레임워크, 공동 개발 도구를 사용하여 개발을 확장하고 코드 재사용을 늘리며 배치를 자동화하는 소프트웨어 엔지니어링의 데브옵스(DevOps) 운동에 영향을 받았다. 데브옵스는 개발, 품질보증, 운영 팀 간의 격차를 해소하여 조직은 주기를 단축하면서 결함을 줄일 수 있게 하는 것을 목표로 한다[132]. 마찬가지로 데이터 옵스는 데이터 설계자, 데이터 엔지니어, 데이터 과학자, 데이터 분석가, 응용프로그램 개발자 및 제품 소유자(예 비즈니스맨)와 같은 데이터 이해 관계자를 모아 민첩하고 협업 방식으로 종단 솔루션(end-to-end solution)을 구축하고자 한다[131].

엑커슨은 데이터옵스가 애자일(Agile), 린(Lean), 총체적품질관리(Total Quality Management; TQM) 등의 방법론에서 기반을 두고 있다고 본다. 애자일 방법론과 마찬가지로 데이터옵스는 비즈니스 참여, 완벽하게 테스트된 코드를 제공하는 짧은 개발 주기, 정기적인 프로세스 검토를 갖는 자체 구성 팀(self-organizing teams)의 사용을 강조한다. 린 방법론과 마찬가지로 데이터옵스는 고객과 중복 및 비용을 제거하는 단순하고 표준화되고 자동화된 프로세스 생성에 초점을 맞춘다. 마지막으로 TQM과 마찬가지로 데이터옵스는 지속적인 테스트, 모니터링, 벤치마킹을 통해 주요 문제로 전환되기 전에 문제를 감지한다. 이러한 세 가지 방법론 모두 지속적인 개선 문화를 뒷받침한다[131].

데이터옵스 기술 프레임워크

엑커슨은 데이터옵스 기술 프레임워크를 제시하였다[133, 134](그림 15-6 참조). 이 그림은 데이터옵스 환경의 핵심 요소를 요약해서 보여준다. 개별 기업은 데이터옵스에 접근하는 방법이 다를 수 있다. 어떤 조직은 한 솔루션 업체, 예를 들어 마이크로소프트, 아마존, 오라클, IBM 같은 클라우드 제공자로부터 모든 컴포넌트를 소싱하는 것을 선호하는 반면 다른 기업은 통합과 모니터링 도구를 사용하는 오픈 소스와 상업용 컴포넌트를 함께 사용하여 조합하는 최선의 접근법을 선호하기도 한다.

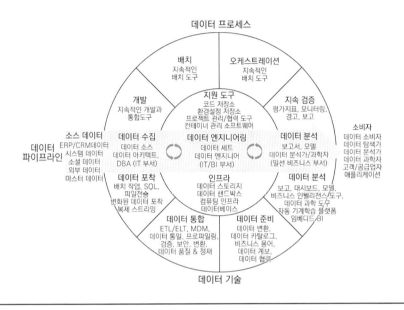

그림 15-6 데이터옵스 기술 프레임워크[133]

데이터 파이프라인

[그림 15-6]의 중앙에 있는 화살표는 소스 데이터로부터 데이터 수집, 데이터 엔지니어링, 데이터 분석을 통과해 데이터 소비자에 이르는 데이터 파이프라인을 나타낸다. 데이터 파이프라인은 다양한 비즈니스 사용자와 응용프로그램이 소비를 위해 데이터를 처리, 정제, 풍부하게 하는 데이터 공급망을 나타낸다. 데이터 파이프라인은 다양한 데이터 유형을 처리한다.

데이터 기술

데이터 파이프라인의 아래 부분에는 데이터를 수집, 정재, 분석에 사용되는 주요 데이터 기술(data technology) 유형이 있다. 데이터 포착(data capture), 데이터 통합(data integration), 데이터 준비(data preparation), 데이터 분석(data analysis) 등이 있다.

데이터 포착은 조직이 빅데이터와 사물인터넷을 지원하기 위해 일괄처리(배치)로부터 스트림 아키텍처로 이동함에 따라 요즘은 가장 주목을 받는 기술 분야다. 데이터 통합은 전통적인 데이터웨어하우징 프로젝트로부터 진화된 것으로 이제 주류이다. 데이터 준비는 데이터 분석가가 스스로의 데이터 세트를 데이터 레이크 같은 정보기술 부서가 관리하는 저장소에서 데이터를 활용하는 것을 돕기 위해 설계된 새로운 기술이다. 데이터 분석은 비즈니스 사용자에게 통찰을 질의하고, 분석하고, 시각화 하고 공유하기 위해 도구를 제공함으로 사이클을 완료한다[134].

정보기술 부서는 일반적이고 주제 지향적인 데이터 파일을 생성하기 위해 데이터를 수집하고 통합하기 위해 데이터 공급망을 시작한다. 데이터 엔지니어 팀은 데이터가 특정한 비즈니스 수요와 사용 사례에 맞게 하기 위해 질의하고 모델링한다. 마지막으로 비즈니스 사용자는 보고서, 대시보드, 예측 모델을 생성하기 위한 목적 지향 데이터에 질의하고 데이터를 분석한다. 비록 선형적인 특징을 갖지만 사이클은 또한 저장되고, 추적되며, 관리되어야만 하는 많은 중간 단계와 산출물을 갖는 매우 반복적인 것이다[134].

지원 데이터 기술(supporting data technologies)은 데이터웨어하우스, 데이터 레이크, 데이터 샌드박스 등을 포함하는 데이터 스토리지 등이 있다. 데이터 스토리지는 클라우드 기반으로 하며 가상화, 탄력적 운용, 대규모로 병렬 처리 등을 특징으로 하는 컴퓨팅 인프라다.

데이터 프로세스

기술만을 기반으로 데이터 파이프라인을 구축하고 관리하는 기업은 반드시 실패한다. 새롭고 변환된 기능을 구축하고, 변경하고, 검증하고, 배치하고, 운영하고, 추적할 잘 정의된 프로세스와 방법이 필요하다. 코드, 데이터, 메타데이터, 스크립트, 평가지표, 차원, 계층 등의 모든 산출물을 관리하는 것이 필요하다. 데이터 기술을 조율하고 개발, 테스트, 생산 프로세스를 제공하고 감시하는 것이 필요하다. 서비스 수준 협약(service level agreements)을 충족하는 작업 스케줄링, 이벤트 트리거, 오류 처리, 성과 관리 등이 필요하다.

1) 개발과 배치

첫번째 두 단계인 개발과 배치(development and deployment)는 애자일과 데브옵스(DevOps) 방법론에 의해 잘 정의되었다. 이 단계의 목표는 스스로 조직하고, 비즈니스가 녹아있는 팀과 더불어 새로운 기능을 개발하는 것이다. 이러한 팀들은 보통 2주 내에 짧은 운영으로 완전히 검증되며 기능적인 코드를 구축한다. 팀은 개발을 동기화와 겹쳐 쓰기와 중복된 노력을 피하기 위해 버전 통제(version control)를 적용하는 중앙 저장소에 코드를 저장한다. 코드를 말끔하게 통합하고 최소한의 지연으로 생산으로 이동하기 위한 기법과 도구를 사용한다. 도구와 시스템 환경설정은 환경설정 저장소(configuration repository)에 중앙집중적으로 저장되고 유지된다.

새로운 응용프로그램과 사용 사례를 처음부터 새로 구축하거나 기존 응용프로그램을 수정하든지 여부와 관계없이 개발과 배치 프로세스를 지원하는 수많은 도구가 있다. Git은 코드를 저장하고 버전을 통제하기 위한 오픈소스 저장소인 반면, Jenkins은 CI/CD 프로세스(예 다수의 개발자로부터 코드를 통합하고 배치)를 지원하는 오픈 소스 도구다. CI/CD의 "CI"는 개발자를 위한 자동화 프로세스인 지속적인 통합(Continuous Integration)을 의미하고, "CD"는 지속적인 서비스 제공(Continuous Delivery) 및/또는 지속적인 배치(Continuous Deployment)를 의미하며 이 두 용어는 상호 교환적으로 사용된다. CI/CD는 응용프로그램 개발 단계를 자동화하여 응용프로그램을 보다 짧은 주기로 고객에게 제공하는 방법이다. CI/CD의 기본 개념은 지속적인 통합, 지속적인 서비스 제공, 지속적인 배치다. CI/CD는 새로운 코드 통합으로 인해 개발 및 운영팀에 발생하는 문제(일명 "통합 지옥(integration hell)")를 해결하기 위한 솔루션이다. 특정한 유형의 파이프라인을 위한 개발과 배치 도구가 있는데 이런 도구는 데이터웨어하우징 개발과 머신 러닝 모델의 생성을 포함한다.

2) 오케스트레이션

오케스트레이션은 데이터옵스의 핵심이다. 오케스트레이션은 데이터가 파이프라인을 통해 이동하면서 수행되는 무수히 많은 의존성이 있는 작업으로 구성되는 복잡한 워크플로를 관리를 지원한다. 데이터 오케스트레이션 도구에는 오픈소스 프로젝트인 Airflow[5], DataKitchen[6], StreamSets[7], DataFactory[8] 등이 있다. 오케스트레이션 도구는 데이터 개발 프로젝트의 네 가지 중요한 구성요소인 코드, 데이터, 기술, 인프라 등을 조율한다. 오케스트레이션 도구는 새로운 개발, 테스트, 생산 환경을 제공하고 데이터 파이프라인에서 서로 다른 구성요소 간의 데이터 이동과 그 데이터에 작동하는 데이터 도구를 실행을 책임지는 역할을 한다. 오케이스트레이션 도구는 과제를 시작하고, 프로세스를 모니터링하고, 적절한 인터페이스에 오류와 경고를 표시한다.

3) 지속적인 검증과 감시

이상적으로는 팀은 어떤 코드나 함수의 개발에 앞서 테스트를 구축해야 한다. 그러면 오케스트레이션 도구는 파이프라인에서 모든 단계의 전후에 테스트를 실행한다. 수집과 통합의 시점에 버그나 문제를 잡는 것은 시간, 비용, 스트레스 등을 절약할 수 있게 한다. Great Expectation[9]이나 ICEDQ[10] 같은 도구는 지속적인 테스팅 환경을 지원한다. 이들은 최적의 실행 시간과 성과를 확보하는 도구, 응용프로그램, 인프라의 지속적인 모니터링 등의 기능을 제공한다[134]. Unravel[11]은 빅 데이터 프로세싱을 지원하는 많은 새로운 응용프로그램 성과관리(application performance management; APM) 제품 중 하나다.

기초 빌딩 블록으로서 테스팅을 사용하는 개발 팀은 그렇지 않은 팀보다 빠르게 움직인다. 이것은 그들이 시작하기 전에 테스트를 구축하는 것 없이 프로

---

5) https://airflow.apache.org/

6) https://www.datakitchen.io/

7) https://streamsets.com/

8) https://azure.microsoft.com/en−in/services/data−factory/

9) http://docs.greatexpectations.io/en/latest/intro.html

10) https://icedq.com/

11) https://unraveldata.com

젝트에 뛰어들기 원하는 대부분의 개발자에게는 처음에는 직감에 반대되는 것이다. 그러나 테스트가 일단 사용이 되면 개발자들은 그들이 고치기 어려운 코드로 깊이 뛰어들기 전에 이슈를 빠르게 파악할 수 있다. 지속적인 테스팅과 모니터링은 팀이 성과에 대한 목표를 수립할 수 있게 하고, 그들의 산출물을 측정할 수 있게 하고, 지속적으로 사이클 횟수와 품질을 개선할 수 있게 한다.

데이터옵스의 일반적인 함정

데이터옵스가 반드시 성공할까? 모든 것이 그렇지만 항상 그렇지는 않다. 데이터옵스의 전체적인 특성으로 인해 구현이 어려워지고 성공적인 적용조차도 어려울 수도 있다. 데이터옵스를 채택하고 활용할 때 고려해야 할 함정에는 다음과 같은 것이 있다.

첫째, 데이터옵스를 너무 기술적으로 만들지 말아야 한다. 데이터옵스는 종종 소프트웨어 기술 문제로 특징지어지는 소프트웨어 엔지니어링의 다른 관련 아이디어와 동일한 부담을 가진다. 데이티옵스는 기술 트랜드가 아니라 비즈니스 트랜드임을 보여주는 것이 중요하다. 데이터옵스의 전체적인 아이디어를 전달하여, 모든 사람이 이것이 기술에 관한 것이 아닌 비즈니스 관한 것이라는 것을 알 수 있도록 해야 한다.

둘째, 데이터옵스는 단순함을 유지해야 한다. 데이터옵스는 무한대로 확장될 수 있는 많은 개념을 결합하여 복잡한 문제를 일으킬 위험이 있다. 노력과 보상의 균형을 유지하기 위해 항상 주의해야 한다. 불필요한 테스트와 지나치게 복잡한 배치 프로세스와 같은 기술 솔루션과 너무 많은 역할, 피드백 루프, 지나치게 엄격한 프로세스로 인해 쉽게 부담을 받을 수 있는 조직 구조를 피해야 한다.

셋째, 데이터옵스는 혁명이 아닌 진화라는 생각을 가져야 한다. 데이터옵스는 많은 프로세스와 구조를 생각하는 기본적인 사고 방식을 목표로 한다. 결과적으로 데이터옵스로 한꺼번에 모두 바꿀 수 있다는 "빅뱅" 방식의 접근을 하는 것은 좋은 생각이 아니다. 변화는 점진적이고 사람들이 이익을 인식함에 따라 데이터옵스는 추진력을 얻게 되는 것이 바람직하다. 몇 가지 주요 프로세스로부터 시작하여 빠른 성공을 달성하고, 천천히 문화의 변화를 위해 노력해야 한다.

데이터옵스 동향

엑커슨은 데이터옵스의 수용에 대한 설문조사를 수행하였는데, 그들의 조사에 따르면 대부분의 기업은 아직 충분히 데이터옵스를 보유하고 있지 않았다. 조사 대상의 27%는 데이터옵스를 추진하고 있고, 43% 아직하고 있지 않으며, 30%는 실험 중이라고 답했다. 대부분의 데이터옵스 도구 중에 인기 있는 것은 코드 저장소(77%), CI/CD 도구(45%), 성과 모니터링 도구(44%), 오케스트레이션 도구(37%), 환경설정 저장소(34%) 등으로 조사되었다. 대규모 데이터 환경을 가진 조직은 복잡한 데이터 환경을 가진 조직보다 성과 모니터링 도구(65%)와 오케스트레이션 소프트웨어(53%)를 더 많이 가지고 있다. 데이터옵스의 가장 큰 장점으로 60%는 더 빠른 사이클 이라고 답을 했으며, 55%는 데이터옵스의 가장 큰 도전은 정식 절차를 수립하는 것이라고 했다. 데이터옵스의 가장 일반적인 사용 사례에는 데이터웨어하우스와 마트(66%), 보고와 대시보드(60%), 셀프서비스분석(56%) 등이 있다[135].

요약

이번 장에서는 셀프서비스 분석과 관련된 현재 가장 많이 논의되고 있으며, 향후 셀프서비스 분석에 가장 영향을 미칠 클라우드 컴퓨팅, 인공지능, 데브옵스 등에 대해서 논의했다. 현재로서는 이런 기술로 인해 미래에 셀프서비스 분석이 어떤 방향으로 갈지 아직까지는 판단할 수 없다. 다만 이들 기술이 향후 셀프서비스 분석에 많은 영향을 미칠 것이라는 사실은 분명하다. 따라서 셀프서비스 분석을 도입하여 추진하려는 조직에서는 이들 기술의 변화와 영향을 예의 주시하면서 셀프서비스 분석에 미치는 영향을 판단하며 셀프서비스 분석의 도입을 추진해야 할 것이다.

세상에 변하지 않은 것은 없다. 변화를 신속하게 인지하고, 대응하는 자만이 성공할 수 있다. 셀프서비스 분석도 지금은 모든 것이 변화하고 있는 중이다. 자고 일어나면 새로운 기술이 소개 된다. 생존하려면, 좀 더 잘하려면 더 빠르게 움직여야 한다.

참고문헌

1. Hagerty, J., *2017 Planning Guide for Data and Analytics*. 2016, Gartner.

2. McElheran, K. and E. Brynjolfsson. *The Rise of Data−Driven Decision Making Is Real but Uneven*. Harvard Business Review 2016[cited 2019 15 July]; Available from: https://hbr.org/2016/02/the−rise−of−data−driven−decision−making−is−real−but−uneven.

3. Chapman, P., et al., *CRISP−DM 1.0 − Step−by−step data mining guide*. 2000.

4. Davenport, T.H., Analytics 3.0. Harvard Business Review, 2017.

5. Nair, D. *The Evolution of Analytics with Data*. 2018[cited 2019 Oct 22]; Available from: https://towardsdatascience.com/the−evolution−of−analytics−with−data−8b9908deadd7.

6. Salesforce.com. *Overview: What Is Self Service?* 2019[cited 2019 19 Dec]; Available from: https://www.salesforce.com/products/service−cloud/what−is−self−service/.

7. Imhoff, C. and C. White, *Self−service Business Intelligence*. Empowering Users to Generate Insights, TDWI Best practices report, TWDI, Renton, WA, 2011.

8. Moore, S., *Gartner Says More Than 40 Percent of Data Science Tasks Will Be Automated by 2020*. 2017

9. Nellutla, V. *Soft Skills Every Data Scientist Must Possess*. 2018[cited 2019 15 July]; Available from: https://www.datasciencecentral.com/profiles/blogs/soft−skills−every−data−scientist−must−possess.

10. Leetaru, K. *Why We Need More Domain Experts In The Data Sciences*. 2016[cited 2019 26 March]; Available from: https://www.forbes.com/sites/kalevleetaru/2016/06/12/why−we−need−more−domain−experts−in−the−data−sciences/#17d9b9063b50.

11. Barth, P. and R. Bean, *There's No Panacea for the Big Data Talent Gap*. 2012.

12. Gaskell, A., *Organizations Striving To Close The Data Science Skills Gap*. 2018, Forbes.

13. Manyika, J., et al., *Big data: The next frontier for innovation, competition, and productivity*. 2011, McKinsey Global Institute.

14. Guess, A.R., *The Big Data Skills Gap Is Getting Bigger*. 2016, DataVersity.

15. Garbade, M.J. *LinkedIn Workforce Report: Data Science Skills are in High

Demand Across Industries. 2018[cited 2019 15 July]; Available from: https://towardsdatascience.com/linkedin−workforce−report−data−science−skills−are−in−high−demand−across−industries−1510b06382a6.

16. Eckerson, W. and B. Delvin, *A Reference Achitecture for Self Service Analytics.* 2016, Eckerson Group.

17. Anderson, J. *Data engineers vs. data scientists.* 2018[cited 2019 14 Feb]; Available from: https://www.oreilly.com/ideas/data−engineers−vs−data−scientists.

18. Furbush, J. *Data engineering: A quick and simple definition.* 2018[cited 2019 14 Feb]; Available from: https://www.oreilly.com/ideas/data−engineering−a−quick−and−simple−definition.

19. Davenport, T.H. and J.G. Harris, *Competing on analytics: The new science of winning.* 2007: Harvard Business Press.

20. Infosys, *Effective Data Governance.* 2017, Infosys.

21. Reinsel, D., J. Gantz, and J. Rydning, *The Digitization of the World − From Edge to Core.* 2018, IDC.

22. Srinivasan, R. and A. Zielinska, *Data to the Edge − Managing and Activating Information in a Distributed World.* 2019, Seagate.

23. Jacobson, R., 2.5 *quintillion bytes of data created every day. How does CPG & Retail manage it?, in IBM Consumer Products Industry Blog.* 2013, IBM.

24. Compton, P.J. and R. Jansen, *A Philosophical Basis for Knowledge Acquisition. Knowledge Acquisition,* 1990. **2**: p. 241−257.

25. Byers, C., R. Zahavi, and J.K. Zao, *The Edge Computing Advantage.* 2019, Industrial Internet Consortium.

26. Reinsel, D., J. Gantz, and J. Rydning, *Data Age 2025: The Evolution of Data to Life−Critical − Don't Focus on Big Data; Focus on the Data That's Big.* 2017, IDC.

27. Reinsel, D., J. Gantz, and J. Rydning, *The Digitization of the World From Edge to Core.* 2018, IDC.

28. Butler, B. *What is edge computing and how it's changing the network.* 2017[cited 2019 16 July].

29. Davis, J., P. Shih, and A. Marcham, *STATE OF THE 2018 − A Market and Ecosystem Report for Edge Computing.* 2018, State of the Edge Report(https://

www.stateoftheedge.com/).

30. Shiff, L., *Real Time vs Batch Processing vs Stream Processing*. 2020, BMC: BMC Blogs.

31. Balkenende, M. *The Big Data Debate: Batch Versus Stream Processing*. 2018; Available from: https://thenewstack.io/the－big－data－debate－batch－processing －vs－streaming－processing/.

32. John, M. *Stream processing: A brief overview*. 2018[cited 2019 18 Feb]; Available from: https://developer.ibm.com/code/2018/03/21/stream－processing－brief－over view/.

33. Huang, Q. and P.P. Lee, *Toward high－performance distributed stream processing via approximate fault tolerance*. Proceedings of the VLDB Endowment, 2016. 10(3): p. 73－84.

34. Jenkov, J. *Data Streaming Scalability*. 2019[cited 2019 21 Dec]; Available from: http://tutorials.jenkov.com/data－streaming/scalability.html.

35. AKKA. *Message Delivery Guarantees*. 2019[cited 2019 19 Dec]; Available from: https://doc.akka.io/docs/akka/2.1/general/message－delivery－guarantees.html.

36. Perera, S. *Streaming SQL for Real－Time Analytics*. 2018[cited 2019 18 Dec]; Available from: https://www.datanami.com/2018/06/15/streaming－sql－for－real －time－analytics/.

37. Microsoft. *Choose the right data store*. Azure Application Architecture Guide 2018[cited 2019 Oct 16]; Available from: https://docs.microsoft.com/en－us/azure/ architecture/guide/.

38. Wodehouse, C. *SQL vs. NoSQL Databases: What's the Difference?* 2019[cited 2019 Oct 16]; Available from: https://www.upwork.com/hiring/data/sql－vs－nosql－ databases－whats－the－difference/.

39. Oracle. *Defining Variables That Handle Sparse Data Efficiently*.[cited 2019 Dec 20]; Available from: https://docs.oracle.com/cd/A91202_01/901_doc/olap.901/a86720/ esdatao6.htm.

40. Rangarajan, *S. Data Warehouse Design - Inmon versus Kimball*. 2016[cited 2019 Jan 30]; Available from: https://tdan.com/data－warehouse－design－inmon－ versus－kimball/20300.

41. Breslin, M., *Data warehousing battle of the giants*. Business Intelligence Journal,

2004. 7: p. 6－20.

42. Zentut. *Bill Inmon Data Warehouse*. 2019[cited 2019 Jan 31]; Available from: https://www.zentut.com/data－warehouse/bill－inmon－data－warehouse/.

43. Kimball, R. and M. Ross, *The data warehouse toolkit: The definitive guide to dimensional modeling*. 2013: John Wiley & Sons.

44. Zentut. *Ralph Kimball Data Warehouse Architecture*. 2019[cited 2019 Jan 31]; Available from: https://www.zentut.com/data－warehouse/ralph－kimball－data－warehouse－architecture/.

45. Maayan, G.D. *The Difference Between a Traditional Data Warehouse and a Cloud Data Warehouse*. 2018[cited 2019 Oct 6]; Available from: https://www.dataversity.net/difference－traditional－data－warehouse－cloud－data－warehouse/.

46. Wells, D., *Relieving The Pain of the BI Back Room with Data Warehouse Automation*. 2015, TDWI.

47. Pasupuleti, P. and B.S. *Purra, Data lake development with big data*. 2015: Packt Publishing Ltd.

48. Taland. *Data Lake vs Data Warehouse*. 2019[cited 2019 Oct 3]; Available from: https://www.talend.com/resources/data－lake－vs－data－warehouse/.

49. Parker, E., *What is a Data Pipeline?* 2019.

50. Wells, D. *The Complexities of Modern Data Pipelines*. 2018[cited 2019 Oct 4]; Available from: https://www.eckerson.com/articles/the－complexities－of－modern－data－pipelines.

51. Alley, G., What is ETL? 2018.

52. Smallcombe, M. *ETL vs ELT: Top Differences*. 2019[cited 2019 29 Sep]; Available from: https://www.xplenty.com/blog/etl－vs－elt/.
Alley, G. *What Is Data Transformation?* 2018[cited 2019 Oct 4]; Available from: https://dzone.com/articles/what－is－data－transformation.

53. Pearlman, S. *What is a Data Mart?* 2019[cited 2019 19 Dec]; Available from: https://www.talend.com/resources/what－is－data－mart/.

54. Zentut. *Data Warehouse*.[cited 2019 Jan 31]; Available from: https://www.zentut.com/data－warehouse/.

55. TADN. *The Analytic Sandbox*. 2011[cited 2019 Dec 18]; Available from: https://tdan.com/the－analytic－sandbox/15607.

Seiner, R.S. *The Analytic Sandbox*. 2011; Available from: https://tdan.com/the−analytic−sandbox/15607.

56. Meyers, D. *Advantages of the Analytics Sandbox for Data Lakes* 2016[cited 2019 Dec 18]; Available from: https://www.blue−granite.com/blog/advantages−of−the−analytics−sandbox−for−data−lakes.

57. Capgemini, *Data Virtualization − How to get your Business Intelligence answers today*. 2013, Capgemini.

58. Eckerson, W.W., *Modern Data Pipelines*. 2017.

59. Upadyay, R. *Master the Art of Data Preparation for Data Science*. Available from: http://ucanalytics.com/blogs/master−art−data−preparation−data−science/.

60. Stodder, D., *Improving Data Preparation for Business Analytics − Applying Technologies and Methods for Establishing Trusted Data Assets for More Productive Users, in BEST PRACTICES REPORT*. 2016, TDWI Research.

61. Sallam, R.L., et al., *Market Guide for Self−Service Data Preparation*. 2016, Gartner Inc.

62. Goetz, M. and B. Hopkins, *Brief: Data Preparation Tools Accelerate Analytics*. 2015, Forrester Research.

63. Talend. *Talend Data Preparation User Guide*. 2020[cited 2019 Dec 15]; Available from: https://help.talend.com/reader/JhYq1xxY0SNSBZCbOFzZGg/~bRyzmNIb5VZ9mR5J _z_0w.

64. Fuller, A., *From Self−Service to Data−Driven: 6 Ways a Data Catalog Can Help*. 2017, TDWI.

65. Kalb, A. *Creating Self−Service Organizations with Data Catalogs*. 2017[cited 2019 Oct 8].

66. Bieh−Zimmert, O., M. Engel, and S. Kraus, *Cataloging Data − A capability maturity model for data catalogs*. 2018, Deloitte.

67. Wells, D., *The Ultimate Guide to Data Catalogs − Key Things to Consider When Selecting a Data Catalog*. 2018, Eckerson Group.

68. Russom, P., *The Data Catalog's Role in the Digital Enterprise: Enabling New Data−Driven Business and Technology Best Practices*. 2017, TDWI.

69. Zaidi, E. and G.D. Simoni, *Augmented Data Catalogs: Now an Enterprise Must−Have for Data and Analytics Leaders*. 2019, Gartner.

70. Pratt, M.K. and M. Luna. *Data stewardship*. 2020[cited 2020 28 Feb].

71. Singh, D. *The Role of Data Curation in Big Data*. 2019[cited 2020 28 Feb]; Available from: https://www.datasciencecentral.com/profiles/blogs/the−role−of−data−curation−in−big−data.

72. Miscrosoft. *Azure Data Catalog documentation*. 2019[cited 2019 Nov 30]; Available from: https://docs.microsoft.com/en−us/azure/data−catalog/.

73. Wells, D., *Data Preparation Buyer's Guide − Evaluation and Selection Criteria*. 2017, Eckerson Group.

74. *Agile Business Intelligence Data Lake Architecture*. Jonah Group.

75. Wells, D. *Choosing a Data Catalog*. 2018[cited 2019; Oct 10]. Available from: https://www.eckerson.com/articles/choosing−a−data−catalog.

76. Howson, C., *Embrace Self−Service Data Preparation Tools for Agility, but Govern to Avoid Data Chaos*. 2016.

77. Brody, M. *Safeguarding Against the Risks of Self−Service Data Preparation*. 2019[cited 2019 Dec 06].

78. Larkin, J.H. and H.A. Simon, *Why a diagram is(sometimes) worth 10,000 words*. Cognitive Science, 1987. 11: p. 65−99.

79. Wijk, J.J.v. *The value of visualization*. in *VIS 05. IEEE Visualization*, 2005. 2005.

80. Eckerson, W. and M. Hammond, *Visual Reporting and Analysis − Seeing is Knowing*, in *TDWI Best Practice Report*. 2011, TDWI Research.

81. Dundas, *Self−Service Business Intelligence− Simplifying Data Discovery in BI KKnowledge Series*. 2015, Dundas.

82. Waehner, K. *Characteristics of Good Visual Analytics and Data Discovery Tools*. 2016; Available from: https://www.datasciencecentral.com/profiles/blogs/characteristics−of−good−visual−analytics−and−data−discovery−tools.

83. Halper, F., *TDWI NAVI GATOR: Predictive Analytics*. 2017, TDWI Research.

84. Sam, H. *Predictive Analytics Market Share & Trends will Hit USD 10.95 Billion by 2022: Zion Market Research*. 2019; Available from: http://industrynewspress.com/9978/predictive−analytics−market−share−trends−will−hit−usd−10−95−billion−by−2022−zion−market−research/.

85. Grand View Research. *Predictive Analytics Market Size, Share & Trends Analysis Report By Solution, By End Use, By Service*(Deployment/Installation, Training &

Consulting), *By Deployment, By Enterprise Size, And Segment Forecasts*, 2019 − 2025. 2019[cited 2020 10 Jan]; Available from: https://www. grandviewresearch. com/industry−analysis/predictive−analytics−market.

86. Krensky, P., et al., *Magic Quadrant for Data Science and Machine Learning Platforms.* 2020, Gartner.

87. Davis, Z., *Top Five Considerations for Self−Service BI Dashboards.* 2012, Ziff Davis.

88. Rynkiewicz, O. *Machine Learning model deployment.* 2019 Sep 30, 2019[cited 2019 Dec 19].

89. Taylor, J. *Four Problems in Using CRISP−DM and How To Fix Them.* 2017[cited 2019 25 July]; Available from: https://www.kdnuggets.com/2017/01/four−problems −crisp−dm−fix.html.

90. Saltz, J., I. Shamshurin, and C. Connors, *Predicting data science sociotechnical execution challenges by categorizing data science projects.* Journal of the Association for Information Science and Technology, 2017. 68(12): p. 2720−2728.

91. Microsoft. *Team Data Science Process Documentation.* 2020[cited 2020 02 Feb]; Available from: https://docs.microsoft.com/en−us/azure/machine−learning/team −data−science−process/.

92. HoustonAnalytics. *How to organize an analytics project.* 2019[cited 2019 25 July]; Available from: http://blog.houston−analytics.com/blog/how−to−organize−an− analytics−project.

93. Kienzler, R. *Architectural thinking in the Wild West of data science.* 2018[cited 2019 June 16]; Available from: https://developer.ibm.com/articles/architectural− thinking−in−the−wild−west−of−data−science/.

94. Alley, G. *What is a Data Pipeline?* 2018[cited 2019 25 July]; Available from: https://www.alooma.com/blog/what−is−a−data−pipeline.

95. McCann, T., *Data Science. The Process, Problems and Productionisation.* 2018.

96. Provost, F. and T. Fawcett, *Data science and its relationship to big data and data−driven decision making.* Big data, 2013. 1(1): p. 51−59.

97. Herring, L., et al., *How to Train Someone to Translate Business Problems into Analytics Questions.* Harvard Business Review, 2019. FEBRUARY 11, 2019.

98. Henke, N., J. Levine, and P. McInerney, *Analytics translator: The new must−have*

role. Harvard Business Review, 2018. February 2018.

99. Convertino, G. and A. Echenique. *Self−Service Data Preparation and Analysis by Business Users: New Needs, Skills, and Tools*. in *Proceedings of the 2017 CHI Conference Extended Abstracts on Human Factors in Computing Systems*. 2017. ACM.

100. Underwood, J. *Why You Need a Data Catalog and How to Select One*. 2017; Available from: https://www.jenunderwood.com/2017/08/30/need−data−catalog−select−one/.

101. Stodder, D. *Data Cataloging Comes of Age*. 2018[cited 2019 29 July]; Available from: https://tdwi.org/articles/2018/09/17/diq−all−data−cataloging−comes−of−age.aspx.

102. Zaidi, E., et al., *Data Catalogs Are the New Black in Data Management and Analytics*. 2017, Gartner.

103. UCI. *Wine Quality Data Set*.[cited 2020 28 Feb]; Available from: https://archive.ics.uci.edu/ml/datasets/wine+quality.

104. McAfee, A. and E. Brynjolfsson, *Big Data: The Management Revolution*. Harvard Business Review, 2012(The October 2012 Issue).

105. Halper, F. and D. Stodder, *What It Takes to Be Data−Driven Technologies and Best Practices for Becoming a Smarter Organization*. 2017.

106. Moe, C., *Six Steps to a Business−driven Analytics Strategy*. 2013, SAS.

107. Mallison, N., *Analytics Deriven Organizations*. 2016, AtoS.

108. Hernandez, J., B. Berkey, and R. *Bhattacharya, Building an Analytics−Driven Organization*. 2013, Accenture.

109. Miranda, G.M.−L. *Building an effective analytics organization*. 2018[cited 2019 15 Feb]; Available from: https://www.mckinsey.com/industries/financial−services/our−insights/building−an−effective−analytics−organization.

110. Malani, G. *Allied Market Research*. 2016[cited 2019 10 Dec]; Available from: https://www.alliedmarketresearch.com/data−analytics−outsourcing−market.

111. Violino, B. *The pros and cons of outsourcing data analytics*. 2018[cited 2019 19 Dec].

112. Miranda, G.M.−L., *Building an effective analytics organization*. 2018, McKinsey.

113. Halper, F. and K. Krishnan, *TDWI Big Data Maturity Model Guide − Interpreting*

Your Assessment Score, in TDWI Research. 2013, TDWI.

114. Halper, F. and D. Stodder, *TDWI Analytics Maturity Model Guide*. 2014.

115. Halper, F., *TDWI Self−Service Analytics Maturity Model Guide − Interpreting Your Assessment Score*. 2017, TDWI.

116. Eckerson, W., *Classifying and Certifying BI Users*. 2013.

117. Naous, D., J. Schwarz, and C. Legner. *Analytics As A Service: Cloud Computing and the Transformation of Business Analytics Business Models and Ecosystems*. in *25th European Conference on Information Systems*(ECIS 2017). 2017. Guimarães, Portugal.

118. Pohl, M., S. Bosse, and K. Turowski. *A Data−Science−as−a−Service Model*. in CLOSER. 2018.

119. Gillis, A. *Data as a Service*(*DaaS*). 2019[cited 2020 June 19]; Available from: https://searchdatamanagement.techtarget.com/definition/data−as−a−service.

120. Accenture, *Value of Data − The Dawn of the Data Marketplace*. 2018, Accenture.

121. Wells, D., *The Rise of the Data Marketplace − Data as a Service*. 2017, Eckerson Group.

122. Güemes, C., *Data Analytics as a Services*. 2013, AtoS.

123. Vamsital. *Data Science in the Cloud A.k.a. Models as a Service*(MaaS).. 2017; Available from: http://www.vamsitalkstech.com/?p=5321.

124. Pan, S.J. and Q. Yang, *A survey on transfer learning*. IEEE Transactions on knowledge and data engineering, 2009. 22(10): p. 1345−1359.

125. Peng, Y., S. Yan, and Z. Lu, *Transfer learning in biomedical natural language processing: An evaluation of BERT and ELMo on ten benchmarking datasets*. arXiv preprint arXiv:1906.05474, 2019.

126. Pang, N., et al., *Transfer learning for scientific data chain extraction in small chemical corpus with BERT−CRF model*. arXiv preprint arXiv:1905.05615, 2019.

127. Chemitiganti, V. *Data Science in the Cloud A.k.a. Models as a Service*(MaaS). 2017; Available from: http://www.vamsitalkstech.com/?p=5321.

128. Manyika, J., et al., *What's now and next in analytics, AI, and automation*. 2017, McKinsey & Company,.

129. Ereth, J. and W. Eckerson, *AI: The New BI−How Algorithms Are Transforming Business Intelligence and Analytics*. 2018, Eckerson Group.

130. Eckerson, W., *The Impact of AI on Analytics: Machine−Generated Intelligence.* 2018, Eckerson Group.

131. Eckerson, W., *Best Practices in DataOps−How to Create Robust, Automated Data Pipelines.* 2019, Eckerson Group.

132. Swanson, B.−M. *What is DataOps? Everything You Need to Know.* 2018[cited 2019 April 16]; Available from: https://www.datascience.com/blog/what−is−dataops.

133. Eckerson, W. *DataOps Explained: A Remedy For Ailing Data Pipelines.* 2018[cited 2019 Oct 5]; Available from: https://www.eckerson.com/articles/dataops−explained−a−remedy−for−ailing−data−pipelines.

134. Eckerson, W. *Diving into DataOps: The Underbelly of Modern Data Pipelines.* 2018[cited 2019 Oct 5]; Available from: https://www.eckerson.com/articles/diving−into−dataops−the−underbelly−of−modern−data−pipelines.

135. Eckerson, W., Trends in DataOps−*Bringing Scale and Rigor to Data and Analytics.* 2019.

색인

김양석

호주의 태즈메이니아 대학(University of Tasmania)에서 컴퓨팅 박사 학위를 받았다. 현재 계명대학교 경영대학 경영정보전공의 부교수로 재직 중이며, 컴퓨터 시스템의 지식 축적을 위한 다양한 방법을 연구하고 있다. 전문가 중심의 데이터 분석에서 벗어나 일반 사람이 데이터 분석을 사용할 수 있는 셀프서비스 분석에 대해 지속적인 관심을 갖고 있다.

셀프서비스분석

초판발행	2021년 5월 10일
지은이	김양석
펴낸이	안종만 · 안상준
편 집	전채린
기획/마케팅	장규식
표지디자인	조아라
제 작	고철민 · 조영환
펴낸곳	(주) 박영사
	서울특별시 금천구 가산디지털2로 53, 210호(가산동, 한라시그마밸리)
	등록 1959. 3. 11. 제300-1959-1호(倫)
전 화	02)733-6771
f a x	02)736-4818
e-mail	pys@pybook.co.kr
homepage	www.pybook.co.kr
ISBN	979-11-303-1213-2 93320

정 가   19,000원

이 저서(논문)는 2017년 정부(교육부)의 재원으로 한국연구재단의 지원을 받아 수행된 연구임 (NRF-2017S1A6A4A01022490).